W0184236

À ma femme et mes deux fils
qui m'ont accompagné
sur ce long et sinueux chemin,
que représente une carrière de militaire
et de gendarme.

« À qui puis-je dédier ce livre,
sinon aux victimes de ceux pour
qui la Mort est le Métier. »

Robert Merle
La Mort est mon Métier.

À qui puis-je dédier aussi ce livre,
sinon à ceux qui participent,
de près ou de loin, partout autour de cette terre,
À la lutte contre l'impunité.

Avertissement au lecteur

Le XXe siècle a été taché d'« atrocités qui défient l'imagination et heurtent la conscience humaine[1] », invitant la communauté internationale à créer des outils permettant aux victimes de la barbarie humaine de voir leurs bourreaux condamnés.

Le XXIe prend le même chemin. Acte de torture, massacres, crimes contre l'humanité se produisent dans un mouvement itératif motivé la plupart du temps par la perversité humaine ainsi que l'instinct de prédation.

Mais la répétition ne rend pas plus aisée la lutte contre l'impunité, qui reste une affaire complexe. Pour tenter de la démêler, l'Office central de lutte contre les crimes contre l'humanité (OCLCH) a été créé en 2013. Il s'agit d'enquêteurs professionnels aguerris, mais ce sont surtout des femmes et des hommes animés d'une même conviction : quels que soient le crime, le bourreau et l'époque, la Justice doit être à l'œuvre. Et, contrairement à certaines idées reçues, c'est au profit de la justice française que les enquêtes qui concernent les crimes internationaux les plus graves sont d'abord diligentées, et, ensuite, seulement au profit de la

1. Préambule du Statut de Rome de la Cour pénale internationale, juillet 1998.

justice pénale internationale ou de justices étrangères, au titre de l'entraide judiciaire. Ces enquêtes, particulièrement longues et documentées, sont vouées à confondre des criminels de guerre, parfois à les arrêter, dans tous les cas à s'assurer concrètement, par loyauté à l'Histoire et aux victimes, de leur culpabilité, afin qu'ils puissent être jugés à hauteur de leur responsabilité.

S'il existe des points communs entre ces criminels que l'OCLCH poursuit, aucune enquête ne se ressemble, elle dépend du terrain, du conflit, de l'homme, des faits, des donneurs d'ordre. Le criminel peut avoir agi pour le compte d'un État, dans un contexte de guerre civile ou bien de génocide, il peut avoir été déjà capturé ou en fuite. Notre mission nous oblige à nous adapter et surtout à dépasser notre contrainte majeure : non seulement nous sommes éloignés de la scène des faits, mais aussi de leur commission. Remonter le temps, restituer l'époque du crime, interroger les mémoires et recueillir minutieusement les traces matérielles, chercher laborieusement, modestement, à reconstituer les événements, telles sont nos actions afin d'établir une vérité implacable.

Nota bene : Le lecteur comprendra que, pour des raisons de confidentialité, de respect des procédures et de protection des témoins, les noms, les lieux et les circonstances ont été soit modifiés, soit transposés dans le temps et dans l'espace.

1

Fugitif

«La réconciliation dans les Balkans ne pourra exister aussi longtemps que le déni des crimes subsistera.»

Carla Del Ponte.

14 février 2018, 14 heures

J'ai garé mon véhicule dans une petite rue, à Saint-Denis. En attente. Le reste de l'équipe de l'Office central de lutte contre les crimes contre l'humanité (OCLCH) est en place.

Prête pour l'interpellation.

Un coup d'œil dans le rétroviseur. La basilique de Saint-Denis m'écrase. Une horloge égrène les heures.

L'attente. Cela fait vingt-six ans que la Bosnie-Herzégovine attend que justice soit faite… depuis un terrible jour de juin 1992 à Višegrad.

Hora fugit, stat jus. «Le temps passe, mais la justice demeure.» La devise de l'OCLCH.

Le faible soleil hivernal parisien effleure l'habitacle. Le Glock me rentre dans les côtes. Il faut que je pense à régler cela à l'avenir.

Six jours ! Cela fait six jours qu'on est accrochés à ses basques avec le GOSIF (Groupe d'observation et de surveillance d'Île-de-France). Pas question de le laisser filer. La Bosnie-Herzégovine ne nous le pardonnerait pas.

Je ne me le pardonnerais pas non plus.

Six jours qu'on le filoche, de chantier en chantier. Travail au black. Petits boulots. Nous avons fait le point quotidiennement avec Daniel, l'adjoint au chef de la division de la stratégie à qui j'ai confié la direction opérationnelle de ce dossier. Cette division de l'OCLCH a, entre autres, la charge du suivi des criminels de guerre en fuite, les fugitifs.

Je sors mon téléphone et pianote sur mon clavier pour accéder au site d'Interpol, sur la page « notices rouges[1] » concernant les fugitifs. Cet outil permet de demander aux services d'enquête de localiser et de procéder à l'arrestation provisoire d'une personne dans l'attente de son extradition, de sa remise ou de toute autre procédure judiciaire. Dans l'onglet nom et prénom, je tape « Goran P. ». La fiche apparaît. Plus pour longtemps maintenant.

L'équipe est en place depuis 6 heures ce matin. En observation avec des caméras déportées, histoire de ne pas se faire repérer, combiné avec un « sous-marin », un fourgon banalisé spécialement aménagé pour la surveillance.

1. Les « diffusions » ou « demandes d'arrestation provisoire » sont des messages que les États membres de l'OIPC-Interpol transmettent directement afin d'obtenir l'arrestation provisoire d'une personne, en utilisant le canal de communication sécurisé *via* leur Bureau central national Interpol (BCN). Une demande d'arrestation provisoire peut être adressée soit à l'ensemble des pays membres d'Interpol, soit à un pays déterminé en cas de localisation de la personne, soit à une ou plusieurs zones géographiques. En revanche, les notices rouges se distinguent de la demande d'arrestation provisoire en ce qu'elles constituent un outil propre à l'organisation internationale de police criminelle. En France, bien que longtemps considérées comme un outil uniquement policier, la qualité et la précision des informations qu'elles contiennent ont finalement amené à les considérer comme un outil juridique comparable à une demande d'arrestation provisoire. Une notice rouge permet ainsi, en l'absence de difficulté technique ou juridique, l'interpellation de la personne concernée sur le territoire national.

Elle se compose de deux policiers et deux gendarmes, deux femmes, deux hommes.

Daniel m'a rendu compte dès le matin que la cible n'avait pas bougé.

14 h 05

Cela ne devrait plus tarder. Je mets le moteur en route. Quelques questions se bousculent. Toujours cette sourde inquiétude avant une interpellation.

Pour notre cible, c'est bientôt la fin de la petite vie paisible en France. Retour en Bosnie-Herzégovine pour y être jugé, pour être confronté aux regards de ses victimes.

Le soleil disparaît derrière de gros nuages menaçants. La radio balance un tube électro. Je le *shazame* pour plus tard. L'écran annonce « Night Call » de Kavinsky.

14 h 10

Mon téléphone sonne. Le Parquet général. Je décroche. L'avocat général me donne le feu vert en vue de procéder à l'arrestation de P. Il sera placé en détention jusqu'à sa remise aux autorités bosniennes en attendant son extradition.

— Je vous envoie la décision sur votre boîte courriel.

— Parfait. Je vous rappelle dès que nous l'avons bouclé.

J'enclenche la première et coupe la radio.

Bon… On reste concentré, maintenant. Quelques encablures plus loin, je rejoins l'équipe. J'adresse un signe de tête à Daniel.

— On a eu le feu vert.

Tout le monde sort des véhicules, enfile son gilet pare-balles. On ne sait jamais. L'un de mes équipiers s'empare du bélier. Il fait toujours aussi froid, et désormais le soleil est masqué par de gros nuages noirs et gris ; ça sent l'orage.

Nous descendons la rue d'un pas décidé. Daniel franchit la première porte. On avance derrière lui à la queue leu leu dans un couloir noir et étroit. Sans un mot. L'équipe débouche dans une cour. Tout est calme. Tant mieux.

Une seconde entrée, un escalier en colimaçon. Nous grimpons deux étages et nous voici devant la porte de l'appartement de Bogdan et Marjorie P. Silence. J'interroge Daniel du regard. Il s'empare du bélier pour défoncer la porte.

— Attends ! On peut peut-être sonner, non ?

— Quel est le numéro de Bogdan ? demandé-je.

Daniel vérifie.

— 07 XX XX XX X8.

Je compose le numéro en caché.

Tout le monde tend l'oreille. Bruits de pas, puis quelqu'un décroche.

Du coup, consensus. Sonnerie. Silence. Puis un bruit de pas, ouverture. Un homme jeune se présente, habillé de noir, genre service de sécurité.

— Monsieur Bogdan P. ?

— Oui.

— Gendarmerie nationale, Office central de lutte contre les crimes contre l'humanité. Votre père est-il présent ?

— De quoi s'agit-il ?

— Vous êtes bien le fils de M. Goran P. ?

Il ne répond pas, mais tourne la tête vers une pièce dans l'appartement.

Je lui pose une question à laquelle j'ai déjà la réponse. Et depuis un petit moment…

En une seconde, Daniel l'écarte d'une poussée, et le reste de l'équipe pénètre rapidement dans l'appartement. Un vieil homme rabougri, presque décharné, se tient à l'entrée de sa chambre, les bras ballants, yeux écarquillés. P. ? L'un des gendarmes s'empare de lui. L'autre ferme la fenêtre dans le cas où l'homme envisagerait une défenestration. Tout prévoir.

Ouf, un coup d'œil à droite, à gauche. *Sve je ispod kontrolom*... Tout est sous contrôle.

Je m'adresse à lui.

— Monsieur P. ?

— *Da !*

— Vous êtes en état d'arrestation. Vous allez être extradé vers la Bosnie-Herzégovine.

L'homme, hébété, ne semble pas comprendre. Il regarde son fils qui lui traduit en langue serbe et s'agace.

— Qu'est-ce que c'est que cette histoire ? Mon père est innocent. Vous commettez une erreur judiciaire. Montrez-moi le document qui me prouve ce que vous dites !

Sans un mot, je lui montre la décision sur mon téléphone. Il lit avec attention le texte.

— Je ne comprends pas. Pourquoi mon père est arrêté ?

— Il verra cela avec les autorités judiciaires de Bosnie-Herzégovine.

Daniel intervient.

— Dites à votre père qu'il prépare un sac avec des vêtements propres, ses affaires de toilette, ses médicaments.

La policière l'aide à rassembler ses affaires. J'observe cet homme, vieux, amaigri, en débardeur blanc à trous et bas de pyjama rayé bleu ciel. Et cette petite barbe que j'avais remarquée sur les photos le représentant en 1992. Il semble être ailleurs.

Peut-être déjà en Bosnie-Herzégovine ?

— Il va falloir y aller, maintenant.

Bogdan s'emporte.

— Quel pays de merde ! La Bosnie ! Ce n'est même pas vraiment un pays ! Plutôt un agglomérat de peuples qui ne veulent pas vivre ensemble ! Et en plus dirigé par une équipe de moudjahidin ! Si on avait su, en 1995, on aurait été jusqu'au bout et on les aurait tous éradiqués. Mon père ne sera jamais jugé avec objectivité. Ils veulent faire un exemple. Ce pays n'est qu'un montage artificiel. Tous ces musulmans étaient des chrétiens, auparavant. Pour une poignée de riz, ils se sont convertis et ont vendu leurs âmes aux Ottomans. Nous, les Serbes, non ! Nous avons libéré les Balkans du joug des Ottomans. Cela nous donne des droits sur cette terre. Et c'est toujours la même chose de nos jours. Le renvoyer là-bas revient à le tuer.

Je ne réponds pas. La diaspora établie à l'étranger est souvent plus radicale que ceux qui sont restés dans les Balkans. Mais il n'empêche que j'ai entendu ce discours pendant cinq ans… dans ce pays divisé entre la Republika Srpska et la Fédération croato-bosniaque, où chaque ethnie fait tout pour bloquer l'autre. Bref, l'*Absurdistan*[1].

— Adieu… *moj drug*[2] *!*

Il s'aperçoit que je parle un peu la langue locale et m'observe avec suspicion. P. se retrouve encadré, menotté, par les membres de l'OCLCH. Il est hagard.

Quand je pense à ce qu'a pu faire ce type, et ce qu'il est devenu finalement.

Nous rejoignons les véhicules. Le soleil fait de nouveau son apparition. Un frémissement de chaleur aussi.

J'appelle l'avocat général en charge du dossier pour l'informer du bon déroulement de l'opération. Remerciements et félicitations. Je souffle un peu.

Dans la rue, la caméra nous filme. Un petit signe de remerciement aux collègues du GOSIF qui ont travaillé sans

1. Album de Dubioza Kolektiv, groupe de rock bosnien.
2. « Mon pote », en BHS. Le BHS désigne la langue bosnienne, croate et serbe. Héritière du serbo-croate. Cette formule permet de ne froisser personne, selon l'interlocuteur que vous avez en face de vous…

relâche pendant six jours. Mission accomplie. Satisfaction du travail bien fait.

Gyrophares. Bouton « lecture ». L'un de mes groupes de rock progressif favoris, Archive, joue « Pills », *Live in Athens*. Un peu plus de son. Adrénaline. Direction Paris et la cour d'appel.

Rétroviseur. J'observe P., ce petit vieux rabougri qui ne dit mot. Regard perdu dans le vide.

À quoi pense-t-il ? À quoi peut penser un criminel de guerre « rattrapé par la patrouille » qui doit rendre des comptes ? À cette journée de juin 1992 où la justice bosnienne le soupçonne d'avoir commis l'indicible ?

Moi, je pense à Lejla, Amina et Bakira, les femmes de Višegrad.

Aux « humanimaux » qui se sont déchaînés sur ce petit pays.

Une heure et demie plus tard, nos véhicules quittent le boulevard du Palais et s'engagent sur le quai de l'Horloge. À l'angle, deux grandes figures allégoriques qui représentent la Loi et la Justice encadrent l'horloge. Elle-même nous rappelle les fondements de notre action : *Machina quae bis sex tam juste dividit horas Justitiam servare monet leges que tueri* (« Cette machine qui fait aux heures douze parts si justes enseigne à protéger la Justice et à défendre les lois »).

Même jour, 15 h 30 – cour d'appel de Paris

Je monte les escaliers de ce vieux bâtiment, empreint de solennité, de siècles de justice. Nous avons rendez-vous avec l'avocat général qui m'avait donné le feu vert au téléphone. Il dépend du parquet général près la cour d'appel de Paris et est notre interlocuteur dans ce dossier. En effet, la recherche de fugitifs condamnés à l'étranger de manière définitive pour crime contre l'humanité, génocide ou crimes de guerre justifie l'ouverture d'une enquête[1] particulière. Trois étages plus haut, il nous accueille en souriant :

— Mon colonel, encore bravo. Diplomatiquement, tout le monde peut être soulagé.

Le magistrat explique la situation à P. Il est placé sous écrou extraditionnel. Quelques instants plus tard, il prend la direction de la maison d'arrêt de Fresnes.

Le dimanche 25 février 2018, Goran P. est remis aux autorités bosniennes. Le lendemain, il est présenté à 10 heures devant un procureur du Parquet spécialisé dans les crimes de guerre, à Sarajevo. C'est pour moi la fin d'une histoire commencée un jour de juin 2013, à Sarajevo.

1. Sur le fondement de l'article 696-9-1 du Code de procédure pénale, cette procédure permet de mettre en œuvre quelques prérogatives d'enquêtes prévues par l'article 74-2 du même code.

2

Itinéraire d'un chasseur alpin

« La sagesse des anciens nous a transmis un principe selon lequel
nul n'est censé ignorer la loi.
La gendarmerie qui met pour ainsi dire
la loi en mouvement lui donne la vie,
doit faire les plus persévérants efforts
pour faire en sorte que cette présomption judiciaire
devienne une vérité de fait, une vérité réelle et pratique,
spécialement en ce qui touche la participation
que le législateur lui confie dans l'exécution de ses prescriptions. »

Cochet de Savigny,
Mémorial de la gendarmerie.

Je n'avais pas prévu de devenir chasseur de criminels de guerre à la Goran P. Passionné de montagne et vosgien de naissance, j'ai choisi, à l'âge de dix-huit ans, de m'engager dans les chasseurs alpins. J'ai commencé ma carrière comme caporal à l'École militaire de haute montagne à Chamonix, en octobre 1982. Après deux années de formation, j'ai été muté à Barcelonnette, au 11e bataillon de chasseurs alpins. Mon objectif : rallier rapidement les équipes de ski de fond.

C'était compter sans le numéro deux du bataillon, le colonel qui m'a invité fermement à envisager une carrière d'officier. En 1987, j'ai donc quitté les Alpes du Sud pour la Bretagne et les écoles de Coëtquidan. Deux années pas franchement agréables, avec une seule idée en tête : revenir en montagne.

C'est chose faite en 1990, quand, au grade de lieutenant, j'intègre la section de renseignement au 7e bataillon, à Bourg-Saint-Maurice, les éclaireurs skieurs, héritière des maquis alpins qui donnèrent du fil à retordre aux Allemands pendant la Seconde Guerre mondiale. Ces sections sont regroupées au sein d'une structure appelée unité de recherches humaines de la 27e division alpine (URH 27). Notre mission en temps de guerre : nous infiltrer, nous enterrer et renseigner l'état-major sur les positions ennemies.

La guerre, justement, elle est là, tout près, à moins de deux mille kilomètres de chez nous. Depuis le mois d'août 1991, l'ex-Yougoslavie s'enfonce dans un conflit sanglant entre Serbes, Bosniaques, Croates.

En février 1992, les Nations unies décident l'envoi de quatorze mille casques bleus dans le cadre de la Force de protection des Nations unies, la FORPRONU. Côté français, l'armée de terre envisage de déployer des troupes dans ce pays en guerre.

Un matin, le colonel qui commande le 7e bataillon me fait appeler dans son bureau. Il me propose de devenir le chef des URH qui vont s'implanter à Sarajevo. Tentant. Sauf que j'ai déjà mis en route un autre projet professionnel. Depuis des semaines, je bosse le concours de recrutement de la gendarmerie nationale. Mon objectif, intégrer les unités de secours du PGHM, le peloton de gendarmerie de haute montagne. Une promesse que je m'étais faite quelques années plus tôt alors que je tentais de maintenir en vie un camarade après une chute de dix mètres d'une barre rocheuse. Lorsque l'hélicoptère du PGHM de Briançon avait posé un patin pour évacuer mon ami, j'avais su qu'il vivrait. Mais tétraplégique, jusque dans les années 2000.

Puis, pourquoi pas, plus tard, faire de la police judiciaire. Le colonel est parfaitement au courant, mais il aurait bien aimé me retenir. D'où son offre.

— Combien de temps ai-je pour me décider ?

— Vous devez me répondre immédiatement !

— Alors, si je dois vous donner la réponse tout de suite, c'est non.

Silence.

— Parfait. Je ne vous en veux pas.

Voilà ! En trois secondes, les dés sont jetés. Heureusement, j'ai réussi le concours… sans savoir qu'il allait me ramener, vingt ans plus tard, à Sarajevo.

Après avoir troqué l'uniforme des chasseurs alpins contre celui de la gendarmerie, j'ai poursuivi ma carrière en montagne, à la tête d'un escadron de gendarmerie mobile de montagne à Pamiers, en Ariège, puis d'un peloton de gendarmerie de haute montagne pour le secours en montagne dans les Hautes-Pyrénées, et enfin de la compagnie de gendarmerie d'Annecy, en Haute-Savoie. Vingt années de commandement d'unités très diverses, et une expérience professionnelle que j'avais à cœur de partager avec de jeunes officiers en intégrant l'École des officiers de la gendarmerie nationale, à Melun, près de Paris.

Mais il me tardait d'ouvrir le chapitre suivant de ma carrière : la police judiciaire. Alors, en août 2003, retour sur le terrain, au sein de la section de recherches (SR) de Montpellier. Homicides et lutte contre la criminalité organisée dans une région qui vit dans l'ombre de la criminalité marseillaise, mais qui ne manque pas d'affaires à traiter. Pour exemple, de 2007 à 2008, avec mon équipe, nous avons enquêté sur neuf homicides de front et démantelé de nombreux trafics, armes, objets d'art et stupéfiants. Dont le célèbre dossier « Air Cannabis », impliquant la nomenklatura de la criminalité corse. En partant de Corse, ce réseau utilisait un hélicoptère pour importer de grandes quantités de résine de cannabis depuis le Maroc, *via* l'Espagne.

Belle aventure que ces cinq années à la tête de la section de recherches de Montpellier. Elle s'achève en 2008, avec ma mutation à Lyon en qualité d'adjoint du général pour tout ce qui concerne la police judiciaire sur la région Rhône-Alpes-Auvergne. Simple transition, je le sais. Je fais savoir depuis longtemps mon intérêt pour un poste à l'étranger. Je m'attends à un départ pour l'Afrique de l'Ouest, compte tenu de ma spécialité, la lutte contre le trafic de stups. Raté. Le 1er août 2012, je suis muté à l'ambassade de France à Sarajevo en qualité d'attaché de sécurité intérieure.

Ma mission : faciliter la coopération policière et judiciaire entre la France et la Bosnie-Herzégovine. Au menu : trafics d'armes et d'explosifs (la Bosnie-Herzégovine disposerait d'un stock de 750 000 armes détenues illégalement par les particuliers, facilement transportables en voiture en France), trafics d'êtres humains et leur exploitation, lutte contre le terrorisme et l'avènement de l'islam radical dans certaines zones du pays.

Je ne vais pas m'ennuyer.

Fin juillet, je débarque en famille dans la capitale de la Bosnie-Herzégovine. Avec mon épouse et mes deux garçons, nous découvrons cette ville, ce pays partitionné, cette culture et ces peuples des Balkans.

Sarajevo… Une ville qui vous recrache ou qui vous avale. En ce qui nous concerne, ce sera plutôt « Sarajevo, mon amour[1] ».

---

1. Voir Jovan Divjak, *Sarajevo, mon amour*, Buchet-Chastel, 2004.

3

Les Vengeurs

> « Seuls les victimes et les bourreaux savaient qui était enterré dans les fosses. Or les premières étaient mortes et les seconds murés dans le silence. »
>
> Éric Stover et Gilles Peress, *Les Tombes.*

Juin 2013 – Sarajevo

Cela fait maintenant presque une année que je suis installé dans ce pays, et je ne me lasse pas d'arpenter les rues de Sarajevo, enchaînant ambiances ottomanes et austro-hongroises. Rue Hrvatin. Certaines maisons portent encore les stigmates de la guerre. Comme les cerveaux.

Je ne les vois plus. L'habitude a vite effacé l'étonnement. Je débouche sur le pont de la Mijaska, juste en face de la Vijesnicá, majestueuse bibliothèque, ancien hôtel de ville bâti en 1891 sous le règne de l'empereur austro-hongrois, par l'architecte tchèque Karel Pařík. Le 25 août 1992, elle fut partiellement détruite pendant le siège de Sarajevo par des tirs d'obus incendiaires. L'objectif : annihiler l'histoire, effacer la culture. Finalement, les premières étapes du génocide.

Plus de 700 manuscrits uniques partis en fumée. Avant l'attaque, la bibliothèque disposait de 1,5 million de livres, dont 155 000 étaient d'une rareté absolue. Sous les tirs des snipers et dans les flammes, certains habitants et libraires de Sarajevo se sont précipités pour sauver le maximum de livres.

Aujourd'hui, le bâtiment, symbole de la victoire de l'art et de la culture sur la guerre, est en cours de rénovation grâce à des fonds européens. Son ouverture au public est programmée pour le 28 juin 2014, pour la commémoration du centenaire de l'assassinat de l'archiduc François Ferdinand.

Je contourne la Vijesnicá et pénètre dans Baščaršija, ce quartier du vieux Sarajevo qui s'ébroue au matin.

« Sarajevo s'éveille ! » Les *burek* sont chauds dans les étals, et, déjà, je perçois les effluves de *ćevapčići*, ces petites saucisses grillées à base de veau et bœuf, dont les Bosniens raffolent à toute heure. Certains Sarajeviens sont déjà assis au soleil, à boire leur café. À contempler le temps qui passe ou à savourer la vie.

Doucement… *Polako* en BHS… Le maître mot dans ce pays ! Je songe à l'éloge de la lenteur face à la compression du temps et de l'espace. Je poursuis tranquillement mon chemin vers la Maršala Tita, l'artère centrale de la ville. Je laisse sur la gauche la synagogue, la cathédrale catholique, l'orthodoxe et la mosquée. Sarajevo, la Jérusalem de l'Est.

Au sol, mes pas contournent les impacts de mortiers, éclatés en étoiles à mille branches, comblés avec de la peinture rouge. On les appelle « Les Roses de Sarajevo ». D'autres stigmates.

Sur ma droite, les commerçants installent leurs étals de fruits et légumes sur le marché Markale, cible de deux bombardements meurtriers. La première attaque, le 5 février 1994, fit 68 morts et 144 blessés. La seconde, le 28 août 1995, 37 morts et 90 blessés. Une ailette de mortier est restée figée dans le sol. Elle est recouverte d'une vitre. Une plaque rappelle l'horreur et les noms de victimes.

Je poursuis ma route. Je contourne le monument aux 1 000 enfants morts, victimes des bombardements et des snipers durant le siège de la ville, un des plus meurtriers après celui de Leningrad. Les rapports indiquaient une moyenne d'environ 329 impacts d'obus par jour. Le blocus de la ville par les forces serbes fut total, les envois de nourriture et de médicaments, l'eau, l'électricité et le chauffage coupés. Au lieu de tenter de prendre la ville, étant numériquement inférieures aux forces de l'armée bosnienne, composée de Bosniaques, mais aussi de Bosno-Serbes et Bosno-Croates, elles l'assiégèrent et la bombardèrent en continu pour l'affaiblir, sans quitter les collines.

Ce fut la seconde attaque du marché de Markale, événement tragique, à la suite des massacres et du génocide de Srebrenica en juillet 1995, qui provoqua la campagne de bombardements de l'OTAN, l'opération Deliberate Force. Elle mobilisa 400 avions et 5 000 soldats venant de 15 nations pendant un mois.

Ces attaques aériennes, combinées aux tirs d'artillerie d'unités de l'armée de terre française et de tirs de Tomahawk de l'US Navy sur une tour de communications bosno-serbes, provoquèrent mi-septembre 1995, la reddition des autorités bosno-serbes et le début des négociations qui débouchèrent sur les accords de Dayton, deux mois plus tard, mettant fin à la guerre en Bosnie-Herzégovine.

Je remonte le petit parc où trônent quelques tombes ottomanes. En haut, quatre statues se dressent. Quatre fantômes. Le monument érigé à la mémoire des 96 soldats morts pour le rétablissement de la paix, situé à côté de l'ambassade de France, ma destination finale. J'ai toujours une pensée pour ces camarades tombés loin de leur patrie. Mon nom aurait pu y être gravé…

Aujourd'hui, je dois me rendre à Višegrad avec mon interprète Jasmina, à la rencontre d'une femme que j'appellerai Lejla. Le renseignement vient d'A. S., un policier francophone, amoureux de la France, passionné par son métier de flic, personnage haut en couleur, une sorte de Benigni dans *La vie est belle*. De l'enthousiasme pur jus, sans relâche ! A. nous a informés qu'une dénommée Lejla veut nous parler de la présence d'un criminel de guerre en France et veut nous transmettre les informations dont elle dispose.

Installé au volant du Nissan 4 × 4, j'attends Jasmina, qui finit par sortir de l'ambassade. À sa mine pâle, je vois qu'elle n'est pas en forme. Comme souvent. Mal dormi ? Elle monte dans la voiture, avec un « bonjour, colonel » en me tendant la main.

— *Dobro jutro, kako ste ?* réponds-je, histoire de montrer que je fais des progrès dans sa langue.

— Ça va, merci.

Jasmina est originaire de Bosnie centrale ; elle est employée par l'ambassade de France en qualité d'interprète au profit de l'attaché de sécurité intérieure. Bref, elle me suit partout. Célibataire, elle rentre tous les week-ends à Travnik, au chevet de sa mère et de son neveu dont elle a la charge, suite au décès de sa sœur. Bien sûr, comme la majorité des Bosniens, quelle que soit leur « ethnie », elle a été marquée par la guerre civile.

Une fois le plein de carburant réalisé à la sortie de Sarajevo, je quitte la ville par ces gorges étroites qui la ceinturent, direction l'est de la Bosnie. Quelques minutes plus tard, je franchis un tunnel et les limites de la Republika Srpska, symbolisée par son drapeau de trois bandes horizontales, rouge, bleue et blanche. Un pays, deux drapeaux… Celui de la Bosnie-Herzégovine, imposé par la communauté internationale, et celui de la Republika Srpska. Mais un seul hymne, magnifique, d'ailleurs, mais sans paroles. Les différentes ethnies n'ont pas été capables de se mettre d'accord sur les textes… Comme pour les écoles. Parfois, le concept, c'est « un toit, deux écoles ». Deux entrées séparées. Bien diviser pour bien manipuler. C'est si facile, et ça marche à tous les coups. Les dirigeants agitent le chiffon rouge nationaliste devant le peuple qui fonce tête baissée… Pendant ce temps-là, ils se remplissent les poches, la mascarade totale des partis politiques locaux qui distribuent les emplois, moyennant le vote et un billet de dix mille euros. L'emploi à vie. La corruption.

La voiture bondit dans les gorges abruptes de la route de Pale, l'ancienne capitale de la Republika Srpska. Au fond, coule la rivière Mijaska, couleur marron. Je jette un œil à Jasmina. J'ai eu beau mettre un CD du chanteur local, Dino Merlin, elle affiche un visage sombre. Je sais qu'elle ne va pas aimer la journée. Trop de mauvais souvenirs… Le retour dans le passé, si proche. Les souffrances, privations, les récits des viols, les tueries. Elle en a entendu, des saloperies.

Les notes de musique orientale mêlées à de l'électro emplissent l'habitacle. Dans les Balkans, la musique rythme en permanence le temps et la vie. Dans les bars, lorsque les orchestres parfois improvisés jouent, tous reprennent en chœur les chansons ; de quoi vous mettre des frissons chaque fois. Même aux pires moments du siège, sans lumière, à la lueur des bougies, pour se donner du baume au cœur, pour supporter la vie et la mort, les Bosniens chantaient.

Tout en conduisant, mon regard se porte sur ces montagnes qui ressemblent étrangement aux miennes, les Vosges. Nous traversons des villages figés dans le temps, dans les années 1960, bottes de paille, bétails, fermes avec leurs toits si caractéristiques pour évacuer la neige, sur ces plateaux herbeux et forêts qui s'étendent à perte de vue.

Deux heures d'une route de montagne sinueuse plus tard, je longe enfin la verte Drina, rivière qui constitue pour une bonne part la frontière entre la Bosnie-Herzégovine et la Serbie. La lumière est belle, le ciel azur. Au détour d'un virage, la ville apparaît avec son majestueux pont de pierre, l'un des deux monuments du pays classés au patrimoine mondial de l'UNESCO, construit par le vizir turc Mehmed Pacha Sokolović. L'ouvrage du XVIe siècle, aussi impressionnant que symbolique, relie les deux rives de la Drina.

Ce pont a été rendu célèbre par le roman d'Ivo Andrić, le prix Nobel de littérature, *Un pont sur la Drina*. Un roman sur la tolérance entre les peuples… Les temps ont bien changé… Dans ce livre, Ivo Andrić y décrit une ville qui vit autour de ce pont. Sur la *kapia*, un vaste espace au centre, se tenaient les principaux événements de l'histoire de la ville et l'essentiel de la vie quotidienne, l'endroit où l'on cause, on boit, on fume : « On dirait que sous les arches amples du pont blanc coule et se déverse non seulement la verte Drina, mais aussi tout ce paysage harmonieux et parfaitement domestiqué, avec tout ce qu'il abrite, et aussi le ciel méridional au-dessus de lui. »

Pourtant, c'est sur ce pont qu'ont eu lieu de nombreux massacres en 1992. Quelque 3 000 Bosniaques de la région – dont 600 femmes et 119 enfants – ont été assassinés. Nombre d'entre eux ont été alignés et abattus avant que leurs corps ne soient jetés dans la Drina.

Je gare mon véhicule non loin du pont. Avec mes plaques diplomatiques, je ne passe pas inaperçu. Jasmina est de plus en plus renfrognée. Visages derrière les fenêtres, regards des passants.

À première vue, Višegrad est une petite ville paisible de 6 000 âmes, qu'il fait bon arpenter d'un pas guilleret, surtout aujourd'hui où le soleil brille. Mais elle est déprimante. Un faux air de paradis où tout est fait pour cacher le passé, honteux, comme on cache la saleté sous le tapis. Mais le tas est trop volumineux. Il forme une bosse hideuse. Difficile d'affronter son histoire.

À la veille de la guerre, en 1991, la ville comptait 6900 habitants, le «canton» qui l'entoure était composé de 162 localités (hameaux et villages souvent monoethniques)[1], soit 11 000 habitants. Pour l'essentiel, ils vivent de l'élevage de bovins, mais il y a quelques industries, une station thermoélectrique installée sur le barrage à la sortie de la ville, une caserne et quelques usines de traitement du bois. La répartition entre les ethnies était la suivante : 50 % de Bosniaques, dont la plupart sont de religion musulmane, 38 % de Bosno-Serbes, dont la plupart sont de religion orthodoxe, des Bosno-Croates, de religion catholique, et le reste étant des Roms et des Juifs. Mais, comme tous les habitants de la région, et de l'ex-Yougoslavie en général, ils fréquentaient les mêmes écoles, bureaux, coopératives, clubs sportifs, bals, activités des partis, SDS pour les Bosno-Serbes, SDA pour les Bosniaques et HDZ pour les Serbo-Croates. Il y avait une vie collective organisée autour d'événements hors ethnies et religions, fêtes de départ de conscrits, bals, relations professionnelles, politiques et amicales, etc.). Mais il y avait très peu d'intermariages dans la région.

Je jette un œil à Jasmina qui semble avoir repris quelques couleurs. La chaleur, peut-être ? Je sors mon téléphone et appelle notre informatrice.

— Bonjour, je vous appelle de la part d'A.

— Oui, bien sûr. Je vous donne mon adresse.

— Vous êtes certaine que vous souhaitez que nous nous rencontrions chez vous ?

— Oui, je n'ai rien à cacher, contrairement à d'autres. Et je serai plus en sécurité chez moi qu'ailleurs.

1. Voir Élisabeth Claverie, «Démasquer la guerre. Chronique d'un nettoyage ethnique, Višegrad (Bosnie-Herzégovine)», *L'Homme. Revue française d'anthropologie*, avril-juin 1992, 203-204/2012.

— Ce n'est pas l'usage, mais, si vous le souhaitez, nous serons là dans quelques minutes.

Quelques instants plus tard, nous nous présentons devant une magnifique maison traditionnelle bosnienne d'un blanc immaculé. La porte est équipée d'un heurtoir en fer, la marque de fabrique de ces maisons. Je lève les yeux et j'aperçois un visage apparaissant furtivement à la fenêtre du premier étage. Derrière les croisillons, les femmes pouvaient surveiller la rue sans être vues, et sans doute choisir leurs futurs prétendants. Ces fenêtres sont ouvertes sur une sorte de balcon complètement fermé, une avancée d'environ un mètre sur la rue.

Je frappe. Quelques secondes plus tard, une femme élancée, d'un mètre soixante-dix environ, la cinquantaine joliment portée, nous ouvre.

— Je suis Lejla, c'est moi qui vous ai appelés.

Elle me tend la main et sert fermement la mienne. Son regard est vert kaki, doux, mais mystérieux. Une sorte de voile, difficile à déchiffrer. Légèrement maquillée, elle porte un tailleur vert amande, assorti à ses yeux, qui plongent dans les miens. Je soutiens son regard et parviens finalement à m'en détacher.

— Suivez-moi, je vous en prie. Et merci d'être venus jusqu'à moi. En plus, ce jour est un peu spécial, vous verrez.

Nous pénétrons dans une cour pavée de galets. Sur les murs blancs grimpent des glycines mauves. Lejla se dirige vers la maison principale et pousse une nouvelle porte en bois. J'ôte mes chaussures, comme on le fait avant de pénétrer dans une maison bosnienne. Au rez-de-chaussée, un porche légèrement surélevé débouche sur l'escalier en pierre qui mène à la galerie supérieure. En haut des marches, la salle de séjour avec, dans un angle, un immense poêle à bois blanc orné de faïences vertes et rondes.

Les chants résonnent dans une pièce adjacente, sans doute celle d'où j'ai aperçu furtivement le visage en patientant dans la rue. Les instruments se mélangent aux voix. Il s'agit de chants issus de la poésie mystique, le répertoire classique des confréries soufies implantées en Bosnie depuis le XVe siècle, répertoire transmis de bouche à oreille d'une génération à l'autre, de façon sélective et relativement secrète au sein de la confrérie.

Dans un sourire triste, Lejla nous invite à pénétrer dans son salon où il fait une chaleur accablante. La pièce est meublée de façon traditionnelle, à la bosnienne, avec son divan bas qui couvre la moitié de la pièce. Au centre, je reconnais une table ciselée de Konjic, travail artisanal de précision posée sur un kilim rouge et vert, fameux tapis turc tissé à Mostar. Héritage de quatre siècles de l'Empire ottoman.

Elle nous fait asseoir sur le divan et nous propose le traditionnel café bosnien, la règle de l'hospitalité. Pas d'échanges sans café. Nous acceptons bien volontiers. La route a été longue. Du regard, je fais le tour de la pièce et tombe sur une image de Tito. Je montre la photographie à Jasmina. Elle me regarde sans rien dire. La Tito nostalgie.

Sur un buffet trônent quelques photos en noir et blanc. Dans les cadres, un homme au visage émacié et aux yeux sombres, et un enfant, un jeune garçon, âgé d'environ douze ans. Deux rubans noirs sur les angles. Jasmina m'observe en silence.

Lejla revient avec son plateau, trois petites tasses sans anse appelées *fildžani*, le *džezva* dans lequel se trouve le café et un petit gâteau *rahat lokum*.

Elle s'assoit, jette un regard sur les photos et se lance :

— Je vous ai demandé de venir car je pense savoir où se trouve un criminel de guerre qui a sévi à Višegrad au début de la guerre.

— Je vous écoute, dis-je en reposant ma tasse.

— Connaissez-vous l'histoire de cette ville ?

— Pour ainsi dire, non, pas vraiment. Je viens d'arriver dans votre pays.

— Souhaitez-vous que je vous explique certaines choses ?

— Bien sûr.

Cette fois-ci, Jasmina s'est enfoncée dans son siège, elle sait qu'elle va devoir traduire encore l'indicible. Lejla pousse un grand soupir. Les chants soufis se sont tus.

— Bien. Comme vous le savez la guerre est déclenchée début avril 1992, à la suite de la déclaration d'indépendance de la Bosnie-Herzégovine. Le 5, le siège et les pilonnages de l'armée serbe débutèrent sur Sarajevo. Malheureusement pour nous, notre belle ville de Višegrad représentait un enjeu stratégique important car étant située sur l'axe Belgrade-Sarajevo. Qui plus est, notre barrage permet de fournir de l'électricité à toute la région. Nous sommes donc devenus une cible privilégiée. La ville est alors investie par la JNA (l'armée populaire yougoslave). Et, comme elle l'a fait déjà auparavant sur certains villages, elle tire à l'artillerie lourde sur les quartiers musulmans, repérables à leurs minarets. Les 13 et 14 avril 1992, la ville tombe. Mais elle est quasi vide. Nous nous étions cachés. Avec des Serbes d'ailleurs.

— Vous êtes revenus par la suite ?

— Oui, avec mon mari et mon fils.

Je jette un œil aux photos qui semblent nous observer. Voire nous jauger. Peut-être une vue de l'esprit ? Ou des esprits ?

— Mais l'autre objectif de l'armée est de purifier la zone. Nous, Musulmans[1], nous étions majoritaires. Il fallait procéder à un nettoyage ethnique. Alors, pendant que

1. Le terme « Musulman » avec une majuscule relève de la constitution titiste de 1974, laquelle donne le statut de peuple (*narod*) constitutif, à côté d'autres peuples constitutifs de la Fédération, aux musulmans de Bosnie. Le terme « Musulman » ne renvoie donc pas ici à une foi individuelle.

chars et pièces d'artillerie lourde de l'armée yougoslave avancent à grand fracas, de petits groupes mobiles s'en détachent sur ordre de la hiérarchie militaire et pénètrent dans certains villages dans les collines ou le long de la route. Parmi eux, figurent des «volontaires» du cru. Ces locaux, souvent de jeunes militants du SDS, indiquent aux soldats venus d'ailleurs le chemin des maisons musulmanes. Ils n'avaient pas de difficultés à nous retrouver car c'étaient nos voisins. Les ordres venaient d'en haut.

Lejla s'interrompt, se lève et va chercher dans le buffet un document.

— Vous savez ce qu'a déclaré Biljana Plavšić, ex-présidente de la Republika Srpska, la seule à avoir plaidé coupable lors de sa comparution devant le TPIY à La Haye? Voici sa déclaration : «À l'examen des preuves retenues contre moi, j'en suis arrivée à penser et à admettre le fait que plusieurs milliers de personnes innocentes ont été les victimes d'un effort organisé et systématique visant à chasser les Musulmans et les Croates des territoires sur lesquels des Serbes avaient des prétentions. À l'époque, je m'étais convaincue facilement que ce qui était en cause était un problème de survie et d'autodéfense. En fait, c'était bien davantage. Les dirigeants dont je faisais partie, bien sûr, ont pris pour cibles d'innombrables personnes innocentes. Arguer de la nécessité de se défendre, de survivre ne justifie en rien ces actes. Pourquoi ne l'ai-je pas vu avant? Et comment est-il possible que nos dirigeants et ceux qui les ont suivis, aient commis de tels actes?» Elle conclut ainsi : «En pensant ainsi, nous, qui faisions partie des dirigeants, avons violé le devoir premier de tout être humain : le devoir de se maîtriser pour respecter la dignité humaine d'autrui.»

Silence.

Je l'interromps.

— Dommage d'en arriver à ce point de l'horreur pour comprendre l'essentiel, non ? Les dirigeants serbes ont créé une fiction, celle de leur disparition. Cela leur permet ainsi de justifier leur rôle de protecteurs, le dernier rempart. Je les appelle les assiégés… ils créent une sorte de château fort dont les remparts sont constitués de haines. Il fallait faire de la prévention en créant un espace pour eux. Finalement, c'est une fiction banale et récurrente, qui se construit au fil du temps de génération en génération avec comme fil conducteur la peur de l'autre, qui devient une menace permanente et sourde. Elle s'insinue dans chaque esprit avec force de citations, d'explications avec un vernis historique, parfois sur le ton humoristique.

Jasmina intervient. Je me tourne vers elle, surpris.

— Parfois, ils disaient : « Ces Musulmans, il faudrait les tuer comme des mouches », et nous, on rigolait. Ils le disaient rien que pour rire. Mais, en fin de compte, ils ont fait ce qu'ils disaient depuis des années. Le plus dur a été d'admettre que nos voisins avaient réfléchi à tout cela avant. Nous avons vu dans certains villages ou villes, les prémices de cette mécanique impitoyable[1] sans vraiment réaliser. Lorsque nous avons ouvert les yeux, c'était trop tard. Nos voisins voulaient nous tuer, ou nous désigner aux tueurs, tout cela dans une logique préventive légitimée par leurs chefs politiques. Ils savaient tous où nous habitions depuis longtemps car nous étions sur les mêmes bancs d'école, nous partagions nos goûters. Dans certaines villes, il y eut d'abord des allées et venues d'individus que nous ne connaissions pas, en civil dans les rues. Ils étaient renseignés par les locaux, qui tenaient leurs ordres des responsables politiques. Puis, des armes ont été déposées çà et là,

1. Voir l'article d'Élisabeth Claverie, « Les techniques de la menace », *Terrain*, n° 43, septembre 2004, p. 15-30.

dans certaines maisons, certains bars. L'armée yougoslave (JNA) s'était débarrassée de son personnel, gradés et troupes non serbes, et avait gardé l'essentiel de l'armement. C'est donc avec le soutien des partis nationalistes des municipalités que s'est organisé le recrutement des volontaires.

Lejla reprend :

— Ainsi, les volontaires de Višegrad guident les groupes militaires venus de Serbie. Ils connaissent chaque hameau, le nombre des bêtes, la composition des maisons, la répartition par sexe de chaque maison, la richesse ou la pauvreté des fermes en biens et en personnes. Sur ordre de l'état-major, quand les soldats arrivent, ils tirent quelques rafales d'armes automatiques, molestent quelques personnes, hurlent des ordres. Des coups de botte éventrent les portes, quelques tracteurs et voitures sont « réquisitionnés », quelques meurtres et enlèvements commis. Avant tout, on recherche et trouve les armes de chasse des hommes, leurs autres armes éventuelles. Enfin, quelques maisons sont incendiées et pillées, en même temps qu'est donné le conseil de dégager au plus vite. L'objectif est d'intimider pour nous faire fuir. On nous regroupe par zone soi-disant pour nous protéger. En cas de résistance, nous sommes menacés d'être « traités » par les milices ou groupes paramilitaires disons… un peu spéciaux.

» Ils sont liés par un rituel comme les « Tigres d'Arkan », les « Loups noirs ». Ils sont baptisés par groupes lors d'une cérémonie collective pendant laquelle ils prêtent serment devant un pope sur une icône de Jésus-Christ au cours d'une cérémonie orthodoxe. Les popes sont même parfois présents avant les phases de combat, pour les absoudre. Les liens du patronage, mis à l'épreuve par le crime.

Encore une fois, religion et nationalisme… Les meilleurs ingrédients qui composent, avec l'obéissance et la peur comme liants, la soupe bien nauséabonde du nettoyage ethnique et du génocide.

— Certains peuvent être intronisés comme voïvodes [duc] et devenir de vrais petits caïds. Ils mettent alors leurs hommes au service des unités locales de la police ou de l'armée. Leur monnaie d'échange : la redistribution de biens pillés et les femmes.

Lejla baisse le regard. Pas besoin d'être un génie pour comprendre ce qu'elle a dû endurer. Je ne l'interromps pas. Il fait de plus en plus chaud. Lejla se lève pour ouvrir la fenêtre sous le regard perçant des deux hommes, encadrés de noir, sous verre.

Jasmina poursuit la traduction.

— Ici, on a eu les Lukić… Milan et Sredoje et leur groupe paramilitaire[1], « Les Vengeurs[2] ». La vengeance par rapport à quoi ? On ne le saura jamais. Milan est né en 1967 et Sredoje en 1961, ils sont cousins, fils de deux frères. Leurs deux familles sont originaires du même village, Rujište, situé dans le canton de Višegrad. Le troisième larron s'appelle Mitar Vasiljević, un ivrogne du coin, garçon de café. C'était son *kum*, son parrain de baptême et de mariage. C'est une tradition spécifiquement serbe et orthodoxe qui entraîne de fortes obligations de respect et de solidarité.

On entend frapper à la porte. Lejla nous jette un regard et se lève.

— Je me suis permis d'inviter quelqu'un.

Quelques instants plus tard, pénètre dans la pièce une femme, blonde aux cheveux courts, au visage taillé dans le roc. Solide. Elle me tend la main.

— Bonjour, je suis Amina. C'est moi qui ai demandé à Lejla de vous appeler à l'ambassade. Vous êtes français ?

— Oui, pourquoi ? dis-je en souriant.

1. Élisabeth Claverie, « Démasquer la guerre », art. cité.
2. https://trialinternational.org/fr/latest-post/milan-lukic

— Parce que vous avez plutôt le gabarit des gens d'ici... Enfin, je veux dire que tous les Français que j'ai croisés pendant et après la guerre étaient plus chétifs.

Jasmina sourit. Je ne sais pas comment je dois le prendre. Je vais considérer que c'est un compliment. Il est vrai qu'ici, dans les Balkans, en dessous du quintal, on n'a pas voix au chapitre...

Lejla intervient.

— J'ai demandé à Amina de nous rejoindre car elle est responsable d'une ONG, Women Victims, militante des droits de l'homme et chercheuse de criminels de guerre.

— Ravi de faire votre connaissance. Le travail de la société civile est capital pour rétablir les victimes dans leurs droits.

— Heureuse de vous l'entendre dire, car, ici, ce n'est pas la norme.

Lejla reprend :

— J'étais en train d'expliquer notre histoire pour que le Français comprenne bien les choses.

— Parfait, continue, déclare Amina.

— Le 10 avril 1992, dans les premiers jours de la guerre[1], Milan Lukić rentre d'Allemagne en Bosnie. Son cousin Sredoje Lukić, lui, était resté à Višegrad, comme Mitar Vasiljević. Il était devenu agent de police dans cette municipalité. Ils vont constituer cette milice, « Les Vengeurs », dans le courant d'avril et mai 1992, de cinq à quinze personnes, selon les besoins. Selon ce qui a été rapporté par certains témoins protégés[2] lors de son procès, Milan Lukić fait sa première apparition le 18 mai 1992

1. Voir les actes d'accusation et jugements https://www.icty.org/fr/case/milan_lukic_sredoje_lukic

2. Témoin protégé VG-42, procès Lukić, audience du 27 octobre 2008. Voir Élisabeth Claverie, *Démasquer la guerre. Chronique d'un nettoyage ethnique, Višegrad (Bosnie-Herzégovine)*, printemps 1992, *L'Homme. Revue française d'anthropologie*, 203-204/2012.

vers quatre heures de l'après-midi. Il circule à bord d'une voiture dans le hameau de Dušče, aux environs de Višegrad. Il poursuit l'unique voiture allemande de modèle récent de la ville : une Volkswagen Passat rouge qui appartient à Dzemal et Behija Zukic, emblème de leur réussite et d'années de labeur comme émigré en Allemagne. Lukić la veut. Cette Passat deviendra son symbole.

Amina intervient :

— On l'appelait « l'homme qui se déplaçait très vite et en silence ». Un chat… Il voulait faire son effet dans le canton. Marquer son territoire.

Lejla poursuit :

— Les Zukic ne vont pas résister et ils ont signé leur arrêt de mort. Une heure plus tard, Lukić et ses hommes reviennent chez eux. Ils massacrent Behija, lui coupent la tête, et emmènent son mari et son jeune fils Faruk. On ne les reverra plus. Le 19, quand le corps de Behija est transporté à la morgue par des voisins, Lukić les attend. Il se met à rire à gorge déployée, de façon cynique. Le 20 dans l'après-midi, Behija est enterrée dans le cimetière musulman avec un autre couple de Musulmans qui viennent d'être assassinés. À la fin de la cérémonie, une camionnette TAM surgit, avec la Passat rouge. Leurs occupants contraignent les quinze hommes présents à monter dans cette camionnette. On ne les a jamais revus.

Lejla se lève pour remplir le broc d'eau fraîche. L'eau, une spécialité bosnienne, souvent d'excellente qualité, est la fierté de la Bosnie, ce qui ne l'empêche pas d'importer de l'eau croate.

Amina reprend d'une voix grave :

— Puis il y a eu les exécutions de la Drina, le 7 juin 1992. Dans ses opérations de rafle, Milan Lukić procédait méthodiquement, village après village. Chaque sortie était bloquée par des points de contrôle gardés par des hommes de la police, de l'armée ou des milices. C'était la terreur. Des hommes convoqués au poste de police ne revenaient plus. En ville, les gens se terraient dans les caves, souvent dans les immeubles à côté du leur. Chaque nuit, les habitants des hameaux s'enfuyaient dans les bois pour dormir. Dorénavant, chaque jour, chaque nuit, des maisons, des mosquées étaient incendiées, des cimetières dévastés. Dans la journée, les femmes moins mobiles restaient avec les enfants et les personnes âgées pour s'occuper du bétail, du jardin. Les hommes naviguaient d'un appartement à l'autre, d'une ferme à l'autre. S'il était très risqué de rester à Višegrad, il l'était tout autant d'en sortir, des massacres pouvant avoir lieu dans les cars et bus.

Lejla se lève et quitte la pièce. Jasmina m'observe. Amina jette un œil aux photographies sur le buffet. Les esprits s'éveillent.

— Le 7 juin, vers 16 h 30, Samir, le mari de Lejla, sort de la ferme. Il était revenu embrasser leur fils de treize ans, Dino, avant de repartir en forêt. Il commençait à organiser la défense des Musulmans face aux milices. Quatre hommes arrivèrent. Leur chef, Milan Lukić, s'approcha avec un fusil à lunette équipé d'un silencieux et demanda à Samir ses papiers. Parmi ceux-ci, il y avait la précieuse « autorisation de quitter la ville ». Prenant cette autorisation entre ses dents, lentement, sans quitter Samir des yeux, Milan Lukić la déchira. Puis il s'empara de Samir et le remit à un soldat, sous les yeux de Lejla qui le suppliait de le libérer. Lukić et elle se connaissaient bien. Ils avaient fréquenté la même école. Elle était très jolie à l'époque. Lukić, d'un sifflement, ordonna qu'on l'évacue. Elle fut emmenée dans ce qui était devenu le QG de Lukić, l'hôtel Vilina Vlas. Son fils Dino tremblait de la tête aux pieds. Il fut enfermé avec son père Samir dans une maison où il y avait déjà onze prisonniers rassemblés. Milan Lukić leur demanda alors de se placer en demi-cercle, de déposer tous leurs objets de valeur au centre de la pièce, d'enlever leurs chaussures et chaussettes. Il s'empara de l'argent, des alliances. Un certain Meho, Samir et son fils Dino furent chargés dans la Passat rouge. Les dix autres restèrent dans la maison et on ne les revit jamais. On ne retrouva même pas leurs corps. Ce jour-là, la vieille mosquée de Višegrad venait d'être brûlée, et la seconde mosquée, celle du pont de la Rzava, aussi. Les prisonniers furent conduits au bord du fleuve Drina. Samir reconnu immédiatement son ami Mitar Vasiljevic qui était présent ce jour-là, parmi les miliciens et les soldats du groupe. Milan demanda aux prisonniers de la voiture : « Qui sait nager ? » Meho s'approcha de l'eau, Samir et Dino furent contraints de s'aligner à ses côtés. Meho survivra à cette tentative d'assassinat et il rapportera le témoignage suivant plus tard à La Haye. Samir s'adressa à Mitar, son ami : « Au nom du Christ, Mitar, qu'est-ce que tu fais ? Allez, ne nous tuez pas. Qu'est-ce qu'on vous a fait ? » Un soldat demanda à Milan Lukić : « Comment allons-nous tirer ? » Et j'ai entendu la réponse : « Au coup par coup. » Les hommes tombèrent dans la rivière, frappés par les balles. Meho plonge et réussit à se cacher miraculeusement sous les corps de Samir et Dino, il regagne ensuite la terre ferme. Ce jour-là, ce fut la fin du monde pour Lejla, qui perdit son mari et son fils. Après, elle ne fut plus qu'un objet sexuel anonyme. Il lui aura fallu du temps pour se reconstruire.

Jasmina boit un grand verre d'eau, moi aussi.

Amina poursuit :

— Depuis le mois de mai, les femmes et jeunes filles étaient en danger. Elles étaient prélevées, en nombre de plus en plus important, pour être emmenées Vilina Vlas. Dans cet hôtel, femmes, jeunes filles, très jeunes adolescentes, étaient enfermées, violées, tuées. On retrouva les corps de plusieurs dizaines d'entre elles enterrés dans la cave de l'hôtel. Mais la plupart ont disparu. Deux cents sont mortes. Lejla et moi sommes des survivantes. Notre vie dorénavant est consacrée à faire payer tout cela, à faire en sorte qu'ils soient tous jugés.

Je me risque à glisser quelque chose comme : «Je comprends... », mais en fait, non, je ne comprends pas. Lejla revient dans la pièce.

Amina reprend :

— Ensuite, tout s'est enchaîné. Le 10 juin 1992, il y a eu les tueries de l'usine Varda lors des fêtes Bajram, l'Aïd el-Kebir des pays de langue arabe. Et le 14, K. C'est un village pas très loin d'ici, composé de plusieurs hameaux habités par des familles serbes et musulmanes. Le 10 juin 1992, un groupe de voisins serbes attaqua le village avec des armes lourdes, semant panique et confusion. Ils pillèrent, emportant les vaches, les tracteurs, juchant les meubles sur des charrettes. C'est à partir de là, vers la mi-juin 1992, que nous avons pu commencer à organiser une résistance, en nous regroupant dans les forêts, nous armant tant bien que mal.

Lejla précise :

— Samir était devenu un leader de la résistance, il a sûrement été dénoncé.

Amina poursuit :

— Le 13 juin, l'armée serbe [VRS] arriva à K. avec des miliciens locaux. Ils entrèrent dans les maisons, ordonnèrent de se réunir sur la place. L'ordre était clair. Les Musulmans devaient quitter le village le lendemain matin à 8 heures avec quelques affaires et de la nourriture pour deux jours. «C'est un nettoyage ethnique, vous allez être conduits à K. et être échangés. Vous habiterez chez des Serbes là-bas, et eux viendront habiter chez vous, ici. Il ne s'agit que d'un échange de bons procédés, on ne peut pas vivre ensemble, chaque ethnie vivra dans des territoires qu'on rendra continus.» À 8 heures, le lendemain matin, deux voisins prirent en charge le groupe des villageois assemblés, soixante-dix personnes, essentiellement composé de femmes jeunes et âgées, et d'enfants, dont un bébé de deux jours, né l'avant-veille dans les bois. Certains laissèrent leurs clés à des voisins et les virent alors entrer chez eux et terminer de piller les maisons. Les deux hommes conduisirent la troupe jusqu'au village de G. pour leur évacuation en bus. Mais, sur place, aucun autocar. Le groupe poursuivit sa marche jusqu'à Višegrad et fut conduit devant le bâtiment de la Croix-Rouge. Mais il était fermé, c'était un dimanche. Le groupe fut alors pris en charge par Mitar Vasiljevic, revêtu de l'uniforme de l'armée, avec son chapeau de cow-boy en cuir noir. Il leur fit un discours expliquant que Serbes et Musulmans ne pouvaient plus vivre ensemble, qu'ils devaient se séparer, que le lendemain matin un convoi de cars conduirait ce groupe et d'autres à K. Il s'appliqua à rassurer les gens, s'adressant à certains par leurs prénoms. En attendant l'échange, ils devraient passer la nuit dans une maison du quartier musulman, rue P. Finalement, ce fut une maison en face de l'école, vidée de ses occupants, celle de J. M., l'instituteur, qui fut choisie. Il était environ 15 h 30. Les gens furent poussés dans la maison de J. Des femmes et des enfants d'une rafle antérieure étaient déjà là. Mitar continua de rassurer les gens, leur montrant un papier « officiel » disant qu'ils allaient être échangés. Deux heures plus tard, Milan et Sredoje Lukić, Mitar Vasiljevic, et un nommé P., ce dernier habitant un village situé à un kilomètre de K., entrèrent dans la maison avec des armes automatiques.

Lejla interrompit Amina.

— C'est pour P. que je vous ai fait venir. Il vit en France.

Amina reprend le récit.

— Milan rassembla tout le monde dans la même pièce. Là encore, il leur demanda de déposer leur or, bijoux et montres, et leur argent dans un tissu déposé sur la table, avec promesse d'une balle dans la tête si quelqu'un cachait quelque chose. Toutes les femmes furent appelées par groupes de deux ou trois dans une chambre « pour les contrôler ». Dans l'une des chambres, P., vingt-cinq ans, « bouclé et barbu », obligea les filles et femmes à se déshabiller, à danser nues, à se contorsionner. Une jeune fille de quinze ans refusant de se déshabiller, il ordonna aux autres femmes d'arracher ses vêtements. Le calvaire dura une heure et demie. Quand la fouille fut terminée, P. redescendit. Il désigna trois jeunes filles à Milan Lukić.

» Elles revinrent une heure plus tard dans un état déplorable, mutiques. Leurs visages et leurs corps portaient des traces de morsures. Les quatre hommes quittèrent ensuite la maison, laissant le groupe à la garde des soldats de l'armée régulière. Lorsqu'ils revinrent, ils étaient ivres. Il était un peu plus de 22 heures. Ils firent alors sortir tout le groupe de la maison de J. et le transférèrent dans la maison voisine, la maison d'O. Les enfants s'étaient endormis, il avait fallu les réveiller. Jusque-là, quelques-uns pensaient encore que l'« échange » se ferait le lendemain matin.

» En entrant dans cette nouvelle maison, les gens furent saisis par une odeur forte et remarquèrent que le tapis semblait imprégné d'une matière poisseuse. Quelques instants plus tard, Milan lança un engin explosif à l'intérieur de la pièce. Les soldats, depuis l'extérieur, tiraient dans les fenêtres pour empêcher les gens de sauter. Tout s'embrasa. Deux jeunes femmes réussirent à faire sauter leurs fils de quatorze ans et sautèrent elles-mêmes par une fenêtre. Un vieil homme fut projeté à l'extérieur par le souffle. Tous les autres, une grande partie du village de K., disparurent en fumée. Des cris, des hurlements, puis une odeur de chair brûlée se répandit dans le quartier. Ce sont ces quatre survivants qui témoignèrent devant la cour du Tribunal pénal international d'ex-Yougoslavie à La Haye, ainsi que le fils de l'homme qui a été éjecté, et qui raconta la scène à son fils avant de mourir. Cinquante-neuf personnes ont été brûlées vives. Quelques semaines plus tard, soixante autres – principalement des femmes et des enfants – sont assassinées de façon similaire à B., à proximité.

Silence. J'interroge :

— Comment ont-ils été interpellés ?

— Vasiljevic a été attrapé en Allemagne en 2000... Quant à Milan, il quitte la Bosnie-Herzégovine en 2003, à la suite de règlements de comptes entre groupes criminels organisés et est arrêté en 2005 en Argentine après deux ans de cavale, puis transféré au Tribunal pénal international pour l'ex-Yougoslavie. Au cours du procès, qui a débuté en juillet 2008, les cousins Lukić ont nié leur participation à ces crimes à Višegrad. Milan Lukić a même brandi le Coran depuis son banc des accusés. Pour finir, le lundi 20 juillet 2009, Milan Lukić et son cousin Sredoje Lukić seront condamnés, respectivement, à l'emprisonnement à vie et à vingt-sept ans de détention.

Lejla se lève et ouvre de nouveau le tiroir du buffet sous le regard de ses « hommes » pour en sortir un document.

— Savez-vous ce qu'a déclaré le président du tribunal, Patrick Robinson ?

Moue négative de ma part.

— « Dans l'histoire trop longue, triste et pitoyable de l'inhumanité de l'homme envers l'homme, les incendies de la rue P. et de B. sont au plus haut niveau de l'échelle. À la fin du XXe siècle, un siècle marqué par la guerre et les effusions de sang à une échelle incommensurable, ces événements horribles se distinguent par leur violence, notamment en utilisant le feu, pour leur préméditation évidente, pour l'insensibilité et la brutalité de ces hommes qui ont enfermé leurs victimes dans les deux maisons. Ce faisant, ils les ont piégés dans l'enfer des flammes, les brûlant vivantes et leur infligeant un degré de douleur et de souffrance inouïe. »

Amina reprend la parole.

— Voilà, je vous remercie d'être venus jusqu'à nous, d'avoir pris le temps de nous écouter. C'est notre histoire, nous sommes marquées à vie dans notre chair. Maintenant, il ne nous reste que le combat et la justice. La lutte contre l'impunité. Jusqu'au bout et jusqu'au dernier souffle.

Lejla l'interrompt et m'apostrophe :

— P. vit chez vous, tranquillement, bien au chaud.

— Comment le savez-vous ?

— Nous avons eu un renseignement anonyme.

— Si vous ne savez pas où précisément, cela va être compliqué, mais je peux demander à faire des recherches. S'il est présent sous un autre nom, je ne garantis rien. Je vais faire le maximum.

— Nous n'avons pas encore des informations précises mais je vais me mettre en quête de le chercher. Et croyez-moi, je vais le trouver !

Lejla et Amina se lèvent d'un seul bloc.

— Monsieur, merci de votre aide. Nous comptons sur vous. Vous savez, trois mille personnes sont mortes ici. Beaucoup n'ont jamais été retrouvées.

Elles me tendent la main et nous raccompagnent jusqu'à la porte d'entrée. Avant de prendre congé, Amina me demande :

— Voulez-vous voir la maison ?

— Oui, bien sûr.

— Bien. On se retrouve là-bas. Je vous préviens, aujourd'hui est un jour de commémoration.

Quelques minutes plus tard, nous remontons une rue pour rejoindre la rue P. Un jeune adolescent nous apostrophe. Cheveux rasés, pantalon kaki, tee-shirt noir, il nous emboîte le pas.

— Salut. Vous venez faire quoi ?

— On vient voir la maison P.

— Ah ! La maison des Lukić. Ils vont la détruire. Pour faire une route. Décision de la mairie. On en parlera plus, comme ça !

Jasmina se contient.

— Ben oui. Comme ça, on efface. Et hop. On peut recommencer dans vingt ans… avec une nouvelle génération. Balle neuve.

Elle ne traduit pas.

— Vous savez, ici, certains considèrent les Lukić comme des héros.

— Et toi, tu en penses quoi ?

— Moi ? J'attends qu'une chose, c'est de me barrer de ce pays. Partir en Allemagne. Pour gagner ma vie.

— Oui, bonne idée. Au moins, cela t'évitera de te faire manipuler par des théories nationalistes à la con.

Jasmina ne traduit pas non plus.

Va-t-elle s'échapper du bocal de verre où elle est née, pour s'émanciper ? À l'angle de la rue, nous rejoignons une sorte de procession. Une cinquantaine de personnes, des hommes, des femmes, des jeunes marchent d'un pas lent. Les femmes, en tête de cortège, brandissent des pancartes représentant les visages et les noms des victimes des Lukić dans la maison P. Et une date : 14 juin 1992.

Il y a des drapeaux bosniens. Chacun porte une rose blanche. Les visages sont graves, marqués, silencieux.

Nous retrouvons Lejla et Amina devant la maison. Elles ont revêtu un voile et prient les mains ouvertes. Elles pleurent de larmes sèches.

J'attends que la cérémonie s'achève pour m'approcher d'elles.

— La maison devait être détruite ?

— Oui, sa destruction était programmée en décembre 2013. Nous avons réussi à stopper le processus, mais non sans mal. Notre porte-parole, Bakira Hasečić, a été harcelée par les autorités de police. Mais elle est forte. C'est son combat.

— Est-ce que vous nous suivez jusqu'au pont ? Nous allons jeter nos roses dans la Drina, en souvenir de tous ceux qui ont été assassinés sur et autour du pont, leurs corps jetés à la rivière.

Une heure plus tard, nous sommes sur l'aqueduc à regarder l'eau verte de la Drina s'écouler lentement. Je pense de nouveau à Ivo Andrić et à son roman, *Un pont sur la Drina*, lorsque la voix d'Amina me tire de ma rêverie.

— Trois mille personnes ont été massacrées, ici. Beaucoup de corps ont disparu. C'est l'une des caractéristiques des opérations de nettoyage ethnique en Bosnie. D'après le Comité international de la Croix-Rouge, entre 28 000 et 30 000 personnes[1] ont disparu en Bosnie pendant la guerre, dont un tiers n'ont pas été retrouvées à ce jour. En 2010, il a été décidé de vider le lac de Perucac afin de nettoyer le barrage de Bajina Bašta sur la Drina. Dans les boues du fond du lac et sur ses bordures, on découvrit des restes humains. Deux mois et demi plus tard, fin octobre 2010, l'équipe dépêchée sur les lieux avait exhumé 396 restes de squelettes permettant de reconstituer, au moins en partie, les corps de 97 personnes distinctes. Ce sont nos morts. Ils ont été identifiés grâce à notre ADN et le travail de l'Institut bosnien des personnes disparues qui est en lien avec l'ICMP [International Commission on Missing Persons] de La Haye. Lukić faisait monter des Musulmans sur un pont, y compris des enfants, les contraignait à sauter dans l'eau et tirait ensuite sur eux une rafale d'arme automatique. C'est ainsi que Lejla a retrouvé les restes de son mari et de son fils.

Je tourne mes yeux vers Lejla, le regard dans le vide.

Il est temps pour nous de rentrer à Sarajevo. Je fais un pas pour saluer Amina et Lejla.

Une nouvelle poignée de main. Deux regards perçants.

— Vous ne nous oubliez pas ?

— Non, promis.

1. Voir Élisabeth Claverie, *Réapparaître. Retrouver les corps des personnes disparues pendant la guerre en Bosnie*, *Raisons politiques*, 2011/1, p. 13-31.

Même si, au fond de moi, je me demande comment je vais mobiliser les collègues sur une recherche d'une telle ampleur. Autant chercher une aiguille dans une botte de foin, surtout si notre client a changé son identité, les Bosno-Serbes disposant de deux passeports, un serbe et un bosnien, comme les Croates, d'ailleurs.

Le retour est silencieux. Seule la voix mélancolique du chanteur de sevdah, le fado des Balkans, *Božo Vrećo*, flotte dans l'habitacle. Avec sa barbe, ses yeux charbonneux et ses robes dos nu, une esthétique queer qui n'est pas sans rappeler Conchita Wurst, *Božo Vrećo* détonne dans le paysage bosnien.

Perdu dans mes pensées, les yeux rivés sur l'asphalte, je réfléchis à ces interrogations qui me hantent depuis mon enfance, notamment au regard de l'horreur nazie et plus encore depuis mon arrivée dans ce pays. Par quels mécanismes, par quelles manipulations, un peuple peut tenter d'en détruire un autre ? Quels sont les conditions et les processus qui aboutissent aux meurtres de masse ? Comment certains hommes « ordinaires » deviennent malgré eux, ou de plein gré, des tueurs de masse « ordinaires » lorsqu'ils sont placés dans un contexte spécifique ?

Jasmina, qui semble lire dans mes pensées, rompt le silence.

— C'est comme si les chiens décidaient de rayer les chats de la surface de la terre.

Silence.

— Oui, c'est cela mais pour en arriver là, il y a tout un processus qui s'appuie la plupart du temps sur un terreau sociologique et économique favorable. Mais dans le fond, c'est toujours un peu l'histoire du « Nous imaginaire[1] ».

1. Jacques Sémelin, *Purifier et détruire. Usages politiques des massacres et génocides*, Le Seuil, coll. « La Couleur des idées », 2005. Jacques Sémelin a exploré la violence dans les formes les plus extrêmes, dans ce qu'elle a de plus terrifiant et de plus absurde. Il a décortiqué cette mécanique complexe élaborée par des hommes au sein d'États ou proto-États, dans un but d'accession au pouvoir, mais qui, je pense, masque le plus souvent des logiques de prédations.

Jasmina se tourne vers moi.

— Le Nous imaginaire ?

— Oui, une sorte d'idéal de « pureté » avec des notions ethniques, religieuses, historiques, nationalistes. Il cristallise ainsi une identité commune à laquelle adhère le peuple. Ce « Nous » est conçu par des intellectuels, des philosophes, des religieux qui jonglent avec les mythes ou les textes religieux afin de l'ancrer et de lui donner une forte légitimité.

— Il faut toujours se méfier de ceux qui ont un idéal de pureté… me répond Jasmina. En général, ils veulent masquer leurs propres déviances.

— Oui… exactement. D'ailleurs, la plupart du temps, ils identifient les femmes, les homosexuels ou les juifs comme étant les premiers dangers à cette pureté. D'autant que ce « Nous » a une autre caractéristique.

— Laquelle ?

— Il a souffert ! Il s'inscrit dans un passé commun de douleurs et de souffrances causé par « l'Autre » qui est identifié comme l'ennemi. Il peut être à l'extérieur des frontières, mais aussi, et surtout, à l'intérieur. Cela devient le voisin, qui n'est pas de la même ethnie, de la même religion, qui est menaçant, et peut représenter Satan ou le Diable. Mais il est aussi celui qui, même s'il est de la même ethnie, est susceptible de s'opposer, par éthique personnelle, à la mise en œuvre de cette mécanique du meurtre de masse.

— Vous êtes en train de décrire ce que j'ai vécu.

— Pour les concepteurs, la construction de l'Autre fait l'objet d'un soin aussi important que celle du « Nous », notamment dans sa férocité et sa capacité à éliminer le Nous, l'idéal étant finalement de le déshumaniser afin de faciliter le passage à l'acte meurtrier. C'est ainsi que la peur est infusée sournoisement au quotidien, conceptualisée en complot et transmutée progressivement en haine de l'Autre dans un processus de paranoïa ultime diffusée par les médias, par la propagande. Il faut tuer l'Autre avant qu'il ne le fasse lui-même. Au final, « Ta mort, c'est ma vie[1] » ! Le génocide par anticipation. La peur et l'émotion aveuglent progressivement le peuple. Plus l'Autre est supposé être puissant et sournois, plus le Nous doit être prêt à se défendre, voire à anticiper l'action de l'Autre.

Nous roulons dorénavant sur le plateau de Romanjia. Les plaines, où paissent moutons et vaches, s'étendent à perte de vue, entrecoupées de petites forêts de sapins. Nous traversons les villages typiques de Bosnie-Herzégovine avec leurs fermes en bois, immobilisées dans le temps. Au loin, le soleil peine à s'effacer, ultime résistance de la lumière face à l'ombre de la nuit qui force le passage.

Je poursuis mon raisonnement.

— C'est sur cette vague de haine que surfent ces politiques à des fins électoralistes jouant sur les émotions et la bipolarité, le clivage binaire dans lequel s'inscrit la plupart du temps l'Homme. De nos jours, cette vague se diffuse par les réseaux sociaux et leurs flots quotidiens de fake news en trafiquant les images, les textes, etc., et dans le fond, leur propension à développer la novlangue[2] par la voie de tweets au nombre de caractères limités abrutissant le peuple ; « un petit tweet et puis voilà » ! Plus on diminue le nombre de concepts, plus on réduit la finesse du langage, moins il réfléchit, plus l'être humain fonctionne à l'affect et à l'émotion, et plus il est manipulable à souhait… Si on retrouve les germes de cette démonstration dans l'Histoire notamment chez les nazis, les Hutu ou les Serbes, il n'est pas besoin d'aller chercher très loin dans le temps pour retrouver la même mécanique. Quand dans sa proclamation du 29 juin 2014 à la Mosquée Al-Nouri à Mossoul, Abu Bakar al-Baghdadi propose la restauration du califat ottoman

1. Formule de Jacques Sémelin.
2. Georges Orwell, *1984*

dissous en 1924, il ne fait rien d'autre que de créer un «Nous», à savoir rétablir l'unité originelle de la oumma, communauté des croyants. Puis, il propose un idéal de société régie par la charia, donc recherchant la pureté. Enfin, il exhorte les musulmans à se libérer de l'humiliation, de l'injustice dont ils font l'objet dans un monde gouverné par un système dominé par les juifs et les croisés[1]. Bref, création de l'Autre et de la souffrance qu'il a infligée ou inflige au quotidien au «Nous». Voilà l'acte de naissance de l'État islamique qui, par la suite, a exterminé les Yézidis et décliné sa propagande à grand renfort de vidéos, de films hollywoodiens diffusés sur la Toile et démultipliant le recrutement de jeunes combattants abreuvés de vidéos et novlangue.

À la sortie de la route de Pale, je quitte la Republika Sprska et les premiers minarets de Sarajevo apparaissent enfin. Il est temps de rentrer chez soi. Mais auparavant, je m'arrête à l'ambassade pour rédiger ma demande officielle à la France. Pendant dix mois, rien ne se passe. Les affaires s'enchaînent. Trafics d'armes, trafics d'êtres humains avec notamment la création de la première équipe commune d'enquête sur les réseaux dits «des petites voleuses du métro», visites en France et missions de formation en Bosnie réalisées par des enquêteurs français. Mais je n'oublie pas les voix d'Amina, de Lejla et des autres, tous les autres.

3 avril 2014 – Sarajevo

Mon téléphone sonne. Le visage de mon nouvel assistant, l'adjudant Cédric Plassart, apparaît sur l'écran. Cédric est arrivé à Sarajevo l'été précédent. Grand, carré, 1,95 mètre,

1. Voir Margaux Chouraqui, *La Mythologie Daech*, Éditions de L'Observatoire, 2018.

sportif, il a le regard net, l'énergie militaire, la franchise et la loyauté vissées au corps, parlant couramment la langue BHS apprise lors d'un séjour précédent au Kosovo, en immersion complète au nord en pleine zone serbe. En très peu de temps, il est devenu l'adjoint sur qui je peux compter en toutes circonstances. Dans la vie, il y a ceux qui peuvent passer derrière toi lorsque tu franchis une porte et ceux à qui tu ne permettras jamais de le faire… de peur de prendre un coup de poignard dans le dos. Il appartient à la première catégorie.

— Mon colonel, bonne nouvelle, Goran P. vient d'être interpellé en France, à Creil, dans l'Oise.

— Ah oui ? Par qui ?

— Un office central de police judiciaire, l'OCLCH, l'Office chargé de la lutte contre les crimes contre l'humanité.

— Ah bon ? Jamais entendu parler.

— Normal, il a été créé il y a six mois, en novembre 2013. Il est géré par la gendarmerie, la sous-direction de la police judiciaire.

— C'est une sacrée bonne nouvelle !

— De quoi ?

— Eh bien, l'arrestation et la création de cet office, car maintenant, nous avons un interlocuteur !

4

Détection

« Aussi longtemps que je pourrai, tant que je serai en bonne santé, je verrai le plus grand nombre possible de criminels de guerre derrière les barreaux. Tant que je serai en vie, nous les poursuivrons. »

Bakira Hasečić.

4 avril 2014 – Sarajevo, ambassade de France, service de sécurité intérieure

Je reçois un appel du chef de cabinet du procureur général, Samir H., sorte de mini-vizir qui veut être calife à la place du calife.

— *Pukovnik*[1]. Bravo, la France. Avez-vous lu les journaux ? La presse en parle. Nous sommes ravis de cette nouvelle, du travail de l'ambassade et de la police française. C'est une grande date pour la justice bosnienne, pour les victimes de Višegrad.

— Merci, Samir. Vous savez comment il a été repéré ?

— Grâce à Amina, la responsable de l'ONG Women Victims.

1. « Colonel », en BHS.

— Comment ?

— Sur Facebook, au cours de l'été 2013. Elle a retrouvé sa femme et lui a envoyé le message suivant : « Es-tu ma voisine, la femme de Daco ? » Sa femme a répondu par l'affirmative. Ensuite, elle a supprimé son profil Facebook… Trop tard. En faisant une copie d'écran de sa page, et en captant quelques photographies et selfies d'une ville qui s'appelle Creil, je crois, elle a identifié son lieu de résidence.

— Bien joué !

— Oui. Ensuite, cette information a été communiquée à l'enquêteur de Poursuites.

Poursuites est une organisation non gouvernementale basée à Genève qui lutte contre l'impunité des crimes internationaux. Cette organisation dispose de cinq enquêteurs, qui peuvent être envoyés sur les zones où sévissent les criminels de guerre, pour recueillir les témoignages et les preuves qui pourraient être transmises le cas échéant aux magistrats spécialisés. L'ONG diligente une enquête qui confirmera sa localisation. Samir m'explique qu'Amina a transmis cette information au bureau du procureur de Bosnie-Herzégovine. Le 18 juillet 2013, à Sarajevo, le tribunal de Bosnie-Herzégovine délivre un mandat d'arrêt pour des faits qualifiés de crimes contre l'humanité commis en juin 1992, à Višegrad à l'encontre de Goran P. Ensuite, c'est notre Parquet, celui en charge des crimes contre l'humanité au Parquet de Paris, qui a pris le relais en exécution de la demande d'arrestation de Bosnie-Herzégovine.

Amina n'aura pas traîné à le localiser.

— Une affaire rondement menée, finalement…

— En fait, pas vraiment… Car, trois ans plus tard, P. n'est toujours pas extradé.

13 avril 2017 – Sarajevo, ambassade de France

L'ambassadrice Élisabeth Marion pénètre dans mon bureau, l'air grave, elle si souvent enjouée et de bonne humeur. Elle attend la visite de la présidente de l'association WV. Amina veut comprendre pourquoi la France ne l'extrade pas. L'ambassadrice aussi. Et moi de même. Car Amina me demande des comptes, et c'est bien normal.

J'appelle Pierre Grand, notre magistrat de liaison à Belgrade.

— Salut, Pierre. Comment va Belgrade ?

— Bien… On attend le printemps. Que puis-je pour toi ?

— P., tu sais où on en est ?

— Attends une seconde. Je consulte le dossier.

Pierre pose le combiné. Quelques secondes de silence, un bruit d'armoire, il reprend le téléphone.

— P. a fait appel de la décision d'arrestation et de son extradition. Il a été libéré et placé sous contrôle judiciaire. Il nie les faits. Son avocat a fait valoir que, installé en France depuis mai 1980 avec son épouse et ses quatre enfants, il avait des garanties de représentation. Il affirme qu'il est victime d'une erreur d'homonymie : « Goran P. ne peut être la personne ayant pris part aux faits. » Selon lui, les autorités bosniennes font erreur. Ainsi, au tribunal de La Haye, le nom qui apparaît sur les retranscriptions des audiences est celui d'un certain « Aleksandar P. » et non « Goran P. ».

Je jette un œil sur Internet et tombe sur les déclarations de l'avocat : « Mon client ne peut donc en aucune façon avoir été membre de la milice paramilitaire commandée par Milan Lukić, il occupait un emploi de mécanicien au sein du plus grand garage de Višegrad. Cette "confusion grossière" sur le prénom est délibérée, elle s'inscrit dans le regain de nationalisme que connaît le pays. Les autorités souhaitent pouvoir donner un signal politique à la communauté musulmane du pays, en arrêtant un criminel de guerre important. »

— OK. Ensuite ?

Pierre poursuit :

— Si la cour d'appel confirme son extradition, il pourra faire appel de cette décision. Si cet appel est rejeté, alors P. pourra se pourvoir en cassation.

— Et alors ?

— Si la cour de cassation rejette son recours, alors normalement le Premier ministre va prendre un décret d'extradition. Mais P. pourra former un nouveau recours devant le Conseil d'État. Voilà le point de la situation actualisé.

— Bon… merci. Je vais en informer l'ambassadrice. Après, cela va s'arrêter ?

— Le recours devant le Conseil d'État sera le dernier.

Et c'est ce qui s'est produit ! Le 26 mai 2016, la cour d'appel de Paris confirme son extradition vers la Bosnie-Herzégovine. Les victimes et leurs familles comme Lejla et Amina se sont déplacées à Paris pour confirmer son identité. Les autorités bosniennes ont enquêté sur le fameux Aleksandar P. qui est bien un cousin lointain, mais qui a pu démontrer qu'il n'était pas présent au moment des faits. P. a fait appel de la décision, appel rejeté, puis s'est pourvu en cassation. La cour de cassation a à son tour rejeté son recours.

Amina reviendra de nombreuses fois à l'ambassade pour faire le point sur l'avancée du dossier. Je la croiserai une dernière fois le 11 juillet 2016 à Srebrenica, à l'occasion des commémorations annuelles organisées en partie par l'ONG Les Mères de Srebrenica. Cette cérémonie émouvante se déroule tous les ans sur les lieux du génocide, à la même date. En plus de la commémoration, les restes des victimes qui ont pu être extraits des fosses communes découvertes et identifiés par la recherche ADN sont enterrés ce jour.

Alors que nous nous recueillons avec le reste de la communauté internationale devant les cercueils musulmans recouverts d'un drap vert, Amina s'est approchée de moi.

— Bonjour, *pukovnik*.

— Bonjour, Amina.

— Alors ?

— Alors la procédure suit son cours, Amina. C'est la loi française. C'est ainsi.

— Je sais. J'ai écrit une lettre ouverte au président de la République française, François Hollande.

— Une réponse ?

— Pas encore ! Mais je réécrirai s'il le faut. J'ai demandé un nouveau rendez-vous à l'ambassadrice.

— Vous avez raison. Il ne faut pas lâcher, Amina.

Deux mois après une nouvelle entrevue avec l'ambassadrice, le 23 mai 2017, le Premier ministre Édouard Philippe prend un décret d'extradition à l'égard de Goran P. Comme prévu, son avocat dépose dans les semaines qui suivent un recours en annulation devant le Conseil d'État. À l'automne, je fais mes valises, direction Paris. Je vais prendre le commandement de l'Office central de lutte contre les crimes contre l'humanité.

Je n'oublie pas Lejla et Amina, ni cette journée de juin 2013, sur le pont de Višegrad.

Et c'est à elles que je pense en ce 14 février 2018, en dirigeant l'interpellation de Goran P. La boucle est bouclée.

Enfin !

Le temps passe souvent trop lentement pour les victimes.

16 août 2018 – Paris

Je jette un œil à mes mails. J'ai placé des alertes Google sur tout ce qui a trait aux génocides, crimes contre l'humanité et crimes de guerre. Le nom de P. apparaît dans la liste habituelle, témoin de l'inhumanité des hommes. Le procès de « Daco », qui est accusé d'avoir participé à ce massacre aux côtés des Lukić vient de débuter en Bosnie-Herzégovine. Il plaide non coupable.

Avec une pointe de nostalgie, le soir même, je me projette le film de Danis Tanović, *No man's land*, césar du meilleur premier film en 2002.

La guerre traitée avec une bonne dose d'humour bosnien, très caractéristique, connu dans l'ensemble des Balkans, souvent noir. Une forme de défense naturelle qui a permis aux Bosniens de surmonter les épreuves et les difficultés du quotidien. L'humour et le chant.

Terre sans homme ? Combien de terres où certains hommes décident que d'autres ne peuvent y vivre, comme si les chiens décidaient que les chats n'ont pas le droit de vivre, comme me disait mon interprète Jasmina.

À l'écran, l'armée de Bosnie, avec son drapeau orné des trois fleurs du lys bosniaque[1], fait face à l'armée bosno-serbe. Chacun dans sa tranchée. Profitant d'un moment de répit, l'un des soldats de Bosnie lit le journal. Quand soudain il s'exclame :

— *Merde alors.*

Son collègue l'interroge :

— *Quoi ? Qu'est-ce qui se passe ?*

— *C'est un sacré bordel au Rwanda !*

---

1. Le lys doré, en souvenir des rois de Bosnie, notamment Stefan Trvrko Ier de Bosnie en 1353.

5

La chasse aux criminels de guerre est ouverte

« Là où il n'y a pas de gendarmes, une certaine race d'honnêtes gens est capable de tout. »

François Mauriac.

Octobre 2017

Je prends mes nouveaux quartiers à la tête de l'Office central de lutte contre les crimes contre l'humanité. Lorsque la proposition de cette mutation m'a été faite, je n'ai pas hésité.

Après Sarajevo, je pensais poursuivre mon chemin dans le domaine de la criminalité organisée ou des homicides. Un coup de fil de Paris a bouleversé mes plans. « On envisage de te confier ce nouvel office. » Pour le DRH de la gendarmerie, il y avait une certaine forme de logique. Je ne vais pas lui donner tort. J'avais été immergé pendant cinq années dans une société qui avait vécu une guerre civile impitoyable, marquée par un génocide, celui de Srebrenica, des crimes contre l'humanité, des crimes de guerre. Cela laisse des traces indélébiles.

J'ai vu les ravages sur les corps et les esprits, dans les familles, dans les foyers, l'incompréhension, la difficulté à revivre ensemble, surtout quand la justice ne passe pas. Les plaies restent ouvertes, les braises couvent, et il suffit qu'un politique mal intentionné passe par là, souffle sur les charbons encore ardents, et l'histoire sanglante se réécrit. Le problème est que, derrière l'intérêt général, se niche l'intérêt particulier d'hommes politiques de plus en plus mal intentionnés.

Une seule conviction, donc : la justice doit passer. Sans cela, dans une génération, on remet le couvert.

Créé en 2013, l'OCLCH est le dernier-né des offices de la gendarmerie. Notre mission est triple. Enquêter sur les crimes fondamentaux les plus graves, les génocides, les crimes contre l'humanité, les crimes de guerre, les tortures, les disparitions forcées[1]. Enquêter sur les crimes de haine, notamment en raison de l'appartenance de la victime, réelle ou supposée, à un certain groupe social, le plus souvent défini par la race, la religion, l'orientation sexuelle, le handicap, l'ethnie, la nationalité, l'âge, le sexe, l'identité de genre ou le parti politique. Enfin, dernière mission, la recherche de fugitifs ayant commis ce type de crimes.

Vaste programme.

Cela dit, ouvrir une enquête en France sur un ou plusieurs crimes internationaux, le plus souvent commis à l'étranger, nécessite de se poser la question de la compétence de la justice française.

Les juridictions françaises peuvent ouvrir une enquête dans trois cas : lorsque l'auteur du crime commis à l'étranger a la nationalité française ou lorsque la victime d'un crime commis à l'étranger est française. Enfin, grâce à la compétence universelle[2], elles peuvent poursuivre l'auteur présumé du crime commis à l'étranger s'il a sa résidence

1. Voir la définition et les règles de compétences liées à ces infractions en annexe.

2. Article 689-11 du Code de procédure pénale modifié par la loi n° 2019-222 du 23 mars 2019 de programmation 2018-2022 et de réforme pour la justice.

habituelle en France. Cette notion de résidence habituelle s'interprète comme le centre de ses intérêts moraux et matériels dans un État donné. Dans les cas de tortures ou de disparitions forcées, la présence suffit.

Nous travaillons quasi exclusivement au profit du pôle spécialisé dans la lutte contre les crimes contre l'humanité. Sa création, en 2012, s'inscrivait dans un mouvement européen et international. En effet, la communauté internationale faisait l'amer constat que le XXe siècle avait été marqué par l'abandon de millions de femmes, d'hommes et d'enfants à des « atrocités qui défient l'imagination et heurtent la conscience humaine ». Elle souhaitait donc se donner les moyens de lutter efficacement contre l'impunité des génocidaires en rédigeant le Statut de Rome, traité international signé en 1998, qui crée la Cour pénale internationale et entre en vigueur le 1er juillet 2002.

La France, qui l'a ratifié, s'engage à n'être jamais un refuge pour les auteurs de telles atrocités. Les victimes de la barbarie humaine doivent obtenir réparation, les bourreaux doivent être poursuivis sans relâche. La France, patrie des droits de l'homme, a donc décidé de spécialiser ses magistrats afin d'être plus efficace en créant ce pôle composé d'une douzaine de professionnels, magistrats du Parquet, de l'instruction et assistant(e)s spécialisé(e)s. Il est intégré depuis juillet 2019 au Parquet national antiterroriste.

Mais comment les magistrats peuvent-ils (elles) déclencher une enquête qu'ils ou elles confieront à l'OCLCH ?

Tout d'abord, on le sait, une enquête préliminaire peut être ouverte sur le fondement d'un simple soupçon constitué par tout élément (un témoignage ou un article de presse). Par exemple, la publication d'une liste de sanctions par le ministre en charge de l'Économie et des Finances peut générer un soupçon permettant au parquet d'ouvrir une enquête préliminaire et de transmettre un soit-transmis au chef de l'OCLCH pour que ladite enquête soit diligentée.

Nous pouvons aussi, dans le cadre de nos investigations, obtenir des renseignements qui peuvent faire l'objet d'une ouverture d'enquête.

Autre mode de déclenchement, l'article 40 du Code de procédure pénale, qui stipule que « toute autorité constituée, tout officier public ou fonctionnaire qui, dans l'exercice de ses fonctions, acquiert la connaissance d'un crime ou d'un délit est tenu d'en donner avis sans délai au procureur de la République ». Ainsi, en 2015, comme nous le verrons plus loin dans le cas sur la Syrie, l'article 40 a été utilisé par le ministre des Affaires étrangères pour signaler au procureur de la République de Paris des crimes de torture susceptibles d'avoir été commis par le régime syrien et dénoncé par un photographe de la police militaire syrienne[1].

Dans la même veine, et depuis la loi du 29 juillet 2015 relative à la réforme du droit d'asile, le directeur de l'Office français de protection des réfugiés et apatrides (OFPRA) est tenu de signaler au parquet antiterroriste toute personne exclue de l'asile en application de l'article 1F de la Convention relative au statut des réfugiés du 28 juillet 1951[2]. Cette mesure, prononcée sur le fondement de l'article L711-4 du Code de l'entrée et du séjour des étrangers et du droit d'asile, vise à exclure de l'asile toute personne suspectée d'avoir commis des crimes contre la paix, des crimes contre l'humanité, des crimes de guerre ou des agissements contraire aux buts des Nations unies. Dans ce dernier cas, où les craintes fondées de persécution en cas de retour dans l'État d'origine ont tout de même été reconnues par l'OFPRA, l'individu ne peut plus être expulsé du territoire

1. Ces quelque 55 000 clichés montraient des corps de milliers de ressortissants syriens suppliciés.

2. Article 10 de la loi n° 2015-925 du 29 juillet 2015 relative à la réforme du droit d'asile portant modification de l'article L722-3 du code de l'entrée et du séjour des étrangers et du droit d'asile.

français, en application du droit international des droits de l'homme.

Sur 150 enquêtes en cours, plus d'une cinquantaine mettent en cause des individus ayant été exclus de l'asile par l'OFPRA. En effet, dans le flux des réfugiés provenant de zones de guerre, nombreux sont les auteurs d'atrocités commises à l'étranger qui ont pénétré en France et dans d'autres États membres de l'UE pour tenter d'y obtenir l'asile en mentant sur leur passé criminel.

Enfin, il reste à mentionner les enquêtes déclenchées sur la base de dossiers montés et transmis par des ONG dites de plaidoyer ou chercheurs de preuves. Ces plaintes avec constitution de partie civile[1] émanent de victimes, d'ayant droits de victimes ou d'associations répondant aux critères prévus par les articles 2-4 et 2-5 du Code de procédure pénale et constituent aussi une source de déclenchement des enquêtes sur commission rogatoire d'un juge d'instruction (information judiciaire).

Pour finir, je dois ajouter les enquêtes ouvertes au titre de l'entraide judiciaire, au bénéfice de la justice supranationale ou d'autorités étrangères partenaires, que ce soit pour les besoins d'une enquête ouverte par ces dernières ou pour arrêter, extrader, ou remettre un criminel en fuite. Dans ce cas, et dès que la demande a transité par la voie diplomatique, elle est transmise aux magistrats du pôle « Crimes contre l'humanité et crimes et délits de guerre » qui saisissent alors l'OCLCH afin de transmettre les actes

1. Pour être recevable, la plainte avec constitution de partie civile qui concerne un crime de torture commis à l'étranger ou des crimes commis au Rwanda ou en Ex-Yougoslavie doit avoir été déposée le jour où l'auteur présumé était présent en France. Ensuite, il appartiendra à l'enquêteur de vérifier cette présence en France (par exemple avec une réquisition judiciaire adressée à un établissement hôtelier). Pour les autres crimes, et en application de l'article 689-11 du Code de procédure pénale, il faudra établir que la personne mise en cause avait sa résidence habituelle en France, au jour du dépôt de la plainte avec constitution de partie civile.

de procédure demandés (une audition de témoins ou tout acte d'enquête tel qu'une perquisition dans un domicile, des interceptions téléphoniques ou audition d'une personne sous le régime de la garde à vue).

Ainsi créé au sein de la gendarmerie en 2013, l'OCLCH est l'aboutissement d'un long processus et de plusieurs expériences dans la traque des criminels de guerre. Cela commence dans les années 1980, avec la création d'un groupe spécialisé au sein de la section de recherches de Paris. Ces enquêteurs sont des passionnés d'histoire, et ils se sont investis dans la recherche de criminels de guerre nazis ou des Français ayant collaboré avec les forces d'occupation allemandes.

Tout commence par le dossier de Paul Touvier, mort en 1996 à la prison de Fresnes. Cet ancien fonctionnaire collaborationniste du régime de Vichy, condamné à mort à la Libération, réussit à fuir et vécut sous une fausse identité. Gracié en 1971 par le président Georges Pompidou, il est rattrapé par son passé. D'anciens résistants déposent plainte pour crimes contre l'humanité. Il repart en cavale, aidé par les réseaux catholiques, notamment intégristes. La gendarmerie est saisie par le juge d'instruction Claude Grellier début 1988. Il faudra la persévérance d'un de mes prédécesseurs, le colonel Jean-Louis Recordon, mais surtout du directeur d'enquête, Philippe Mathy, pour que l'enquête aboutisse. Avec l'accord du juge, il branche des écoutes téléphoniques sur les principaux dirigeants des Chevaliers de Notre-Dame, notamment Jean-Pierre Lefebvre, un ancien de la division Charlemagne devenu par la suite un chrétien fervent. Mes collègues engrangent assez d'informations pour passer à l'action. Fin mai 1989, les gendarmes investissent l'abbaye de Wisques. Mais rien. Personne. Alors ils suivent la piste de l'argent versé par la fraternité Notre-Dame de la Merci, et remontent à Geneviève

Penou, responsable de l'aumônerie de l'éducation spécialisée, un organisme rattaché à la conférence des évêques et logé par le Secours catholique. Deuxième opération judiciaire d'ampleur. Une quarantaine de gendarmes investissent l'abbaye traditionaliste de Saint-Michel-en-Brenne, où une partie des bagages de Touvier se trouve encore. Devant l'évidence, l'aumônier de l'abbaye doit avouer et balance Touvier, qui est finalement arrêté le 24 mai 1989 au prieuré Saint-Joseph à Nice.

Touvier sera jugé et condamné en 1994 à la réclusion criminelle à perpétuité. Il est le premier Français à être condamné pour crimes contre l'humanité.

À l'occasion de cette affaire, des liens se sont noués entre le colonel Recordon, Philippe Mathy, l'avocat Serge Klarsfeld et le centre Simon-Wiesenthal.

Les gendarmes ont ainsi pu obtenir des saisines nouvelles, notamment sur John Demjanjuk, « Ivan le Terrible ». C'était le surnom donné par les prisonniers du camp d'extermination de Treblinka. Il lui a été reproché d'avoir dirigé les installations de gazage et d'avoir assassiné plus de cent mille juifs. Il vivait aux États-Unis. Il a été extradé en 1986 et condamné à mort à Jérusalem en 1988.

Finalement, cet arrêt fut cassé en 1993 par la Cour supérieure de justice israélienne, compte tenu du fait qu'il n'y avait pas assez de preuves pour affirmer que Demjanjuk était bien « Ivan le terrible ». Le tribunal estima que Demjanjuk avait indubitablement travaillé comme gardien dans un camp de concentration, mais qu'il y avait un doute sérieux quant au fait qu'il aurait pu être Ivan le Terrible. Bien que dix-huit témoins l'aient identifié.

Il est un autre personnage important sur lequel la section de recherches de Paris et son groupe Atteintes aux personnes ont travaillé activement. Alois Brunner, un Autrichien, membre du parti nazi et officier SS, rendu célèbre par son action contre les juifs pendant la Seconde

Guerre mondiale dans plusieurs pays d'Europe. Il fut l'organisateur de la solution finale aux côtés d'Adolf Eichmann. À la fin de la guerre, il réussit dans un premier temps à échapper à toutes les forces armées, en changeant d'identité, mais se retrouve tout de même interné dans un camp américain près de Vienne. Libéré, il vit tranquillement à Essen en Allemagne, bien que figurant sur la liste numéro 1 des criminels de guerre établie par le Tribunal militaire international de Nuremberg. Finalement, il craint d'être arrêté et gagne la Syrie en 1954, avec l'aide active du grand mufti de Jérusalem.

Traqué sans relâche par Simon Wiesenthal et les enquêteurs, il est condamné à mort par contumace en France la même année, en 1954, puis en 2001. En Syrie, il est connu sous le nom de Dr Georg Fischer. Il vit à l'abri quand, en 1961, il est repéré de nouveau par le Mossad qui lui envoie un colis piégé. Résultat : deux agents de la poste de Damas sont tués, Brunner n'est que blessé bien qu'il soit donné mort par la police. Brûlé au visage, il perd l'œil gauche. Un autre colis piégé est envoyé en 1980, lui causant la perte de plusieurs doigts. On le retrouve dans les années 1970 en qualité de conseil de Hafez al-Assad[1]. Il aurait formé tous les chefs de renseignement syriens et aidé à mettre en place la répression ainsi que des techniques de torture dans les prisons, techniques sur lesquelles nous travaillons actuellement dans les dossiers syriens. Finalement, on le donne pour mort dans un cachot syrien en 2001. Philippe Mathy m'a confié que sa présence en Syrie a pu être confirmée grâce à une photographie et la correspondance des oreilles, en quelque sorte leurs empreintes. Cette analyse avait été réalisée par un expert du bureau criminel de Wiesbaden, sur demande des enquêteurs et de Serge Klarsfeld.

1. http://www.revue21.fr/zoom_sur/enquete-sur-le-nazi-de-damas

Dans les années 2000, la section de recherches de Paris a commencé à travailler sur les dossiers liés à l'extermination des Tutsi au Rwanda. Entre avril et juin 1994, plus de huit cent mille hommes, femmes et enfants ont été massacrés par la composante hutu de la population. La contre-offensive des Tutsi du Front patriotique rwandais avait poussé dès le mois d'août 1994 nombre de génocidaires à fuir dans d'autres pays, sous de fausses identités. Dont quelques-uns en France, identifiés par les survivants et pour lesquels il fallait pouvoir engager des procédures. La création de l'Office, en 2013, va permettre une meilleure spécialisation des enquêteurs et une centralisation des dossiers sur ce contentieux en particulier.

Composé actuellement d'une vingtaine d'enquêtrices et d'enquêteurs issus de la gendarmerie et de la police nationale, l'OCLCH est constitué de deux divisions, l'une chargée des investigations et l'autre, dite division de la stratégie, du suivi des relations internationales.

Si le Rwanda a été un sujet majeur de nos enquêtes, il a depuis été largement rejoint par de nombreux autres pays : Liberia, République centrafricaine, Syrie, Irak, Libye, Tchétchénie, Sri Lanka… La liste n'est pas exhaustive. Actuellement, plus de 140 dossiers sont ouverts et en cours d'investigation. Un gros travail pour la vingtaine de personnes sous mes ordres, gendarmes et policiers, qui doivent maîtriser le droit international, les techniques financières, les subtilités d'Internet, tout en tenant compte des problématiques diplomatiques, politiques, ethniques, religieuses, nationalistes de chaque dossier. Heureusement, je suis entouré de femmes et d'hommes créatifs, adaptables, curieux et engagés de toutes leurs forces dans la lutte contre l'impunité.

Car cette lutte n'est pas un long fleuve tranquille. J'aurai l'occasion de m'en rendre compte à chaque enquête. Chaque fois, c'est un nouveau défi car ce type d'enquête est très spécifique, notamment au regard de ce que j'ai pu connaître en qualité de chef de section de recherches. En effet, dans le cas d'un homicide, le point de départ de l'enquête est souvent la scène de crime pour confondre l'auteur. Dans le cas d'une enquête portant sur un délit ou un crime commis par un groupe criminel organisé, la réitération des infractions permet de collecter des indices et de comprendre rapidement les modes opératoires des membres du groupe pour procéder aux arrestations. En revanche, dans notre cas, l'enquêteur est éloigné de la scène de crime (espace) et de la date commission des faits (temps). Généralement, l'enquêteur est confronté à l'une ou l'autre de ces situations : soit l'auteur est identifié mais la victime ne l'est pas, soit l'auteur n'est pas identifié mais la victime l'est. Ces caractéristiques induisent un travail énorme de recherche des indices et de collectes de témoignages dans un contexte où la coopération internationale permettant d'aider l'enquête peut être à géométrie variable.

Et heureusement, nous ne sommes pas seuls. Et s'il est bien un domaine dans lequel la coopération est indispensable, c'est bien celui de la lutte contre l'impunité. Nous évoluons ainsi dans une galaxie de structures, nationales, internationales, gouvernementales ou non. Cela aura été l'une de mes premières actions. Aller à leur contact pour comprendre et développer notre interaction. L'exercice de la police judiciaire n'est qu'une affaire de femmes et d'hommes qui se connaissent et s'apprécient.

Ainsi, sur le plan national, nous pouvons échanger avec les services de renseignement, la Direction de la coopération internationale (DCI) du ministère de l'Intérieur et son réseau des attachés de sécurité intérieure (ASI) que je connais bien, le ministère de l'Europe et des Affaires étrangères et le Centre de crise et de soutien, les services de police judiciaire de la police nationale et de la gendarmerie nationale.

Sur le plan international, Interpol ou les agences de l'ONU comme le Haut-Commissariat aux droits de l'homme peuvent ainsi constituer des partenaires précieux. Par exemple, cette agence a pu être sollicitée pour l'identification de témoins que la Commission internationale et indépendante d'enquête sur la République arabe syrienne dite « Commission Pinheiro[1] » avait interrogés de manière anonyme pour les besoins de ses rapports.

Le Mécanisme international, impartial et indépendant (M3I) chargé de faciliter les enquêtes sur les violations les plus graves du droit international commises en République arabe syrienne depuis mars 2011 est un partenaire des États membres des Nations unies et de la France. Il est aussi important de mentionner la création de l'Équipe d'enquêteurs des Nations unies chargée de concourir à amener l'État islamique d'Irak et du Levant à répondre de ses crimes (UNITAD)[2].

Comme nous l'avons vu, les juridictions pénales internationales ou internationalisées, telles que la Cour pénale internationale et son Bureau du procureur, le Mécanisme international appelé à exercer les fonctions résiduelles du TPIR et TPIY et sa *Task Force sur les fugitifs*, et enfin les chambres spéciales pour le Kosovo et les Chambres pour la Centrafrique sont aussi nos partenaires d'enquêtes.

Enfin, depuis le 1er mai 2017, les différentes agences européennes telles que Europol qui est compétente pour apporter son soutien aux services de police des États membres

1. Cette commission a été créée par le Conseil des droits de l'homme, par sa résolution S-17/1. La situation des droits de l'homme en République arabe syrienne, 22 août 2011, A/HRC/S-17/2.

2. Elle a été créée par la résolution du Conseil de sécurité de l'ONU, Résolution 2379 (2017) adoptée lors de la réunion 21 septembre 2017, S/RES/2379 (2017).

dans leurs enquêtes portant sur les génocides, les crimes contre l'humanité et les crimes de guerre[1]. Partant, elle a créé un projet d'analyse sur les crimes internationaux les plus graves dit « AP-CIC[2] » qui a vocation à recevoir, par le biais de la messagerie sécurisée, les éléments issus des procédures pénales diligentées par les services d'enquête des 17 États qui participent au projet.

Par ailleurs, depuis le 14 novembre 2018, Eurojust est également compétente pour apporter son soutien aux enquêtes et aux poursuites portant sur les génocides, les crimes contre l'humanité et les crimes de guerre[3]. Elle héberge et finance le « Réseau des points de contact en ce qui concerne les personnes présumées responsables de crimes contre l'humanité et crimes de guerre[4] ». Eurojust et notre bureau national peuvent créer et coordonner des Équipes communes d'enquête (ECE).

Ayant exercé dans les unités de recherches et de la police judiciaire, monde pour le moins cloisonné, grande a été ma surprise de constater l'implication des organisations non gouvernementales (ONG) qui constituent une source précieuse de renseignements que les enquêteurs de l'OCLCH doivent ensuite vérifier et intégrer dans la procédure. L'apport des ONG est particulièrement utile pour la détection et le signalement de criminels présents sur le territoire français, la connaissance de certains territoires étrangers et le recueil d'indices.

Plusieurs ONG, parmi lesquelles Amnesty, Human Rights Watch ou la Fédération internationale des ligues

1. Parlement européen, règlement (EU) 2016/794 relatif à l'agence de l'Union européenne pour la coopération des services répressifs, L 135/53-FR.

2. Analyst Project (AP) on Core International Crimes (CIC).

3. Parlement européen, règlement (UE) 2018/1727 relatif à l'Agence de l'Union européenne pour la coopération judiciaire en matière pénale (Eurojust) et remplaçant et abrogeant la décision 2002/187/JAI du Conseil, 21 novembre 2018, L295/138-FR.

4. Créé par la décision n° 2002/294/JAI du Conseil de l'Union européenne.

des droits de l'homme (FIDH) publient régulièrement des rapports contenant de précieuses informations sur certaines situations de conflits armés, internes ou internationaux. D'autres, telles que l'International Commission for Justice and Accountability (CIJA), TRIAL International, Civitas Maxima, le Collectif des parties civiles pour le Rwanda (CPCR), l'European Center for Constitutional and Human Rights (ECCHR) se sont spécialisées dans la collecte de témoignages et autres indices sur les atrocités commises dans le monde. De même, le Syrian Center for Media and Freedom of Expression (SCM) ou encore le Syria Justice & Accountability Centre (SJAC) peuvent être mentionnés. L'Association for the Study of War crimes (ASWC) s'est, quant à elle, spécialisée dans la production participative ou *crowdsourcing*, publie des appels à témoins par le biais de Facebook et produit un rapport sur le résultat de ses recherches. Pour ce qui est de la recherche d'indices en sources ouvertes, notamment sur Internet, on peut citer des ONG comme Bellingcat, Eyewitness et l'association francophone spécialisée dans les investigations en sources ouvertes, Open Facto[1].

Il existe aussi des ONG spécialisées dans l'assistance aux victimes telles que la FIDH qui a des relais dans différents États, ainsi que des ONG spécialisées dans la collecte d'éléments de contexte ou d'indices sur certaines formes de crimes internationaux. Par exemple, dans le domaine des crimes sexuels constitutifs de crimes contre l'humanité ou crimes de guerre on retrouve *We are not Weapons of War* et la Dr Denis Mukwege Foundation dont le fondateur s'est vu décerner le prix Nobel de la paix pour son action en faveur des femmes violées et mutilées lors des conflits armés. Aussi, Physicians for Human Rights (PHR) documente les

1. https://openfacto.fr

attaques commises contre les personnels médicaux lors des conflits armés.

Plus leur travail est précis et empreint de déontologie dans le recueil des preuves et témoignages, plus nous pourrons, après enquête, judiciariser leur investissement. Toutefois, il doit être expertisé par les magistrats du Parquet national antiterroriste et son pôle Crimes contre l'Humanité.

L'objectif de cette traque vise à traduire les auteurs de ces crimes devant les juridictions françaises ou devant les tribunaux des pays qui demandent leur extradition, comme le cas de l'Argentin Mario Sandoval, arrêté près de Paris, ou de trois Rwandais, Pascal Simbikangwa, capitaine des services de renseignement, Octavien Ngenzi et Tito Barahira, tous planqués en France, mais rattrapés et condamnés à perpétuité. D'autres sont à venir.

Ce travail finit par porter ses fruits. En mars 2018, intervient la première condamnation définitive en France d'un Rwandais pour « complicité de génocide et crime contre l'humanité », la première depuis les dossiers de Klaus Barbie, Paul Touvier et Maurice Papon.

Pascal Simbikangwa[1], ex-dignitaire hutu en fuite depuis l'été 1994, a été arrêté en 2008 aux Comores, un peu par hasard. L'homme qui se faisait appeler Safari Senyamuhara David faisait dans le trafic de faux papiers. Cet ancien capitaine de l'armée rwandaise, chef du renseignement militaire du pouvoir hutu, est démasqué pendant sa détention provisoire, mis en examen en avril 2009, et l'enquête confiée à la section de recherches de Paris.

Les investigations sont facilitées par la reprise des relations diplomatiques entre la France et le Rwanda en janvier 2010. Elles étaient gelées depuis 2006, après la

1. Voir l'annexe 3 en fin d'ouvrage pour le détail du jugement.

décision du juge français Jean-Louis Bruguière de poursuivre le Président rwandais Paul Kagame au Tribunal pénal international pour le Rwanda. Le magistrat avait été chargé de l'enquête sur la mort des deux pilotes français de l'avion du président Habyarimana, abattu le 6 avril 1994. L'attentat avait coûté la vie au Président rwandais et à son homologue du Burundi, Cyprien Ntaryamira. Il avait surtout servi de déclencheur au génocide des Tutsi. Le juge Bruguière soupçonnait les proches du nouveau Président rwandais d'être impliqués dans cet acte terroriste.

L'abandon de cette piste par le juge Trévidic, successeur de Jean-Louis Bruguière dans ce dossier, relance la coopération judiciaire entre la France et le Rwanda. Les enquêteurs et les juges d'instruction peuvent désormais se rendre sur place et rencontrer témoins et victimes mettant en cause Pascal Simbikangwa, surnommé Capitaine, David ou Le Tortionnaire. Selon les éléments de l'enquête, l'homme a joué un rôle éminent dans l'organisation des barrages mis en place dans la capitale, Kigali, juste après l'attentat du 6 avril. Ces barrières avaient pour but de débusquer les Tutsi et de les éliminer.

Renvoyé devant la cour d'assises de Paris en mars 2013 pour « complicité de génocide et crime contre l'humanité », Pascal Simbikangwa est jugé l'année suivante et condamné à vingt-cinq ans de réclusion criminelle. Il fait appel, comparaît en octobre 2016 devant la cour d'assises de Bobigny qui le condamne à la même peine. Son pourvoi en cassation sera rejeté en mars 2018. Deux autres responsables hutu, Tito Barahira et Octavien Ngenzi, comparaissent en juillet 2016 devant la cour d'assises de Paris. Tous deux sont accusés d'avoir planifié, coordonné et animé, avec des dirigeants militaires, des réunions visant à organiser le massacre de la population tutsi. L'événement le plus marquant étant le massacre de l'église de Kabarondo le 13 avril 1994, au cours duquel des Tutsi, venus s'y réfugier, sont exterminés malgré le caractère inviolable d'un tel sanctuaire. Ils ont été condamnés à une peine de réclusion criminelle à perpétuité. Le 6 juillet 2018, la cour d'assises de Paris, statuant en appel, confirmera le jugement de la juridiction de première instance.

Trois condamnations pour crimes contre l'humanité. C'est peu au regard du nombre de leurs victimes. Mais, pour les ONG engagées dans la traque de ces criminels, le signal est fort.

C'est dans ce contexte et cet environnement que celui que j'appellerai Bob, un « chercheur de preuves », nous a contactés. Il voulait nous transmettre des renseignements capitaux concernant un génocidaire rwandais planqué bien gentiment en France. Après quelques vérifications « d'usage » sur l'individu, je décide de donner suite à sa proposition de rendez-vous.

6

L'enquête en France

> « Il est donc hors de question que la France reste un sanctuaire pour les génocidaires, à partir du moment où on a refusé d'extrader au Rwanda ce Rwandais qui était accusé de crimes contre l'humanité. »
>
> Bruno Sturlese,
> avocat général durant le procès Simbikangwa.

6 novembre 2018 – Paris, café Le Papillon

Le rendez-vous a été pris dans un café proche de l'OCLCH.

Michel, le policier chargé de l'équipe renseignement de l'OCLCH, s'est joint à moi. Ce genre de rendez-vous avec une source se couvre toujours à deux. C'est le protocole. L'un observe et analyse, l'autre pose les questions, d'autant que, dans notre contentieux, il faut faire attention, les manipulations ne sont jamais très loin…

L'homme pénètre dans le café. Voûté. Le pas lourd, visiblement fatigué. Vêtu d'une parka chaude qui emmitoufle son mètre soixante, ses rondeurs et la soixantaine bien ridée. Les cheveux longs blanchis par l'épreuve du temps attachés avec un catogan, Bob me fixe de ses deux yeux bleus perçants en me tendant la main.

— Pardon pour le retard.

— Pas de problème.

— Ouf, il fait meilleur au Rwanda…

— Vous en revenez ? interroge Michel.

— Oui, c'est la raison pour laquelle je souhaitais vous voir. Un cas très grave. On l'appelait Lone Warrior du côté de N., à l'ouest du Rwanda, près de la frontière avec la République démocratique du Congo. C'était un militaire, du grade de capitaine. Il commandait la compagnie de militaires de N. On peut lui attribuer au bas mot trois mille cinq cents morts directement, et dix mille, compte tenu de son implication hiérarchique.

— Bien. Le dossier est sur le bureau des magistrats ?

— Non, pas encore. Mon avocat fait le nécessaire pour rédiger la plainte. Vous n'allez pas tarder à la recevoir *via* le Parquet.

— Bon, en tout cas, je suis ravi de vous rencontrer.

Bob sort une pochette bleue de sa sacoche et la pose sur la table. Il l'ouvre, sort une photographie prise avec un smartphone. On y voit un homme de grande stature, en treillis.

— Cet homme est en France et apparemment devenu français…

Je prends la photographie en main, je l'observe attentivement et la transmets à Michel.

— C'est vous qui l'avez prise ?

— Non, c'est une de nos sources qui travaillent pour nous, un *insider*[1]… en République démocratique du Congo.

— Vous me dites qu'il a été naturalisé ?

— Oui, selon l'insider.

1. Nom donné aux membres d'une organisation criminelle, de milices ou structures d'État qui décident de déserter afin de renseigner les ONG ou les forces de police.

— Il ne se doute de rien ?

— Non, pas de danger.

— Vous pouvez m'en dire plus ? Parce que, quand on va s'approcher, je vais avoir besoin de savoir où je mets les pieds !

Silence.

— Je dois vérifier ce point avec l'insider.

— Je comprends. Cela se situe où ?

— Région du Kivu, est de la RDC.

— Ah, OK.

— Ce type est un salopard.

— Je n'en doute pas, mais il va falloir le démontrer. C'est notre job. Vous documentez vos dossiers, mais nous devons les judiciariser, faire en sorte qu'ils soient solides, avec des preuves et des témoignages.

— Je vous fais confiance. Les précédents ont été correctement jugés. À vous de jouer. Mais attention, ce type est un malin. Il a réussi à embourber l'Administration française en obtenant la nationalité.

— Des liens politiques ?

— À ma connaissance, non, mais sait-on jamais. Son parcours est surprenant d'impunité.

— Ne vous inquiétez pas, dès que nous le recevrons, nous mettrons le paquet en fonction des informations que vous aurez pu transmettre.

Bob me regarde fixement.

— On se revoit bientôt au Rwanda, alors ?

— Peut-être, je ne sais pas.

— Au fait ? Votre intérêt dans ce dossier ? interroge Michel.

— Disons que je représente l'insider. Mais ne vous inquiétez pas, nos renseignements seront transmis à une ONG de plaidoyer qui fera le nécessaire vis-à-vis de la justice française.

— Et l'intérêt de l'insider ?

— Disons que notre cible n'a pas respecté ses engagements vis-à-vis de l'insider.

Je me lève pour le saluer. Bob me sourit et se dirige vers la porte.

Je commande un autre café, le temps de jeter un œil sur le dossier, qui de toute façon a été transmis aux magistrats et me reviendra bientôt.

10 décembre 2018 – Annecy

Ça n'a pas tardé !

Nous avons reçu le dossier Lone Warrior. Après quelques recherches en lien avec l'OFPRA, nous avons retrouvé un individu correspondant au signalement, devenu… prêtre en Haute-Savoie dans une abbaye. L'abbaye de V.

Une partie du groupe Afrique est descendue en Haute-Savoie pour réaliser ce que l'on appelle l'environnement de notre objectif. Il s'agit de trouver ses contacts, placer des écoutes téléphoniques, faire des surveillances. Christophe, le policier nouvellement recruté, issu d'un groupe de la police judiciaire de la préfecture de police de Paris, et Élodie, adjudante, une vétérante des dossiers rwandais. Ils sont planqués, en attente dans la 405.

Le fil WhatsApp a été créé. Nom de code : « Père Pépère »… Chaque dossier est ainsi codifié et les différents acteurs ont donc les informations en temps réel. J'ai proposé ce système qui finalement fonctionne très bien. On y a même intégré « Trendy Proc[1] », le procureur de la République Brice Coutin.

1. « Trendy Proc », car lors d'une soirée mondaine organisée par le chargé d'affaires avec le gotha de Kigali, nous avions rencontré à l'ambassade de France au Rwanda une personnalité du show-biz français, chanteuse célèbre qui l'avait alors baptisé de la sorte, convaincue que les magistrats étaient des individus vieux et rabougris ; le surnom est resté.

L'équipe est en planque devant un ensemble de plusieurs bâtisses, l'abbaye de V.

Ils attendent la sortie du père Jean F., de son vrai nom Théogène M., surnommé Lone Warrior, soixante-cinq ans.

Nous avons découvert qu'il avait modifié son identité, se faisant passer pour un Tutsi, l'un de ceux qu'il avait massacrés, un dénommé Justin M., habitant de Gisenyi décédé le 22 avril 1994. Justin s'était abrité dans une église au sommet de la colline avec le reste de sa famille et trois mille cinq cents autres Tutsi qui y avaient trouvé refuge.

Le nom de F. avait été passé au crible dans toutes les bases judiciaires et administratives dont nous disposons. Rien de particulier. Normal, le criminel de guerre ne fait pas de bruit… Il est en *Low signal*, en dessous du radar, ce qui complique bien sûr nos investigations. Mais cela fait partie du jeu.

Le dossier transmis par le Parquet est en revanche plus détaillé. On y apprend que Théogène M. a débarqué en France en mai 1996 par un vol en provenance du Zaïre, l'actuelle République démocratique du Congo. Il s'est installé dans le Sud-Ouest, vers Toulouse dans un premier temps, puis dans un village de l'Ariège, à Ax-les-Thermes. On retrouve sa trace à Lourdes en 2001. Cette ville sera sans doute à l'origine du miracle de sa conversion…

Petit séminaire, puis grand séminaire, il prend une paroisse dans l'ouest de la France, à Cloyes, près de Châteaudun, en 2007. Rien de spécial pendant neuf ans. Et soudain, mutation. Sans vraiment de raison. Et une retraite en Haute-Savoie où on le retrouve grâce à la carte grise de son véhicule.

Ce point sera à vérifier, mais, pour le moment, on ne bouge pas. On enregistre. Il faut faire du terrain, des surveillances et les écoutes téléphoniques tournent. Notre objectif ne se doute de rien. Dans ce cas, nous avons un coup d'avance.

— Ça sort ! s'écrie Christophe.

Clichés. L'homme de haute taille quitte le monastère, une mallette à la main. Il est seul. Il monte dans son véhicule, un Range Rover kaki dernier cri.

L'équipe le prend en filature. Ils doivent laisser de l'espace entre les véhicules, la route n'est pas très fréquentée. Le Range prend la direction d'Annecy. Quelques minutes plus tard, le véhicule tourne en direction de J. et se gare sur un parking, route des Noisetiers. F. sort du véhicule et pénètre dans un immeuble neuf.

Quelques instants plus tard, Élodie va jeter discrètement un œil aux boîtes aux lettres. Il y a bien une étiquette au nom de Père F. L'équipe se remet en planque.

Message WhatsApp : *Attention, il a appelé une dénommée Marie. Elle va débouler…*

À Paris, Sophie, de la division de la stratégie de l'OCLCH est en écoute sur la ligne de F.

Vingt-cinq minutes plus tard, une femme métisse gare sa Peugeot 205.

Vérification de la plaque d'immatriculation. Le véhicule appartient à Marie C., quarante-cinq ans, originaire d'A. Deux heures passent. Marie C. ressort.

Message WhatsApp de Sophie : *Nouvel appel, une prénommée Catherine vient le rejoindre pour passer la soirée.*

L'équipe reste en planque. Une autre voiture, cabriolet Mercedes immatriculé en Suisse, canton de Genève, une autre femme, blonde, élancée, manteau de fourrure, la cinquantaine, très classe.

On fera les vérifications plus tard sur cette femme.

Clichés…

Message WhatsApp de Christophe : *Finalement, il confesse à domicile, le « Père Pépère » !*

Ma réponse : ☺. *Lone Warrior tireur isolé.*

J'envoie le message suivant : Je confirme. Vous restez la semaine. Prenez un max de photos que l'on puisse les présenter aux témoins au Rwanda. Même s'il a vieilli, on peut le reconnaître. On vous balance le déport des communications de Père Pépère, comme ça, vous avez tout en direct avec sa géolocalisation. Je préviens le GOS (Groupe d'observation et de surveillance) de Lyon et la section de recherches de Chambéry que l'on travaille sur leur zone. Le Parquet ayant donné son accord, je vais demander au GOS de placer une balise sous le véhicule de notre client. Le proc a validé la pose.

L'opération sera réalisée cinq jours plus tard après que l'évaluation des équipes du GOS a été positive.

17 décembre 2018 – Paris, bureau du procureur

Je pénètre avec Christophe et Élodie dans le bureau de Brice, dans le nouveau palais de justice récemment inauguré, le plus grand complexe de tribunaux de droit en Europe.

Transparence, lumière et hauteur ! De vue ?

Le bâtiment de trente-huit étages culmine à cent soixante mètres au-dessus du quartier des Batignolles, à la Porte de Clichy, le long du périphérique. C'est désormais le deuxième bâtiment habité le plus haut de Paris, derrière la tour Montparnasse.

Les bureaux des magistrats sont situés sur le même étage que ceux des magistrats du Parquet national antiterroriste (PNAT), auquel ils seront intégrés quelques mois plus tard.

— Bonjour, Brice.

— Salut, colonel !

J'aime bien Brice. Petite barbe, lunettes rondes, cheveux bruns, jeune père de famille, de sa haute taille il donne le sentiment de survoler le monde. Sans jugement, mais en portant un regard malin. Il a toujours un bon mot en réserve, prêt à être dégainé à la moindre occasion. Juste pour le plaisir et entretenir sa vivacité d'esprit comme on le fait pour la forme physique. Chirurgien procureur, qui tente de soigner, au moins d'essayer de réparer, de rendre sa dignité à la victime. Il mérite bien son nouveau surnom de Trendy Proc.

— Alors ? « Père Pépère » plutôt dégourdi, on dirait.

— Oui ! Assez loquace.

Je laisse l'équipe faire le point de leur semaine d'observation.

C'est Élodie qui s'y colle.

— Bon, on l'a logé à J. Comme convenu, on a fait baliser le véhicule. Une vie plutôt calme, si ce n'est ses frasques avec ses maîtresses. Il semble retiré. Pour le moment, on n'a interrogé personne pour ne pas éveiller les soupçons. Il passe ses journées à l'abbaye de V., en Savoie. Rien de spécial. On va faire quelques vérifications niveau financier et bancaire. Il a reçu la visite d'une dénommée Catherine B., habitant Genève et banquière en Suisse.

— OK, cela sera un point à gratter plus tard, comme le rôle de l'autre femme, Marie C. Pour le moment, on a figé la situation. Il faudra qu'on fasse un nombre important d'auditions au Rwanda pour valider son implication dans le génocide.

— Ce serait bien de brancher aussi cette Marie C., suggère Christophe.

— OK, je vous rédige le document.

Je reprends la parole.

— La prochaine mission se déroulera en mars 2019. Avec précurseurs pour répertorier les témoins avec l'aide des autorités rwandaises, et notamment le département Protection victimes et témoins.

— Le dossier sera donc inscrit dans la liste qui sera transmise au procureur général du Rwanda. Qui bosse dessus ?

— Le binôme Christophe et Élodie.

Coup d'œil au binôme en question. Sourires satisfaits. Ce binôme policier-gendarme fonctionne plutôt bien. Sur ces bonnes paroles, nous prenons congé. Le dossier doit rester en l'état tant que nous n'avons pas étayé les affirmations de Bob. La prochaine étape décisive : le Rwanda. Mais, avant, je vais relancer Bob sur son insider.

21 décembre 2018 – Paris, Porte de Bagnolet

Je reçois un message WhatsApp de Bob : *L'insider accepte de nous communiquer certaines informations. Quand pouvons-nous nous rencontrer ?*

Aujourd'hui ? Même lieu que la dernière fois ?

OK. 15 heures.

À l'heure dite, Bob pénètre dans le café Le Papillon. Michel est avec moi.

— Bonjour, j'ai du nouveau.

Bob enlève son manteau de saison et son écharpe.

— OK, nous vous écoutons.

— En fait, M. joue un double jeu. Il alimente financièrement un groupe politique implanté en République démocratique du Congo, à l'est, vers le lac Kivu : les FDLR. Les Forces démocratiques de libération du Rwanda se sont constituées en RDC dans les années 2000 sur la base des milliers de réfugiés hutu qui se sont enfuis vers l'ouest à la suite de la prise de pouvoir de Paul Kagame en 1994. Kabila, le président de RDC, les a d'abord soutenues, avant de les lâcher. Localement, les FDLR seraient à l'origine de nombreuses exactions contre les populations civiles, pillages, viols, tueries, utilisation d'enfants soldats. Leur objectif est de renverser Kagame et d'instaurer un nouveau régime politique au Rwanda. Un certain nombre de leurs dirigeants sont répartis en Europe, en qualité d'opposants. La CPI a délivré des mandats d'arrêt contre certains chefs des FDLR. Actuellement, les FDLR disposent de vingt mille combattants qui n'attendent qu'une chose, revenir au Rwanda pour se venger.

Il poursuit, assez fier de ses informations :

— M. a des ambitions politiques futures, en cas de victoire des FDLR. En attendant, il sert de machine à blanchir. Il travaille *via* une société basée en Suisse, à Genève, la Francoport, qui revend au Kazakhstan certains métaux rares et précieux, comme le colombo tantalite, aussi appelé coltan, et l'or.

D'où le lien avec la Suisse et notre blonde.

— Ce sont des superconducteurs indispensables pour l'industrie aéronautique et les téléphones portables. L'est de la RDC regorge de minerai. Elle fait donc l'objet de nombreuses convoitises de la part de mouvements rebelles qui se servent de la pauvreté locale pour exploiter les mines et les êtres humains. Ces groupes de mercenaires exploitent les difficultés d'accès, la confusion totale, pour s'enrichir en jouant sur les cours des matières premières. Évidemment, cela intéresse au plus haut point certaines sociétés européennes peu regardantes sur leur origine, qui profitent du système. Elles revendent ces métaux et rétrocèdent une bonne part à des intermédiaires, en échange de faux certificats d'exportation au nom de l'ONU. Comme M., qui finance ainsi l'achat d'armes au profit des FDLR. Si on suit les trafics d'armes et les flux monétaires… ou l'inverse, nous ne sommes jamais loin des crimes de guerre ! C'est la raison pour laquelle un environnement financier est indispensable car ceux-ci peuvent générer des avoirs criminels importants[1].

1. Dans ce cas, Europol ou la cellule de renseignement financier française dite « TRACFIN » pourront être requis pour aider les enquêteurs à analyser ces flux financiers.

— Pourquoi l'insider vous dit-il tout cela ?

— Il lui doit beaucoup d'argent. Il veut le faire tomber pour ça.

— Mais, s'il tombe, il ne va jamais revoir son fric, remarque Daniel.

— Peu lui importe, le principal est qu'il tombe. Visiblement, la source va se ranger aussi et abandonner sa logique de reconquête.

— Tout ça, c'est bien. Ça reste éloigné de nos investigations liées au génocide, mais cela nous donne un contexte.

7

L'enquête au Rwanda

« La vérité passe dans le feu, et ne brûle pas. »

Proverbe rwandais
Les Proverbes et dictons rwandais (1963)

Mars 2019 – Rwanda, Kigali

Les équipes d'enquête ayant appréhendé l'environnement national de « Père Pépère », nous devons dorénavant passer à la deuxième étape : les investigations au Rwanda, à savoir des auditions de témoins, du recueil de preuves ou des remises en situation afin de corroborer, ou non, les renseignements reçus et détaillés dans la plainte. En effet, il est important de rappeler que nous travaillons à charge et à décharge.

Dans cette hypothèse, les règles de l'entraide pénale internationale[1] s'appliquent. Toutefois, habituellement dans l'enquête classique, par voie de commission rogatoire internationale, ce sont les enquêteurs de l'État requis qui réalisent les actes d'enquêtes.

1. Les articles 694 et suivants du Code de procédure pénale et des conventions régulièrement ratifiées par la France.

Tel n'est pas le cas pour le Rwanda. En effet, sous réserve d'avoir obtenu l'autorisation préalable des autorités judiciaires étrangères[1], nous pouvons recueillir les auditions par nous-mêmes et dans les formes prévues par la procédure pénale française.

Le 5 mars, Trendy Proc m'a retransmis la lettre d'invitation émanant du procureur général du Rwanda sur sa demande, autorisant la venue d'enquêteurs de l'OCLCH ainsi que la sienne car il a décidé de se joindre à nous.

Pour la bonne exécution de la mission, notamment la convocation des témoins avec les autorités locales, nous dépêchons sur place une équipe de précurseurs qui vont donc travailler en amont afin de bien coordonner les agendas.

Pour ma part, je rejoins les équipes sur place.

Après un vol de neuf heures et une bonne nuit de récupération, j'attaque le programme de la journée. En premier lieu, le GFTU, le Parquet rwandais spécialisé dans le génocide, puis le PVT, l'unité chargée de la protection des victimes et des témoins.

Mais, auparavant, je veux aller jeter un œil sur la maison du président Habyarimana, mort dans l'attentat du 6 avril 1994 – une date à marquer d'une pierre noire.

Vincent, mon conducteur, m'envoie un WhatsApp. Il est devant l'hôtel. J'embarque dans le 4 × 4, direction l'aéroport. Je dois avouer que j'ai encore un peu de mal à me repérer dans Kigali et ses nombreuses collines. La circulation est dense. Vincent se faufile entre les véhicules et les mototaxis, dont les conducteurs portent des casques de couleurs bariolées symbolisant leur société d'appartenance. Klaxons et coups de sifflet des policiers nombreux, dans

1. Les magistrats français appliquent l'article 18 alinéa 4 du Code de procédure pénale.

leurs uniformes impeccables. Kigali a la réputation d'être une ville très propre. Je confirme. Comme le pays dans son entier d'ailleurs.

La musique africaine résonne dans l'habitacle. « Bye Bye » *by* Naason, la dernière génération des chanteurs rwandais. Lors de mon premier séjour, Vincent voulant me faire plaisir avait déniché un CD de vieux tubes français des années 1960, qu'il avait laissé tourner pendant les cinq heures de notre trajet de Kigali à Gisenyi. Soûlé ! Au retour, il avait compris que le style tribal africain me convenait nettement mieux.

Nous laissons l'aéroport sur la droite, puis notre véhicule s'engage dans un petit parking. La maison apparaît enfin, majestueuse, dans son écrin de verdure, arbres splendides, parfums divers, oiseaux africains. Des jardiniers sont à l'œuvre pour entretenir ce qui est devenu un musée, rassemblant des œuvres d'artistes divers commémorant principalement le génocide. Je propose à Vincent de se joindre à moi pour la visite.

Catherine, notre guide, nous invite à entrer. Nous nous déchaussons. C'est la règle. Les pièces sont vastes et lumineuses, les œuvres de qualités diverses. Impossible de prendre des photos.

Premier étage. Vincent me dit en montrant du doigt une pièce :

— Il existait un lieu réservé aux pratiques magiques d'Agathe, la femme du Président. Visiblement, ils l'ont supprimé.

Nous redescendons vers l'arrière de la villa, jusqu'à un mur d'enceinte en brique. Il nous barre le chemin. Puis Catherine nous conduit à une porte qui donne accès à un vaste champ. Là reposent les débris de l'avion, le Falcon abattu le soir du 6 avril, alors qu'il allait se poser.

Nous marchons en silence dans ce champ herbeux. Je comprends que l'avion s'est écrasé dans la propre maison du Président. Incroyable. Catherine m'observe du coin de l'œil.

— Alors ? Vous en pensez quoi ?

— Disons que je comprends que je suis au point d'impact d'un des pires génocides du XXe siècle, un million de morts en quelques semaines.

Vincent et Catherine ne disent rien.

Je songe au noir de Pierre Soulages. Je pense à ce que disait ce peintre : « Que la lumière vienne de ce qui, par définition, est la plus grande absence de lumière, provoque un trouble chez moi. » Dans le noir de l'inhumanité, j'ai un peu de mal à percevoir le moindre rayon de lumière ! Peut-être plus tard ? Non, pour le moment, je suis le profond sillon qui zèbre notre terre, de pays en pays, les traces des sabots des cavaliers de l'Apocalypse : crimes de guerre, crimes contre l'humanité, génocides, disparitions forcées, tortures. Le tiercé gagnant, dans le désordre ou pas.

Génocide… Malgré leurs successions dans l'histoire de l'humanité, il aura fallu attendre la Seconde Guerre mondiale pour que le terme de « génocide » entre dans la langue parlée. En août 1941, dans un discours radiophonique, Churchill disait, en évoquant la barbarie des nazis : « Nous nous trouvons en présence d'un crime sans nom. » Effectivement ! Pas de mot pour décrire l'horreur. Mais il va falloir le nommer tout de même. Et d'ailleurs, même en 2020, on n'en a pas encore fini avec ce mot.

C'est Raphael Lemkin, juriste juif polonais, puis américain, qui construit en 1943 le terme et le concept de « génocide », et le fait valoir d'abord au tribunal de Nuremberg et à l'ONU en octobre 1948. Pour ce faire, il associe volontairement les civilisations grecque et latine, berceau de notre civilisation, par le mot grec *genos*, signifiant « lignée », « famille », « clan », « groupe », « race », et le suffixe « -cide », du mot latin *caedere* signifiant « tuer ». Ce néologisme sera introduit en droit avec l'adoption à Paris, le 9 décembre 1948, de la

Convention pour la prévention et répression du crime de génocide. Lemkin en a été le principal rédacteur.

— C'est bon ? Vous voulez rester encore un peu ? demande Catherine.

Encore un coup d'œil sur le réacteur incrusté dans la terre. Symbole d'un événement capital dans l'histoire de l'humanité, du Rwanda, mais aussi de la communauté internationale.

— Non, c'est bon. *Let's go.*

Il est temps de rejoindre le Parquet GFTU, le Parquet spécialisé dans les enquêtes pour le génocide.

Trente minutes plus tard, je franchis la barrière qui donne accès à un quartier paisible de Kigali, dans de petites maisons individuelles. C'est dans ces petites bâtisses que se sont installés les magistrats.

En une année, beaucoup d'efforts ont été faits pour la normalisation de nos relations avec ce pays et son dirigeant.

J'en ai été le témoin. Il y a eu la poignée de main entre le président Macron et Paul Kagame à l'ONU en septembre 2017. Puis le discours de notre Président en Côte d'Ivoire en novembre de la même année, en rupture avec la Françafrique et ses vieilles méthodes. Enfin, la désignation de Louise Mushikiwabo, une fidèle du Président rwandais, à la tête de la Francophonie.

Pour ce pays, qui ambitionne de devenir la Suisse d'Afrique et la rotule entre les parties anglophone et francophone de l'Afrique, l'occasion était trop belle.

D'ailleurs, dans la journée, j'aurai le plaisir de m'apercevoir, non sans humour, que tous mes interlocuteurs qui s'exprimaient en anglais lors de ma précédente mission redécouvrent les charmes de la langue française.

Enquêter sur les crimes contre l'humanité, « sujets souvent hautement inflammables », nous contraint à prendre en compte une dimension diplomatique indéniable. Pour le volet international, les enquêtes s'appuient sur les autorités diplomatiques françaises en place dans le pays en question, à savoir l'attaché de sécurité intérieure ou le magistrat de liaison. Ils jouent le rôle d'intermédiaire dans la transmission des commissions rogatoires internationales vis-à-vis des autorités du pays concerné. Sans la coopération des autorités nationales du pays, laquelle dépend de la qualité de nos relations diplomatiques, la CRI restera lettre morte. Et il nous sera donc plus difficile (mais pas impossible) de démontrer ou non l'implication de l'individu dans les atrocités qui lui sont reprochées.

Dernier point et non des moindres. Le 10 octobre 2018, le procureur de la République près le tribunal de grande instance de Paris a requis un non-lieu en absence de charges suffisantes pour les suspects mis en examen dans l'affaire de l'attentat du 6 avril 1994 contre l'avion du Président rwandais Juvénal Habyarimana. L'équipage était français. À la suite d'une plainte avec constitution de partie civile, une information judiciaire avait été ouverte le 27 mars 1998 contre X du chef d'assassinat en relation avec une entreprise terroriste. Dernière étape d'une instruction qui a connu de multiples rebondissements ?

Bref, les relations entre le Rwanda et la France sont au beau fixe, comme le sourire radieux d'Immaculée Mukarwego, la procureure qui m'accueille au GFTU dans une splendide robe multicolore, style africain, la tête ornée d'un foulard assorti. Légèrement maquillée, Immaculée me tend la main. Son regard est perçant. Je sens chez elle cette force qui caractérise certaines femmes, la douceur ferme et opiniâtre.

— Comment vous portez-vous, Éric ?

— Très bien, et vous ?

— À merveille ! Alors, parlez-moi de nos dossiers. Nous avons été satisfaits des jugements rendus dans les récents dossiers d'assises d'Octavien Ngenzi et de Tito Barahira.

La perpétuité a été confirmée pour les deux après leur appel.

— Nous avons fait venir du Rwanda de nombreux témoins. Même si ce n'est parfois pas facile, finalement cela vaut le coup. Et même si cela a un coût ! Un million d'euros.

— Vous pouvez nous les extrader comme le font d'autres pays, rétorque Immaculée.

— Ce n'est pas faux, mais vous savez que la jurisprudence de la cour de cassation[1] considère que les Rwandais ne peuvent l'être, dans la mesure où l'incrimination de génocide ne figurait pas dans votre code pénal en 1994, à l'époque des faits.

— C'est votre choix… donc.

— Certes. Et vous ? Combien de génocidaires à rechercher ?

— Trois cents en Ouganda, trois cents en République démocratique du Congo et trois cents répartis autour de la planète.

— Ah oui, cela fait du monde… Cette fois, nous sommes là principalement pour travailler sur un militaire, un capitaine. On estime qu'il est à l'origine d'au moins trois mille cinq cents morts directement, et plus, compte tenu de son rôle et influence.

— Oui ! J'ai vu effectivement passer son dossier. Tenez-moi au courant, et bon courage.

1. Le lecteur pourra s'interroger sur le fait que la France n'extrade pas les ressortissants rwandais. Dans ses arrêts (arrêt n° 808 du 26 février 2014 [13-86.631], cour de cassation, chambre criminelle), la cour de cassation relève qu'une telle extradition serait contraire au principe de « non-rétroactivité de la loi pénale », énoncé notamment dans la Déclaration des droits de l'homme et du citoyen de 1789 : on ne peut être jugé pour une infraction qui n'était pas définie par la loi au moment des faits. Or les demandes rwandaises d'extradition concernent « des faits qualifiés de génocide et de crimes contre l'humanité qui n'étaient pas incriminés par l'État requérant à l'époque où ils ont été commis », souligne la cour.

8

Pile et face

> « En voyage, tu ne sais jamais où la nuit qui tombe peut te trouver. »
>
> *Les Proverbes et adages du Rwanda* (1956)

Avant de quitter Kigali, je retrouve Trendy Proc au petit déjeuner. L'occasion d'un petit briefing sur l'avancement du dossier de Théogène M., dit Lone Warrior.

— Alors Père Pépère ? Lone Warrior ? Cela dit quoi ? me demande Brice en dégustant son thé au gingembre.

— Tout va bien. Élodie et Christophe entendent aujourd'hui un témoin capital extrait de la prison de Gisenyi. D'ailleurs, j'y vais pour quelques jours. Je vais assister aux auditions. Je te dirai quoi !

— Bonne route, colonel. Je vois le procureur général à 11 heures. Je dois lui demander de nous faire parvenir les minutes des procès *gacaca* (prononcer « gatchatcha »).

Je dois revenir sur ces tribunaux, qui sont des structures typiquement rwandaises. En 1998, le gouvernement fait le constat suivant : il faudrait plus de cent ans pour que justice soit faite. Et, en attendant, pas de justice, pas de réconciliation… Alors, il a été décidé d'organiser une forme de hiérarchie de traitement judiciaire. Les gros poissons pour le tribunal pénal international pour le Rwanda, les corps intermédiaires, autrement dit le génocide vertical, pour la justice locale, et la masse, le génocide horizontal, celui des voisins ou parfois des propres membres de la famille, pour le système traditionnel des gacaca.

Le principe des gagaca est le suivant[1] : une assemblée générale de personnes de plus de dix-huit ans habitant la cellule (entité administrative regroupant plusieurs communes) élit un corps de neuf juges qui ont pour mission de reconstituer les faits, recueillir les témoignages et les preuves à charge et à décharge. Dans la mesure où la majorité des accusés étaient des voisins, la population a participé activement et largement aux débats, souvent sur les lieux des massacres où se retrouvaient les rescapés, les témoins et les tueurs. Les débats s'ouvraient sur la lecture des faits et de l'accusation, avec parfois les aveux écrits de l'accusé qui servaient alors de fil conducteur. Les acteurs rejouaient les scènes de crime. Parfois, on y riait, on y pleurait. C'était une forme particulière de justice ouverte où la parole circulait librement, qui collait parfaitement à l'exécution du génocide dans toute sa largeur. Les gacaca ont été clôturées en 2012. L'ensemble des jugements gacaca sont en cours de numérisation par une ONG anglaise[2]. Nous pouvons demander le versement des conclusions aux autorités rwandaises pour alimenter nos enquêtes. Cela sera certainement le cas pour Lone Warrior.

1. Hélène Dumas, *Le Génocide au village. Le massacre des Tutsi au Rwanda*, Le Seuil, coll. « L'univers historique », 2014 ; Stéphane Audoin-Rouzeau, *Une initiation : Rwanda (1994-2016)*, Le Seuil, 2017.

2. Aegis Trust.

15 mars 2019 – Rwanda, route de Gisenyi

Direction Gisenyi. Trois heures et demie sur des routes de montagne. Le pays des mille collines ne faillit pas à sa réputation. Des monts à perte de vue, culminant à mille cinq cents mètres d'altitude. Heureusement, les routes sont plutôt de bonne qualité, meilleures que celles de Bosnie-Herzégovine.

Vincent a eu la bonne idée de lancer sa playlist africaine. Les rythmes tribaux cadencent les virages. Un œil sur la route, l'autre sur le paysage qui défile. J'observe les forêts d'eucalyptus immenses qui bordent la route et dont le vert-de-gris des feuilles varie au gré des virages. Parfois, sur le bord de la route, des enfants jouent avec des ballons de fortune, fabriqués avec des feuilles de bananiers.

De temps à autre, notre 4 × 4 croise des cyclistes avec des porte-bagages surmontés de sacs proéminents de part et d'autre de leur fragile monture, ce qui ne les empêche pas de débouler à fond. Le moindre écart et c'est une gamelle mémorable… J'interroge Vincent.

— Existe-t-il un Tour du Rwanda, l'équivalent du Tour de France ?

— Oui, il y en a un tous les ans.

— Cela doit cogner quand même… Sans parler de l'altitude et des dénivelés.

Mon regard se porte sur les champs de thé, vert clair au soleil, et les femmes qui travaillent à flanc de montagne. Le thé, comme le café, est réputé au Rwanda.

Il n'y a rien à dire. Ce pays est magnifique. Côté pile.

Nous traversons de nombreux villages accrochés à flanc de collines, et leurs maisons au toit de tôle ondulée. Les plus riches ont des maisons de brique, les autres sont en pisé. Elles sont souvent entourées de bananeraies parfois décharnées.

Chaque village possède ses échoppes bariolées aux couleurs vives, toutes plus animées les unes que les autres. Le Rwanda déborde d'énergie et de vie. La jeunesse est partout. Comme dans tous les pays d'Afrique, un vrai défi pour les dirigeants africains et les pays d'Europe.

Sur chaque devanture est dessiné l'objet du magasin, ferronniers, charpentiers, coiffeuses, épiceries, cordonniers. Souvent, des enceintes énormes crachent de la musique africaine. Au centre du village, se trouve le marché où les commerçantes présentent leurs produits sur des étoffes à même le sol : pêches, bananes, patates douces, haricots. Des enfants vêtus aux couleurs de leur école, chahutant, se déplacent en groupes pour se rendre en classe. D'autres portent des bidons jaunes pour la corvée d'eau. Les moto-taxis rouges attendent nonchalamment le client aux carrefours stratégiques.

Puis, sortie du village. Retour à la réalité. Côté face : le Mémorial dédié au génocide, le devoir de souvenir. La balafre géante. Pour ne jamais oublier. Vraie différence avec la Bosnie-Herzégovine, où la tendance pourrait parfois être dans certaines zones plutôt au révisionnisme.

Nous roulons vers le nord et le parc national des Volcans, lieu où règnent les gorilles et celle qui les a protégés, Dian Fossey, il y a maintenant plus de trente ans. On l'appelait Nyiramachabelli, ce qui signifie ««la femme qui vit seule dans la montagne». Elle est morte assassinée le lendemain de Noël 1985 dans les montagnes des Virunga, en République démocratique du Congo. Elle est enterrée dans le cimetière qu'elle avait fait construire pour les gorilles à Karisoke, selon ses propres souhaits. Elle était en guerre ouverte avec les braconniers, et surtout un dénommé Protais Zigiranyirazo, le préfet du coin soupçonné d'être à la tête d'un trafic de bébés gorilles. C'est lui qui a dirigé l'enquête sur le meurtre. Autant dire qu'elle n'avait aucune chance d'aboutir. Protais Zigiranyirazo est le frère d'Agathe, la femme du président Habyarimana. Il aurait appartenu à une cellule secrète qui a planifié le génocide, appelée l'Akazu, « petite maison ». Ses membres, des proches et l'entourage de Habyarimana, détenaient les principaux postes ministériels et économiques du pays et s'en mettaient plein les poches sur le dos de la population qui, elle, crevait de faim.

Le monde est petit, quand même…

Protais Zigiranyirazo a été arrêté à l'aéroport de Bruxelles en 2001, pour son implication présumée dans le génocide. Il se cachait parmi des réfugiés africains rassemblés dans un centre d'accueil de l'aéroport avec un faux passeport. Poursuivi pour crime de génocide devant le Tribunal pénal international pour le Rwanda (TPIR), il fut tout d'abord reconnu coupable, puis acquitté en appel en 2009. Les cinq juges de la chambre d'appel ont conclu que leurs collègues s'étaient « gravement fourvoyés dans le traitement des preuves » et qu'il n'y avait pas d'autre choix que l'acquittement…

Vincent me sort de mes pensées.

— Nous traversons maintenant le district de Nyabihu, lieu de naissance de Habyarimana. La colline où a eu lieu le massacre sur lequel vous enquêtez n'est plus très loin. Mais nous allons nous rendre à Gisenyi pour aller prendre une chambre chez les bonnes sœurs.

— OK. J'ai un sac à donner, avec des médicaments et des vêtements.

C'est une tradition, à l'OCLCH : les enquêteurs profitent de leurs déplacements au Rwanda pour rapporter des affaires et en faire don en général à la mère supérieure des monastères.

Une heure plus tard, le véhicule pénètre sous un porche. En arc de cercle, je peux lire en lettres bleues « Ermitage Saint-André ». En surplomb, adossé à la montagne, le couvent. Il offre une vue magnifique sur le lac Kivu.

C'est l'un des grands lacs d'Afrique, situé entre la République démocratique du Congo et le Rwanda. Mais connu aussi pour être un déversoir de cadavres pendant le génocide, comme la Drina en Bosnie-Herzégovine…

L'eau qui purifie qui ? Les corps ou les tueurs ?

La réception est sobrement décorée. Des tableaux typiques de l'art traditionnel rwandais ornent les murs. Des spirales, des carrés, des rectangles noir et blanc répartis sur des murs bleu clair. Une hôtesse souriante nous accueille, vite rejointe par sœur Indulgence, une petite femme nerveuse, vêtue de bleu ciel. Elle nous remercie de l'attention, prend le sac de vêtements et de médicaments et nous plante là.

14 heures – Gisenyi, palais de justice

La bâtisse aux murs rose foncé est construite en L. Je passe sous le porche où trône un magnifique bougainvillier mauve. Une vingtaine de personnes, tous âges confondus, attendent assis nonchalamment. La chaleur est bien présente malgré la saison des pluies. Je suis le seul Blanc. Ils m'observent tous avec attention sous le contrôle de cinq policiers et militaires armés de kalachnikovs. En allant vers le bureau d'audition, je reçois un SMS de Trendy Proc : « Transmission des procès gacaca validée par le PG. Cela va nous être utile dans Père Pépère. » Dans le couloir, je croise Agnès, du département Protection des victimes et des témoins (PVT).

— Bonjour, Agnès. Tout va bien ?

— Bonjour, Éric. Oui, tous vos témoins seront présents aujourd'hui. Grâce à vos précurseurs, le planning a pu être établi avec nos équipes du PVT réparties sur tout le territoire. Nous avons convoqué les témoins que vous nous avez demandés et fait sortir de prison le témoin qui a déjà été condamné par la gacaca et qui vous attend.

Mener à bien des enquêtes sur les crimes internationaux les plus graves suppose, comme dans toute enquête, de recueillir des preuves matérielles et d'entendre de nombreux témoins qui peuvent se trouver en France ou à l'étranger. Ces témoins peuvent incriminer l'auteur ou le disculper. Les noms de ces témoins ou victimes sont recueillis de multiples manières. Ils peuvent apparaître soit dans les différentes procédures déjà établies au Rwanda, soit à l'occasion de certaines auditions réalisées au fil de l'eau, ou transmis par les différentes parties telles que la défense par exemple.

Ainsi, en l'absence de tout indice probant ou en complément de ces preuves pour des faits qui remontent aux années 1990, la réussite d'une enquête repose donc sur la pertinence des auditions. C'est la raison pour laquelle nos enquêteurs ou enquêtrices ont été formés aux techniques dites PROGREAI pour « Processus général de recueil des entretiens, auditoires et interrogatoires ». Cette méthode élaborée au Canada par le criminologue Jacques Landry consiste à utiliser l'empathie en se mettant à la place du suspect ou du témoin pour comprendre son fonctionnement. L'audition devient un moyen privilégié d'établir un échange constructif et interagissant avec la personne. Toutefois, cela présuppose de mener en amont un travail d'investigation afin de déterminer et saisir le caractère, les intentions et les motivations inhérentes à la personnalité de l'individu, son code de valeur, lesquels vont éclairer les événements et son éventuelle implication.

— Vos enquêteurs sont dans cette pièce.

Agnès me montre du doigt un bureau dont la porte est flanquée de deux gardes armés. Je pousse la porte.

— *Mwaramutse*, bonjour à tous.

Élodie et Christophe se lèvent. Poignées de main. Il flotte une vieille odeur de transpiration malgré la fenêtre grande ouverte. Le bureau est rudimentaire, en bois.

Les murs sont vides. La peinture est sale. Un type en vêtement rose lève les yeux vers moi, la soixantaine, cheveux grisonnants. À sa droite, je reconnais Matthieu, l'interprète en kinyarwanda qui suit toujours la même équipe. Cela ralentit les débats, mais est indispensable à la qualité des auditions. L'homme était adjudant-chef sous les ordres de Lone Warrior, son capitaine. Il s'appelle Jean-Marie Vianney M. Son vêtement rose montre qu'il a été extrait de prison. Sa tenue de sortie, en quelque sorte.

— Alors ?

— L'audition vient juste de commencer. Vous arrivez au bon moment, me dit Christophe.

— OK, ne faites pas attention à moi.

Question d'Élodie.

— Monsieur M., on a presque fini avec votre curriculum vitae. On va en venir aux faits. Mais, avant, avez-vous déjà témoigné devant une juridiction ?

— Oui, j'ai témoigné devant le Tribunal pénal international pour le Rwanda en 2000, sur les faits concernant l'assassinat de K., un bourgmestre. Puis, j'ai été jugé devant la juridiction gacaca de mon secteur pour avoir participé au génocide, pour avoir incité la population à participer aux massacres. J'ai été condamné à perpétuité. Je suis en prison depuis décembre 1996.

— Quelle est votre ethnie ?

— Je suis hutu comme mes parents.

— Étiez-vous affilié à un parti politique ?

— Non, mais j'étais sympathisant du MRND.

Le Mouvement républicain national pour la démocratie était le parti hutu du président Juvénal Habyarimana.

— OK. Expliquez-nous votre rôle dans la compagnie de N.

— J'étais l'adjoint du capitaine Théogène M. J'étais sous ses ordres. C'est d'ailleurs sous ses ordres que j'ai commis ce que l'on me reproche.

Silence.

— Poursuivez !

— Après le 6 avril et l'attentat, il régnait une situation un peu confuse. Le capitaine a alors convoqué tous les chefs de secteur de la région pour une grande réunion chez le sous-préfet Faustin K., devant la sous-préfecture.

— Quel jour ?

— Le 13 avril, je crois. Le capitaine M. avait un haut-parleur. Il savait bien parler aux gens. Il a annoncé que les Tutsi avaient tué le Président, qu'il fallait tous les exterminer, piller leurs biens, brûler les maisons. Lors de la réunion, tout le monde a acquiescé.

— Combien étiez-vous, à cette réunion ?

— Environ une centaine.

— Qui était présent ?

— Des villageois qui avaient été convoqués, les Interahamwe, les gendarmes, les militaires, les conseillers du secteur, les bourgmestres. Le capitaine a expliqué qu'il fallait s'organiser rapidement, mettre en place des barrières sur tous les axes avant que les Tutsi nous tuent. Il a dit qu'elles seraient tenues par des villageois et des Interahamwe. Les gendarmes seront chargés du contrôle de la bonne tenue des barrières. Chaque personne doit être contrôlée et tuée s'il s'agit d'un Tutsi.

— Combien de barrières ont été dressées ?

— Environ quinze encerclant la zone sur des axes précis et privilégiés. Puis le capitaine a dit qu'il y avait des renseignements selon lesquels les cancrelats[1] s'étaient tous regroupés sur la colline de K., où il y avait la paroisse et la congrégation de la Mission du Sacré-Cœur de Jésus. Qu'ils s'étaient armés et voulaient reprendre Rubavu. Les chefs de secteur et les Interahamwe ont hurlé des slogans et des chants de mort. Cela a été repris par la foule.

1. Nom donné par les Hutu aux Tutsi afin de les déshumaniser.

— Et vous ?

— Moi aussi. Il fallait en finir une bonne fois pour toutes. On l'avait annoncé, c'était « la saison des machettes[1] », la grande explication, comme on disait. Le capitaine a alors dit qu'il allait employer les grands moyens. Que s'il le fallait, il prendrait le mortier de soixante millimètres pour commencer le travail de moisson et que, ensuite, on finirait le travail à la main avec des grenades. Il y avait d'après les renseignements trois mille cinq cents Tutsi barricadés là-haut. Ils étaient de plus en plus nombreux. Il y avait le risque qu'ils s'organisent, effectivement. Le capitaine a donné rendez-vous à la foule au même endroit le lendemain matin, après que les vaches sont sorties.

— C'est-à-dire ?

— Vers 9 heures.

— Ensuite ?

— Le lendemain, le 14, tout le monde est revenu avec des machettes, des outils des champs, etc.

— Combien étiez-vous ?

— Environ deux mille. Le capitaine a débarqué dans son Toyota bleu à double cabine. Il y avait sept Tutsi derrière, enchaînés, et le bourgmestre Didace K., du village voisin. Devant la foule, le capitaine a fait descendre les Tutsi et le bourgmestre. Je le connaissais bien, j'avais l'habitude de jouer aux cartes avec lui. Je connaissais deux des Tutsi, aussi. Tout le monde hurlait et chantait à mort. Le capitaine nous a ordonné, à nous, les militaires, de fusiller les Tutsi. On a donc tiré sur eux. Il a dit à la population : « Vous voyez, je vous donne l'exemple. »

— Les Tutsi n'ont rien dit ?

— Non, mais que pouvaient-ils faire ? Le capitaine a ensuite fait descendre le bourgmestre K. Il l'a poussé devant. Le bourgmestre lui a demandé comment il devait se placer.

1. Voir Jean Hatzfeld, *Une saison de machettes*, Le Seuil, 2003.

Le capitaine a répondu qu'il s'en moquait et il a tiré dessus. Puis nous sommes tous partis en direction de la colline pour faire le travail. Le capitaine m'a demandé d'encadrer la foule avec les Interahamwe et les gendarmes.

— Qui, en plus de vous, a été témoin du meurtre du bourgmestre ? Vous pouvez nous donner des noms ?

M. énumère une dizaine de noms de témoins, gendarmes et civils, que nous devrons rechercher pour compléter cette version des faits.

— Cela vous a pris combien de temps d'atteindre la colline ?

— Environ une heure de marche.

— Combien étiez-vous ?

— Le même nombre, deux mille. Sur place, le capitaine était déjà installé avec le mortier de 60 et les munitions. Il nous attendait avec les vingt militaires de la compagnie. Il nous a dit d'encercler la colline avec les Hutu. Quinze minutes plus tard, tout était prêt. Il a alors donné l'ordre de tirer au mortier une vingtaine d'obus. Ensuite, nous avons donné l'assaut. Il restait encore beaucoup de Tutsi debout. Les obus en avaient fauché un certain nombre.

— Combien ?

— Je ne sais pas. Une centaine. Ceux qui étaient en dehors de l'église.

— L'église n'avait pas été touchée ?

— Un peu.

— Poursuivez.

— Quand nous sommes arrivés en haut, il y avait du sang partout. Les Tutsi survivants essayaient de s'enfuir, mais nous avions encerclé la colline. Pour aller plus vite, on coupait les tendons des jambes et on revenait plus tard pour les achever. Les gendarmes et les militaires utilisaient des armes à feu, les Hutu des machettes, des gourdins avec des clous. Il fallait aller vite et s'occuper de ceux qui étaient dans l'église. Le capitaine nous a rejoints avec son 4 × 4.

Il roulait sur les corps pour s'amuser en klaxonnant et en hurlant. Puis il s'est garé devant l'église. Il est monté sur le capot de la voiture et a alors félicité tout le monde. Et il a dit : « Il reste encore beaucoup de travail avec tous ceux qui sont dans l'église. »

Silence.

— La porte était barricadée. On l'a poussée pour la faire sauter. Elle a vite cédé. Alors on est rentré en hurlant et en chantant. Et on a tué.

Silence.

— Combien de personnes ?

— Je ne sais pas. Trois mille environ.

— Avec quelles armes ?

— Toutes – armes à feu, machettes, gourdins.

Silence.

— Ensuite ?

— On a amené les cadavres dans la fosse.

— Dans la fosse ? Quelle fosse ?

— Il y avait un puits qui avait été creusé il y a longtemps, assez profond. Cinquante mètres au moins. On a épargné certains hommes tutsi, les plus vaillants. On les a fait se déshabiller. Chacun devait amener un cadavre. Et quand il avait jeté le corps dans la fosse, on le tuait d'un coup de couteau.

— Cela me semblait bien préparé, votre affaire. Qui a eu l'idée de la fosse ?

Silence.

— C'est moi. Le capitaine m'a d'ailleurs félicité pour cette idée. Je connaissais bien les prêtres de cette paroisse. C'étaient des Blancs. Il y avait des Rwandais aussi.

— Et ils étaient passés où ?

— On les avait prévenus la veille qu'une attaque était programmée.

— Ils sont partis ?

— Oui. Ils ont dit qu'ils devaient aller faire des achats.

— Ils sont encore vivants, ces prêtres ?

— Non, je ne crois pas.

— Et les Blancs ?

— L'un d'entre eux est revenu après le génocide et il est mort dans le village. Enfin, c'est ce que l'on m'a dit.

— Entendu. Et ensuite ?

— Ensuite, on a continué comme cela jusqu'à 16 heures et on est rentrés. On avait décidé de finir le travail le lendemain.

— Et qu'a fait le capitaine dans la journée ? Il est resté là ?

— Non. Il est revenu vers 16 heures pour vérifier et féliciter tout le monde. Il est arrivé avec son 4 × 4 en klaxonnant avec la musique à fond. Puis il en est descendu et est allé chercher à l'arrière du véhicule des bouteilles de bière qu'il a distribuées en guise de récompense. Il faisait chaud et nous avions soif après tant de travail.

Regards entre nous. Il poursuit :

— Ensuite, c'était le soir. On est partis. Le capitaine m'a demandé de revenir le lendemain avec cinquante hommes pour enterrer tout le monde. C'est ce que j'ai fait. Nous avons achevé les survivants, d'ailleurs. Ils ont rejoint les autres dans la fosse.

Silence. L'interprète en profite pour souffler. Je me dis qu'il a dû en entendre, des récits…

— Vous avez autre chose à déclarer à propos des faits de la colline de K. ?

— Non.

— Pouvez-vous nous donner des informations sur le massacre de la colline de M. ?

— J'en ai entendu parler en prison lors de la collecte d'informations pour un procès gacaca. Il y aurait eu cinq mille Tutsi tués. Le capitaine est à l'origine de ce massacre aussi. Les gendarmes avaient été appelés par le bourgmestre qui avait lui-même garanti aux Tutsi sa protection.

— Savez-vous où se trouve le capitaine actuellement ?

— Non, aucune idée. Il s'est enfui à Goma au Congo avant l'arrivée du FPR.

— Voici une planche photo avec plusieurs individus. Pouvez-vous nous indiquer où se trouve le capitaine M. ?

Christophe montre une feuille avec dix photos et dix numéros. L'ex-adjudant-chef M. saisit la feuille, observe les dix images.

— C'est le numéro six.

Je regarde où se positionne le doigt. C'est bien sûr le visage de Père Pépère…

— Vous êtes certain ?

— Oui, absolument.

Silence.

— Connaissez-vous le surnom de M. ?

— Oui, Lone Warrior.

— Pourquoi l'appelait-on ainsi ?

— Il se déplaçait toujours seul dans son 4 × 4 et surgissait à l'improviste, même avant le génocide. Il était célibataire, mais aimait bien les femmes, il ne s'en privait pas en qualité de capitaine.

— Connaissez-vous des personnes qui pourraient apporter des éléments supplémentaires sur les faits dont on vient de parler ?

M. nous cite encore une dizaine de noms d'individus qui sont en prison comme lui et qui ont participé au massacre de la colline de K. Ils devront être entendus afin d'étayer les premières déclarations de M. qui sont déjà très claires. Ces témoins seront plus tard convoqués en France puis acheminés depuis le Rwanda pour participer au procès devant la cour d'assises. Avec le choc culturel que cela comporte, pour les uns comme pour les autres…

— Avez-vous autre chose à déclarer ?

— Oui, j'espère que vous allez l'attraper pour qu'il paie, comme moi. Je n'ai fait qu'obéir aux ordres ! À ses ordres ! Moi, je suis en prison, et lui, il est dehors bien au chaud.

— Vous savez où il se trouve ?

— Non, on m'a dit qu'il était quelque part en Europe.

— Autre chose ?

— Oui. Je regrette ce que j'ai fait et je demande pardon aux Tutsi.

Christophe me signalera plus tard que c'était la première fois qu'il entendait un génocidaire demander pardon.

— Nous en avons fini. Vous pouvez retourner en prison. On va se revoir demain sur place pour une remise en situation.

Élodie appelle les gardes. M. se lève.

— Au revoir, monsieur M.

— Vous êtes gendarmes ? Je devais devenir gendarme avant le génocide.

Silence. Ne pas juger.

Il quitte la pièce. Dans le couloir, il croise une victime. Une de celles qu'il avait oublié d'éliminer. Pas un regard.

J'emboîte le pas derrière notre témoin. En l'observant s'éloigner, je songe à certaines notions de psychologie sociale que j'ai pu étudier par le passé, notamment la problématique de l'obéissance et de la conformité au groupe. Dans une expérience réalisée au début des années 1960, un chercheur du nom de Milgram[1] a voulu évaluer le degré de soumission d'un individu devant une autorité qu'il juge légitime, notamment quand l'ordre reçu est contraire à la morale. Ainsi, il fait convoquer des individus pour participer à une étude scientifique relative à l'efficacité de la punition sur la mémorisation des données. En gros, on leur demande d'appliquer des décharges électriques sur des élèves afin de vérifier leurs capacités d'apprentissage. Évidemment, celui qui recevait les décharges et celui qui les ordonnait étaient complices !

1. Stanley Milgram, *La Soumission à l'autorité*, Calmann-Lévy, 1994.

Les résultats, que Milgram avait qualifiés à l'époque d'« inquiétants », étaient les suivants : environ 25 personnes sur 40 avaient délivré à trois reprises des électrochocs de 450 volts soit le maximum. Constater à quel point des gens « ordinaires » sont dociles, et disposés à nuire gravement à autrui pourvu qu'une autorité paraissant légitime leur en donne l'ordre l'avait effaré. Pour la plupart des personnes, l'appartenance à une structure hiérarchique qui leur semble légitime semble annihiler le sens moral et le sentiment de responsabilité. Milgram explique que l'individu bascule d'un état d'« autonomie » en un état « agentique », ou agent de l'autorité.

Point important ! L'expérience qui a été tentée aussi dans d'autres pays, continents à cultures parfois très contrastées et à des périodes relativement différentes, a mis en exergue des résultats similaires. La soumission à l'autorité est un acte universel qui ne se démode pas[1].

L'autre expérience, celle publiée en 1957 par Salomon Asch, s'intéresse à un autre moteur de l'obéissance, le conformisme, et porte le nom d'« Effet Asch ». Le chercheur, directeur de recherches de Milgram d'ailleurs, invita un groupe de jeunes étudiants à participer à un prétendu test de vision. Évidemment, tous étaient complices de l'expérimentateur, sauf un, le sujet de l'expérience dont on allait tester les réactions au comportement des autres. Le participant était placé de façon qu'il soit le dernier à répondre aux questions posées. Deux images étaient présentées aux étudiants : une première avec une seule ligne, et une deuxième avec 3 lignes. Ils devaient indiquer laquelle des 3 lignes était de même longueur que la première. Les

1. L'expérience a été reconduite récemment en Pologne et cinquante ans plus tard les conclusions de Milgram sont toujours d'actualité. L'étude publiée en 2017 dans la revue *Social Psychological and Personality Science* montre que 72 des 80 participants ont accepté d'administrer à leur « victime » le niveau d'électrochoc le plus élevé.

bonnes réponses étaient faciles et évidentes à donner. Au début de l'expérience, les complices donnaient la bonne réponse, et les sujets de l'expérimentation donnaient aussi la bonne réponse dans plus de 99 % des cas. Dans le cas contraire, le taux de mauvaises réponses de la part des sujets test était d'environ 30 %. Ainsi, sans qu'il y ait de contrainte, de récompense ou de punition, les personnes ont une tendance à se « conformer » à une majorité bien qu'ils aient personnellement une opinion différente et attribuent parfois leur piètre performance à leur propre « mauvaise vue ».

Conclusion ?

Quand des personnes mal intentionnées arrivent au pouvoir et sont placées au plus haut niveau d'un État, elles peuvent assez facilement manipuler des personnes ordinaires pour les transformer en tueurs ordinaires en exploitant leurs fragilités.

Le génocide au Rwanda en est un des exemples les plus flagrants.

9

Le sang des morts

> « Pancrace : les hommes ne sont pas créés par Dieu de la même façon. Il y a les tueurs au bon cœur qui acceptent de se confesser. Il y a les tueurs au cœur dur qui nourrissent leur haine dans le silence. Ceux-là sont très dangereux car la foi ne ramollit pas leur caractère. Ils ne manquent aucune séance des emplois du temps religieux. Ils se lancent dans des prières et des cantiques à cœur joie, ils ne négligent aucune mimique religieuse comme les signes de croix. »
>
> Jean Hatzfeld, *Une saison de machettes*.

16 mars – Paroisse de K.

Nous avons décidé de remettre en situation la scène de crimes de masse autour de l'église et la paroisse. Le département Protection victimes et témoins a organisé à notre demande les convocations.

Agnès nous accueille avec Jacques, le correspondant local du PVT, ainsi que le policier du Rwanda Investigation Bureau, le FBI local, avec lequel nous allons travailler pendant la remise en situation.

Les huit témoins sont présents, dont un nouveau mis en cause. La recherche de témoins est un point capital pour notre contentieux. Dans certains cas, nous pouvons requérir l'aide de prestataires comme l'Association for the Study of War Crimes (ASWC), ONG spécialisée dans l'appel à témoins par le biais de Facebook et le traitement et analyse des témoignages. Le *crowd sourcing*[1] dont certaines ONG comme Bellingcat ou Eyewitness se sont faites spécialistes n'est pas non plus à écarter.

Pour l'occasion, le capitaine Bertrand R., chef de la division Afrique de l'Office, et Stéphanie nous ont rejoints.

L'église de la paroisse a été partiellement reconstruite à l'aide de briques réalisées localement dans des fours spéciaux. Elle est mitoyenne avec le Mémorial du génocide. Devant le bâtiment se trouve une grande esplanade en terre battue. Elle accueille de nombreux badauds, jeunes et moins jeunes, qui nous observent. Immobiles. Difficile de savoir ce qui se passe dans leurs têtes.

Nous franchissons le portail en fer de la paroisse, désormais ceinturée d'un mur de briques rouges. Il n'existait pas à l'époque des faits. À l'intérieur de l'enceinte, en plus de l'église, se trouvent plusieurs bâtiments, dont les bureaux, les logements de la communauté des prêtres, un garage, un jardin et un potager, un poulailler, une étable pour les chèvres et des immenses citernes d'eau. Au centre est planté un panneau où est inscrit : « Mission du Sacré-Cœur de Jésus » avec un cœur rouge sang délavé surmonté d'une croix.

Il règne un climat de paix et de silence. Un homme s'approche. Rwandais, un mètre quatre-vingt-cinq, assez costaud, la trentaine. Vêtu simplement, il nous accueille avec un large sourire.

— Bonjour à tous. Je suis le père Innocent. Soyez les bienvenus.

1. Ce terme peut être traduit par « externalisation ouverte » ou « production participative ».

Nous lui demandons de mettre à notre disposition deux bureaux pour les auditions. Il nous propose de s'installer dans la salle de repos des prêtres. Quelques fauteuils, une petite table centrale, un pot de fleurs en plastique jaune pétant. Un grand buffet occupe tout un pan de mur. Des photographies des prêtres européens et africains, sans doute décédés, trônent sur les étagères ainsi qu'une gravure avec des incrustations de photographies de bonnes sœurs : « Les Martyrs d'O. R. 1924 ».

Enfin, dans l'angle, la statue d'un Christ haute d'environ un mètre, nous observe, une main sur la poitrine et l'autre tendue vers le ciel.

Le capitaine R. doit entendre la première victime. Le recueil de la preuve testimoniale n'est pas sans difficulté d'autant que toutes les déclarations sont traduites par des interprètes qui doivent être choisis avec soin pour leur qualité et probité.

Plusieurs facteurs dont nous devons tenir compte peuvent jouer : la mémoire des témoins, qui peut avec le temps, leur faire défaut, notamment pour les témoins victimes de traumatismes qui peuvent parfois retranscrire la mémoire collective. Ensuite, il se peut qu'en raison de leur culture les témoins ne puissent pas être précis, amenant ainsi l'enquêteur à demander un maximum de précisions. De plus, certains témoins peuvent avoir à cœur de participer à la procédure judiciaire et satisfaire les enquêteurs en leur disant ce qu'ils pensent qu'ils ont envie d'entendre. Au surplus, les manipulations de témoins demeurant toujours possibles, l'enquêteur doit tout mettre en œuvre pour vérifier la probité et la crédibilité de ces derniers.

Enfin, dernier point et non des moindres, nous devons prendre en compte aussi l'existence d'éventuelles menaces sur les témoins. Dans ce cas, le procureur ou le juge d'instruction peuvent demander au juge des libertés et de la détention que le témoin soit anonyme[1].

Parfois, il est nécessaire de les protéger physiquement ainsi que leur famille. Outre l'anonymat dans la procédure que nous avons mentionnée, il est possible de demander des mesures de protection qui seront octroyées par la Commission nationale de protection et de réinsertion[2] et mises en œuvre par le service interministériel d'assistance technique (SIAT)[3].

Je suis dans le couloir quand Bertrand s'adresse à une femme assise sur un banc avec une bouteille d'eau.

À l'appel de son nom, Désirée se lève péniblement. Elle est l'une des rescapées de ce massacre encore vivante à ce jour. Séquelles de ses blessures ? Elle se tient les reins. Elle est assez grande, environ un mètre soixante-dix, vêtue d'une robe à motif marron. Elle porte des lunettes. La branche droite croise le début d'une cicatrice, que l'on distingue sur le côté du crâne, habilement masquée par une perruque. Son regard est vide, comme égaré.

Comme chaque fois, lorsque j'assiste à une audition, je me mets en retrait pour ne pas perturber l'audition et la mise en confiance.

1. Code de procédure pénale, article 706-68.

2. Elle a été créée par le décret n° 2014-346 du 17 mars 2014 relatif à la protection des personnes mentionnées à l'article 706-63-1 du Code de procédure pénale bénéficiant d'exemptions ou de réductions de peines. Initialement réservée aux criminels repentis, la loi n° 2016-731 du 3 juin 2016 renforçant la lutte contre le crime organisé, le terrorisme et leur financement, et améliorant l'efficacité et les garanties de la procédure pénale a élargi le dispositif de protection aux témoins en ajoutant un article 706-62-2 dans le Code de procédure pénale. Par la suite, le décret portant création de la commission a été modifié par le décret n° 2016-1674 du 5 décembre 2016 portant application de l'article 706-62-2 du Code de procédure pénale et modifiant le décret n° 2014-346 du 17 mars 2014 pour tenir compte de l'évolution législative et de l'élargissement des catégories de personnes susceptibles d'être protégées.

3. En application des articles 706-62-2 et 706-63-1 du Code de procédure pénale.

— Bonjour, madame Désirée S. Je suis Stéphanie. Voici le colonel Emeraux et le capitaine R. Nous sommes chargés de vous entendre sur les faits qui se sont déroulés sur la colline de K., le 9 avril 1994.

Désirée s'assoit en silence.

— Je vous présente aussi notre interprète, Matthieu. Voici une bouteille d'eau pour vous rafraîchir.

Désirée saisit la bouteille sans rien dire.

Stéphanie va gérer l'audition de la victime qui, dans ce genre de situation, est toujours un moment délicat. En qualité de rescapée, elle ne doit pas en être à son premier récit. Mais, cette fois, elle doit parler devant des Blancs…

Après la vérification d'identité, Stéphanie interroge Désirée, qui va livrer un long témoignage, de sa voix grave et lente. Moment éprouvant pour elle comme pour ceux qui l'écoutent.

— Je suis tutsi comme l'ensemble de ma famille et de mes parents. Nous avons toujours vécu à K. Je vis seule dans le village de K. J'ai cinquante-cinq ans. Je suis née en 1964. Mon père était bibliothécaire. J'avais trois sœurs. Nous formions une belle famille. Mon père était très aimant. J'étais la dernière. Ma sœur aînée est morte durant les massacres de 1959. Mon père et ma mère n'avaient pas pu sauver leurs trois filles. Malgré tout, mon père a toujours eu confiance en l'être humain. Nous étions entourés d'amis hutu et tutsi. Mon père et ma mère sont décédés de maladie en 1990. C'est heureux qu'ils n'aient pas assisté à ce désastre humain. Je me suis mariée avec Alphonse, un homme bon, enseignant comme moi. Il était très intelligent et cultivé. C'était un bon père. Nous avons eu deux enfants, Anne et Jean.

» J'étais enseignante. Lorsque nous faisions des études, nous les Tutsi, en cas de réussite, nous avions peu de possibilités : soit sœur, soit prêtre, soit enseignant. Je travaillais dans l'école de K.

» Le 6 avril 1994, à l'annonce de la mort du Président, et dans les jours qui ont suivi, des rumeurs ont couru que nous allions être tués à cause de cela. Nous ne savions pas quoi penser. La radio nous demandait de ne pas sortir de chez nous. On entendait le bourgmestre et les gendarmes dire : « Tuez-les tous. Prenez leurs parcelles, leurs vaches. Vous ne serez pas punis. » Alphonse est allé voir ses anciens collègues, ceux avec lesquels nous partagions des brochettes et des Primus, la bière locale, les week-ends. Mais il a trouvé porte close. Les Hutu modérés avaient peur. Il a demandé la protection à notre meilleur ami, Jean, le parrain de notre fils, mais il lui a tourné le dos. Le matin du 13 avril, mon mari est rentré à la maison, effrayé, en nage, et m'a dit que nous devions partir, et vite. J'ai refusé, les enfants étaient petits, sept et dix ans. Je gardais aussi les deux enfants de ma sœur partie en Ouganda pour le travail, un garçon et une fille du même âge que les miens. Alphonse m'a prise par les bras, m'a secouée et m'a ordonné de préparer le minimum. Je me suis résolue à le suivre. Lorsque nous sommes sortis de la maison, un attroupement de Hutu commençait à se former. Ils hurlaient à mort, brandissant machettes et gourdins. Nous avons décidé de nous enfuir par l'arrière du village. Ils ne nous ont pas vus.

» Nous avons fui à travers les maïs pendant une heure. Mon mari m'a dit que nous allions à la paroisse, comme lors des précédents massacres. En 1959, c'est ce qui nous avait sauvés, enfin sauf ma sœur que mon père avait dû abandonner. C'est alors que nous avons croisé d'autres Tutsi qui s'enfuyaient aussi. Ils allaient sur la colline de K., là où il y avait l'église et la paroisse. Nous pensions que nous serions protégés par…

Désirée s'interrompt. Silence. Dieu ? La statue du Christ m'observe.

— Nous avons couru ensemble pendant plusieurs heures, jusqu'à la nuit. Les enfants pleuraient. Nous faisions tout pour les faire taire. Le soir, nous sommes finalement arrivés à la paroisse. Il y avait deux prêtres, un Blanc et un Rwandais. Mon mari a organisé la défense du site. Il avait une machette comme d'autres. Nous étions finalement nombreux, au moins 3 500. Le soir, les prêtres nous ont dit qu'ils allaient chercher de la nourriture. Ils ne sont jamais revenus. Au matin, vers 10 heures, nous avons entendu des hurlements, en bas. Et des chants, ceux des Hutu Power : « On ne boit pas l'eau des Power sans avoir travaillé pour eux. » Puis nous les avons vus encercler la colline, ils étaient déchaînés. Les hommes avaient organisé la défense tout autour de la colline, les vieillards, femmes et enfants étaient dans l'église. Puis il y eut un silence, plus de cris, plus rien. Cela a duré cinq minutes. Nous commencions à nous rassurer quand un sifflement déchira le silence. Le premier obus tomba sur l'esplanade de l'église. Puis, immédiatement après, d'autres. Une pluie d'obus. Peut-être une dizaine. Quand j'ai levé la tête, un obus avait touché l'église et un pan de mur s'était écroulé sur des personnes.

Silence. Désirée poursuit, le regard dans le vide. Toujours la même voix grave.

— Ensuite, nous avons entendu des cris de terreur. Les Hutu montaient à l'assaut de la colline, avec les gendarmes. Les uns avec des grenades, des fusils, et les autres avec les machettes. Mon mari m'a rejointe pour nous défendre avec les enfants. Nous étions dans l'église, mais mon mari m'a dit de sortir par la porte sur le côté. Il nous a suivis après. Nous sommes allés nous cacher derrière le dortoir des prêtres, mon mari et mes enfants, Anne et Jean. J'avais laissé mes neveux Claude et Yvonne dans l'église.

» C'est alors que j'ai vu l'homme sur sa voiture 4 × 4 qui haranguait les troupes avec de la musique et en klaxonnant. C'était un militaire. Un haut gradé. Il était environ midi. Il criait qu'il fallait continuer le travail. Il a fait sortir les personnes de l'église en leur demandant de chanter en chœur un psaume pour le salut de leurs âmes. Les Tutsi sont sortis dans le calme en chantant. Alors, les Interahamwe et les villageois se sont précipités et ont coupé, taillé, tapé, tué tout le monde. Puis, certains se sont précipités vers l'arrière de l'église pour s'emparer des femmes. Ils les ont violées, frappées, embrochées avec des pics avant de les couper. Je les ai vus de ma cachette. Ils coupaient les seins, leur mettaient des bouteilles cassées dans le sexe, les éventraient. Elles hurlaient. Alors Anne et Jean ont commencé à hurler. Nous avons été repérés par une dizaine d'Interahamwe. Alphonse a essayé de nous défendre, mais il a pris un coup sur la tête.

Silence.

— Ils ont donné des grands coups de machette sur les enfants, coupant les membres, les têtes. Moi, j'ai pris un coup sur la tête, j'ai hurlé et je me suis évanouie.

Silence.

— Quand je me suis réveillée, j'étais dans les bras de mon mari qui m'a fait signe de me taire. Il marchait avec d'autres Tutsi, nus, qui portaient des corps. Des villageois tiraient les cadavres au sol par les pieds. Jusqu'au moment où les Interahamwe ont hurlé de jeter les cadavres dans un grand trou. Mon mari a refusé. Il a pris un coup de couteau dans le dos et nous sommes tombés ensemble.

Silence.

— La chute a été longue. Beaucoup de corps étaient déjà présents dans le trou. Et des vivants aussi. Mon mari a amorti ma chute. Il n'est pas mort sur le coup. Un autre Tutsi, au fond du trou, m'a vue et nous a tirés sur le côté car les cadavres pleuvaient. Chaque fois, il fallait grimper sur les corps. Et puis, après un long moment, cela s'est arrêté. Plus de sons. Et puis la nuit est tombée. Le noir. Seuls les gémissements rompaient le silence. On apercevait seulement le haut du trou et quelques étoiles. Nous étions sur des milliers de morts, vivants, mais morts à l'intérieur. Mon mari gémissait et j'essayais de le maintenir en vie. Il a succombé le lendemain. Il perdait trop de sang.

— Pendant combien de temps êtes-vous restés dans le trou ?

— Cinq jours.

— Comment avez-vous fait pour survivre ?

— Il y avait un peu d'eau qui tombait de temps à autre car c'était la saison des pluies.

Silence.

Désirée reprend à voix basse :

— Et nous avons bu le sang des morts.

Je crois bien avoir vu le Christ dans l'angle de la pièce écarquiller les yeux. Mais, non… Il est resté de marbre.

Nous avons pris un petit temps d'arrêt pour appréhender la situation.

— Mais alors comment avez-vous fait pour vous extraire de la fosse ?

— C'est une famille hutu qui est venue nous sauver. Ils étaient trois. Un homme a jeté une corde. Ceux qui étaient encore en vie, une dizaine de personnes, dont moi, se sont accrochés à la corde et ils nous ont sortis comme cela.

» Plus tard, j'ai appris que cette famille hutu avait été tuée, car quelqu'un les avait dénoncés.

» Après avoir été sortie du trou, je suis tombée, à bout de forces. À mon réveil, je n'ai pas bougé. Je croyais que j'étais morte, au ciel. Mais j'avais mal. J'avais la tête coupée en deux. Je pensais à mes enfants et à mon mari. Il était si bon, vous savez. Un homme très tendre, très doux. Il a tout fait pour nous protéger. Je voulais mourir, mais le ciel en a décidé autrement. J'ai attendu la nuit et je me suis enfuie.

Silence.

— Je vis seule maintenant. C'est Dieu qui l'a voulu ainsi.

Désirée réajuste ses lunettes.

— Je me mets à penser à Dieu. Il devait cligner des yeux, il n'a donc pas pu voir… Il a cligné longtemps, quand même…

» J'ai erré. Je me cachais le jour, dans les bananeraies, dans les maisons abandonnées. J'avais soif, très soif, mais je ne pouvais pas demander de l'eau. Je suis partie vers le Zaïre. En chemin, j'ai retrouvé d'autres Tutsi qui s'enfuyaient aussi. On s'entraidait. Nous étions sales, humiliés, faibles. Trouver de l'eau et de la nourriture était un vrai défi. Mais le plus dur, c'était la peur. Celle de mourir.

» J'avais mis un bandeau sur ma blessure. Cela a mis beaucoup de temps à guérir. J'ai été soignée quand je suis arrivée au Zaïre, par des médecins militaires français.

Je demande à Désirée si elle reconnaît, parmi les photographies que je lui tends, celui qu'elle désigne comme « le capitaine », le gendarme qui a dirigé l'attaque. Désirée observe et montre la photographie numéro six. Lone Warrior.

— C'est lui. Il était passé au village avant pour se montrer dans son 4 × 4. Il avait montré ses muscles. Il était très cruel. Il aimait bien les femmes tutsi. Cela se voyait dans ses yeux.

— Avez-vous quelque chose d'autre à déclarer ?

— Oui. Pourquoi posez-vous toutes ces questions, vous les *muzungu*[1] ?

— Parce que nous enquêtons sur cet homme.

— Vous, les Français ?

— Oui. Pourquoi ? Cela vous surprend ?

— Oui. (Silence.) Je pensais que vous ne reviendriez plus ici. Enfin, vous et tous les autres qui ont laissé faire. Ce génocide, vous auriez pu l'arrêter, non ?!

Silence.

1. Les « Blancs », en kinyarwanda.

— Quelle est votre activité ?

— J'ai été formée à enseigner les humanités, enseignement que, finalement, j'ai délivré à des inhumains qui m'ont fait tout perdre. Je n'ai toujours pas compris pourquoi les Hutu nous en voulaient tant, soi-disant que nous étions plus fins, plus longs. Les hommes politiques sont responsables de tout cela, comme dans le reste du monde. Et cela ne s'arrêtera jamais.

Silence.

— Je dois vivre pour Alphonse. Il m'a dit avant de mourir : « Ne meurs pas pour moi. Vis pour moi. » J'ai promis. Nous étions quasiment de la même colline. Nous nous sommes connus dès l'enfance et nous nous sommes aimés immédiatement. Très vite, nous avons décidé de faire le même métier. Enseigner. Élever les âmes était notre vocation. Je vivais au milieu de sa famille. Nous étions heureux. Dès que la nuit tombe, je me retourne et je les vois, ils sont tous là. Je nous vois, Jean, Anne et Alphonse et moi, jouer, rire, crier. Je revois Alphonse me prendre tendrement dans ses bras jusqu'à ce que le sommeil m'emporte et finisse par avoir raison de mon esprit. Mais, très vite, les morts reviennent et dansent la farandole mortuaire, découpés, en morceaux, les femmes écartelées, éventrées, violées, ce militaire qui roule sur les corps avec son 4 × 4 et la musique, les hurlements, les rires des Hutu. Puis le jour revient. Chaque pas, chaque mouvement résonne dans le vide.

Silence.

— Alors je me rends à la fosse et je parle à Alphonse. Puis je vais à l'église et je prie, chaque jour. Je n'ai plus peur de rencontrer ceux qui nous ont fait du mal. J'ai réussi à pardonner, à me pardonner d'être vivante. Vous savez, le pardon est double. Il est la seule façon de surmonter. Et je chante. Le chant me fait du bien. La prière aussi. J'ai cru que Dieu nous avait abandonnés, mais je l'ai retrouvé et il m'a acceptée à bras ouverts.

Silence.

Les victimes sont les vraies héroïnes, un hymne à la vie.

— Merci, Désirée. Acceptez-vous de nous conduire à la fosse ?

Désirée se lève, là encore douloureusement. Elle quitte la pièce en silence, sorte de fantôme, une vie en sursis. Nous nous regardons tous.

— Suivez-moi.

Désirée prend la direction du mémorial. Nous lui demandons de bien vouloir se prêter au jeu des prises de vues pour matérialiser les faits. Nous prenons aussi les métrages au sol avec un télémètre laser et une balise GPS. Nous reviendrons plus tard avec un drone afin d'obtenir une vue globale de la scène et permettre ainsi aux jurés futurs d'avoir une vue précise de la situation. Quand nous arrivons au mémorial, le gardien nous ouvre la porte principale. Au centre de l'espace clôturé se trouve une verrière blanche d'environ quatre mètres de haut. Désirée se rend à la verrière, ouvre la porte et nous montre un trou béant, noir.

Je me penche sur la barrière de protection et regarde ce trou. Le trou noir avaleur. Je ne sais que penser, en fait. C'est tellement irréel et pourtant bien là.

Le gardien me sort de mes pensées.

— Le trou fait cinquante mètres de profondeur. Il y a trois mille personnes au fond de cette fosse.

Autour de nous, il y a aussi deux énormes plaques tombales de vingt mètres sur cinq.

— Et là ?

— À cet endroit, il y a quinze mille personnes à peu près. Tous ceux qui ont été tués dans les environs.

Silence. Personne n'ose le rompre. Désirée est en prière.

C'est le gardien qui finalement brisera la solennité du moment.

De retour à la paroisse, je remercie Désirée de son aide précieuse, tout en la priant de nous excuser de lui avoir fait revivre cette scène, indispensable malgré tout à la manifestation de la vérité.

— Désirée, il est possible que nous vous fassions venir à Paris pour témoigner lors du procès de Théogène M. C'est ainsi dans notre procédure. Il sera jugé dans une cour d'assises à Paris, et vous serez convoquée pour venir témoigner.

— Quand ?

— Difficile à dire, cela dépend de beaucoup de paramètres, avec les procédures d'appel, etc., mais cela prend du temps. Disons dans cinq ans.

— Ah ! Ce n'est pas dans une poussière de minutes… J'espère que je serai encore vivante alors.

Silence.

— Je l'espère aussi, Désirée. Car nous aimerions bien vous revoir. *Murakoze*[1].

Désirée nous quitte d'un pas lent, voûtée, se tenant le dos.

Difficile de savoir comment un être humain peut surmonter des épreuves pareilles, tant qu'on ne les a pas vécues. On ne peut faire qu'écouter, transcrire, acter. C'est notre rôle. Prendre une photographie de la situation la plus précise possible et la transmettre aux magistrats pour la suite du processus.

Nous saluons une dernière fois Désirée.

J'appelle Trendy Proc.

Répondeur.

— Je crois que c'est bon. Père Pépère est un peu habillé, là. On va te faxer les auditions et la remise en situation à Kigali.

Avant de partir, je vais jeter un œil dans l'église. Elle est vaste et silencieuse. Un silence profond. La lumière jaillit des vitraux multicolores pour éclairer son centre. Son ventre, meurtri, qui a accouché du pire. Quelques grandes images célébrant les « Martyrs d'O., R. 1924 ». Une chapelle leur

1. « Merci », en kinyarwanda.

est dédiée. Pas un mot pour les Rwandais assassinés sauvagement… Silence coupable? Sur les murs de l'église, le calvaire du Christ, les étapes. Pas d'étapes pour les Tutsi.

J'entends des pas. Le père Innocent s'approche.

— Alors, mon colonel, on prie?

— Non, je réfléchis. Une question. Pourquoi parler des martyrs d'O. qui sont loin, et pas des martyrs d'ici?

Le père Innocent se tait. Puis esquive.

— Ah, vous savez, je fais ce que l'on me dit de faire, c'est comme cela, ici. Nous sommes obéissants.

Le concept du : «Ce qui n'est pas interdit est obligatoire!»

J'abrège…

— Merci en tout cas pour la mise à disposition de vos locaux.

Quelques minutes plus tard, une averse violente nettoie et rafraîchit l'atmosphère. Le lac perd sa superbe et sa sérénité. De violentes gouttes frappent la surface, brouillant le miroir reflétant le ciel.

La soirée sera consacrée à un bon repas en compagnie de l'équipe, au bord du lac, rythmée par un orchestre congolais bien déjanté et alcoolisé. On boira un peu de *urwagwa*, le vin de banane, et de la bière de sorgho, *ikigaga amasaka*. Le chanteur du groupe entonnera avec une voix grave similaire à celle de Rag'n'Bone Man :

Some people got the real problems.
Some people out of luck.
Some people think I can solve them.
Lord heavens above.
I'm only human after all.
I'm only human after all.
Don't put the blame on me.
Don't put the blame on me.

La nuit qui suivit fut compliquée. Un tremblement de terre me réveilla en sursaut. Je ne savais plus où je me trouvais. Tout se mélangeait. Rêves, cauchemars, cadavres, fosse, trou noir, le lac Kiwu qui explose. Sueurs froides.

Bon… cela va passer.

Mais cela ne passe pas.

J'attendrai ainsi le réveil de la nature autour de moi.

Au matin, je retrouve Vincent pour traverser le pays. Je salue le capitaine Bertrand R. et son équipe, Élodie et Christophe. Ils passeront le reste de la semaine à entendre d'autres témoins, auteurs ou simples témoins qui corroboreront tous l'implication du capitaine Théogène M. dans le génocide rwandais.

En ce qui me concerne, impossible de le quitter sans faire une halte au Mémorial du génocide de Kigali.

10

La mécanique

«Les Bahutu sont en général petits, trapus, ont une grosse tête, la figure joviale, le nez légèrement épaté, les lèvres énormes. Ils sont expansifs, bruyants, rieurs et simples. Le Mututsi de bonne race n'a, à part la couleur, rien de nègre. Ses traits, dans la jeunesse, sont d'une grande pureté : front droit aquilin, lèvres fines s'ouvrant sur des dents éblouissantes.»

Ministère des Colonies,
rapport de l'Administration belge
du Rwanda-Urundi, 1925.

18 mars – Mémorial du génocide de Kigali

Voix *off* – «En juillet 2016, Netanyanou, à l'occasion de sa visite du Mémorial, déclara : «Mon peuple connaît également la douleur d'un génocide. C'est un lien unique, même si c'est un lien qu'aucun de nos peuples ne souhaite avoir.»

Dieudonné, le chef du département Protection des victimes et témoins, marche à mes côtés dans les couloirs du Mémorial où s'enchaînent histoire du Rwanda, génocides et génocides, taches sombres éclatées sur le globe.

— Voyez-vous, tout commence à la fin du XIXe siècle, avec la colonisation. Les Allemands arrivent les premiers.

À cette époque, ils découvrent une société centralisée autour d'un roi, *mwawi* Musinga et trois ethnies, les Tutsi, les Hutu et les Twa qui sont les Pygmées, moins nombreux. Les guerres qui secouaient le Rwanda étaient plutôt le fait de groupes qui se disputaient des territoires. À cette époque, le mot « race » n'existait pas dans le vocabulaire des Rwandais, ni dans leur cœur. Ce sont les premiers colons, d'abord les Allemands puis les Belges qui, à partir de 1916, importèrent le concept de la race supérieure tutsi, une idée selon laquelle ces « nègres blancs » provenaient de la Corne de l'Afrique et étaient d'essence supérieure.

» Les Belges ont donc donné à ce clivage social une dimension raciale qui les arrangeait bien, car ils s'appuyaient sur les Tutsi pour contrôler le pays. Dans les années 1950 commence le processus de décolonisation. Et quand les Tutsi commencent à vouloir s'émanciper, les Belges contrebalancent le mouvement en promouvant les Hutu. En 1959, les Hutu vont jouer sur la loi du plus grand nombre et renverser la monarchie. Le virus raciste et haineux est déjà bien inoculé dans l'esprit des Hutu.

» Les premiers affrontements ethniques éclatent en 1959. De nombreux Tutsi s'exilent dans tous les pays limitrophes, Burundi, Tanzanie, Zaïre et Ouganda. Ils n'auront de cesse que de vouloir revenir au Rwanda. En 1962, c'est l'indépendance, et en 1973, en juillet, Juvénal Habyarimana, un Hutu, renverse le Président et conduit le pays d'une main de fer. Mais le pays ne se porte pas bien, et, dans les années 1980, il subit une grave crise économique. En 1990, on estime à 340 000 le nombre de réfugiés répartis entre le Burundi et l'Ouganda. Les Tutsi, notamment ceux exilés en Ouganda, décident de prendre les armes pour rentrer au pays. C'est ainsi que, en octobre 1990, le Front patriotique rwandais pénètre dans le pays. Mais, sur demande de Habyarimana, ils sont bloqués par les armées belge, française et zaïroise. La véritable guerre raciale ne fait que commencer. Les Tutsi qui vivent au Rwanda sont désignés comme les ennemis de l'intérieur. Mais, dans le même temps, Habyarimana fait face à une opposition politique au sein même du pays qui l'oblige à s'ouvrir au multipartisme. En 1992, des négociations s'ouvrent à Arusha, en Tanzanie, entre le président Habyarimana et le FPR de Paul Kagame, à la demande pressante de la communauté internationale, et notamment la France.

» Mais l'accord obtenu est loin de faire l'unanimité, et une ligne de fracture se crée entre les partisans de la cohabitation et les farouches adversaires du FPR. Habyarimana se présente alors comme le défenseur de la race hutu et joue un double jeu. Ainsi, il organise des structures civiles d'autodéfense, notamment dans le nord du pays, et les forme au maniement des armes. Ces milices armées ont un nom maintenant tristement célèbre, les Interahamwe, ce qui signifie «ceux qui travaillent ensemble». Ils embrigadent ainsi de plus en plus de jeunes qui deviennent des escadrons de la mort terrorisant les Tutsi. Émerge alors en parallèle le mouvement Hutu Power, faction radicale des Hutu. En 1992 commencent les premiers massacres, notamment dans le Bugesera avec le soutien des gendarmes et des militaires. Personne ne sera condamné pour ces actes. La culture de l'impunité se développe et préfigure le génocide de 1994. Un galop d'essai, en quelque sorte.

Silence. Les images de corps meurtris sont accrochées aux murs, et nous poursuivons notre marche dans les couloirs. Le secteur du mémorial est maintenant consacré aux discours tenus par les autorités.

Dieudonné reprend :

— La propagande hutu joue un rôle important dans le processus. Les autorités colportent le message selon lequel les Tutsi préparent un génocide contre les Hutu et qu'il faut s'y préparer. Il prendra du sens en 1993, une année charnière, lors de l'assassinat du président du Burundi, Melchior Ndadaye, un Hutu, par des Tutsi. Du pain béni pour les Hutu Power, dont le slogan sera : « Tuer pour ne pas être tué ». Les Hutu modérés sont évincés progressivement. Le message est véhiculé par les médias, notamment la radio. Plus tard, début 1994, ce sont même les listes de Tutsi et de leurs lieux de vie qui seront transmises par cette voie, notamment la fameuse Radio des Milles Collines.

» Les journaux et les radios ont joué un rôle non négligeable dans le conditionnement des masses en vue du pire. Les concepteurs de cette mécanique bien huilée, les politiques, ont expliqué au peuple que l'ennemi était présent autour des murailles qu'ils avaient construites pour soi-disant le protéger. Puis, ils annoncèrent que, finalement, il avait réussi à s'infiltrer, qu'il était maintenant à l'intérieur, parmi nous, à côté de chez vous. Ils habillèrent cette idéologie de considérations historiques, qu'ils ont travesties d'ailleurs pour obtenir l'effet escompté. Ces manipulations se nichent aussi dans le lexique. Pour les nazis, les juifs ne sont plus considérés comme des êtres humains. C'est le même principe qui sera utilisé au Rwanda. On déshumanise, on chosifie. Il est plus facile de tuer celui qui n'est plus un être humain. Les Tutsi sont devenus des *Inyenzi*, ce qui signifie en kinyarwanda, la langue du pays, « cancrelat ou cafard », pour renforcer le dégoût et manipuler les esprits. On dira même qu'il faut « arracher les racines[1] », ce qui signifie de tuer les bébés. L'utilisation d'un langage lié au travail rural a permis de faire comprendre au peuple immédiatement ce que l'on attendait de lui. Par exemple, on disait *umuganda* pour le travail collectif, soit aller massacrer le Tutsi. « Défricher » signifiait aller couper le Tutsi en

1. Damien Vandermeersch, *Comment devient-on génocidaire ? Et si nous étions tous coupables de massacrer nos voisins* (en collaboration avec Marc Schmitz), éditions GRIP, 2013.

morceaux, etc. Ce vocabulaire visait clairement aussi à banaliser les choses, comme si cela était normal et le devoir de tout un chacun. Dans un pays largement analphabète, ce lexique véhiculé par la radio, seul moyen de communication, considéré comme légitime car relevant de l'autorité, aura un impact essentiel. Cela sera la parole de Dieu.

» La propagande fonctionne tellement bien que Habyarimana, avec ce mouvement Hutu Power, a créé une sorte de Frankenstein qui commence à se retourner contre lui. Il n'hésite plus à le menacer directement. L'un de ses proches, le colonel Bagosora, a réussi à noyauter les forces armées et politiques. Il fait distribuer les armes et importe des volumes importants de machettes dans le pays, de l'ordre de 550 000 pièces. On peut dire que l'année 1993 sera celle de la préparation et un vrai tournant, avec l'envoi de la Minuar, la force de paix déployée par l'ONU.

» Elle est commandée par le général Dallaire, qui comprend vite le problème et alerte l'ONU sur la situation explosive qui règne dans le pays. À l'ONU, les rapports qui annoncent la catastrophe ne sont pas pris au sérieux. Pire, d'après certains témoignages, on interdit même aux forces déployées de faire leur travail et finalement d'empêcher ce qui était en préparation.

J'interromps Dieudonné.

— Oui, j'ai vu qu'en Bosnie ce fut le même scénario. Rappelez-vous Srebrenica : « Vous ripostez mais sans tirer. »

— Début avril 1994, la mécanique est en place. Le 3, la Radio des Mille Collines délivre un message un peu étonnant : « Il va se passer un petit quelque chose, ces jours-ci, qui se poursuivra les jours suivants.[1] » Et, comme un fait exprès, le 6, l'avion du président Habyarimana est abattu alors qu'il rentre de Tanzanie par deux missiles SAM-16.

1. *« Tuez-les tous ! » (Rwanda : histoire d'un génocide « sans importance »)*, documentaire de Raphaël Glucksmann, David Hazan, Pierre Mezerette, 2004.

Le soir même, Bagosora prend le pouvoir dans l'ombre et élimine ceux qui peuvent être un obstacle, les Hutu modérés, notamment la Première ministre, ainsi que les militaires belges qui en assurent la sécurité. Un gouvernement fantoche est désigné, et Bagosora peut s'appuyer dorénavant sur l'armée, l'administration, les Interahamwe, et la Radio des Milles Collines pour mettre à exécution son sinistre dessein. Des barrières sont dressées partout dans le pays. Les cartes d'identité sont demandées systématiquement. L'Administration belge ayant à l'époque notifié l'ethnie sur la carte d'identité, chaque Tutsi est éliminé et jeté dans le fossé. Tout cela sous le regard de la communauté internationale, qui, selon le grand principe de non-ingérence, finit par ne rien faire et évacuer les siens. La mort est partout, par milliers. En trois mois, un million.

Silence.

La simple décision administrative d'inscrire une ethnie sur une carte d'identité aura provoqué des milliers de morts !

Nous continuons lentement notre progression, quand j'aperçois sur un écran le visage de Dieudonné. Il est en pleurs sur cette vidéo. Il explique les conditions dans lesquelles il a vu ses parents se faire assassiner à Kigali.

Je garde le silence. Dieudonné m'observe. Je comprends mieux son rôle dans le département PVT.

Nous sommes dorénavant devant des photographies de casques bleus qui découpent leurs bérets bleus.

— Le 21 avril, le Conseil de sécurité des Nations unies vote le retrait de 90 % des effectifs de la MINUAR, ambiance « Courage, fuyons et laissons ces sauvages s'étriper entre eux ». C'est la formule du colonel Marchal, le numéro 2 de la MINUAR. Les Français aussi abandonnent les Tutsi. Les Américains, eux, jouent la carte du FPR anglophone contre les Hutu francophones, afin de contrer les Européens. Le FPR décide d'envahir le pays et ne trouve que peu de résistance. En effet, les troupes armées Hutu sont concentrées sur le génocide. Pendant ce temps, à New York, l'ONU cherche ses mots... On parle de crise humanitaire, de guerre civile et de massacres interethniques. On tourne pudiquement autour du mot génocide, et des maux qui frappent alors cette terre... Pendant ce temps, les gens meurent.

Nous sommes arrêtés devant une photographie montrant Mitterrand serrant la main de Habyarimana. Silence de ma part. Je songe à Marie-Christine, fille d'un parlementaire de gauche, fervente socialiste, qui m'avoua avoir pleuré devant cette photographie.

Dieudonné poursuit.

— La France a choisi le mauvais cheval. Elle a soutenu un régime raciste, entraîné et équipé son armée. Elle aurait pu laisser faire et rester à l'écart, ou soutenir le FPR anglophone ; elle a choisi Habyarimana et son génocide. D'ailleurs, quand Paris demande le déclenchement d'une opération humanitaire, l'opération Turquoise en juillet 1994, réalisée à l'est de l'actuelle République démocratique du Congo, depuis Goma et Cyangugu, sur le lac Kivu, on peut largement penser qu'elle visait à bloquer le FPR... Et Paris en profite pour évacuer les génocidaires... Étonnant, non, pour le pays des droits de l'homme. Et que dire de Bisesero ?

Silence.

Je ne réponds rien, l'enquête est en cours. Mais une ombre plane sur ce mémorial. Celle du rôle de la France. Comme sur celui de Murambi, d'ailleurs, dans le sud du pays, près de Butare. À cet endroit, les morts sont figés dans l'éternité, dans la chaux, comme à Pompéi, allongés sur des lits en bois. La France – et son rôle – y est sérieusement épinglée. Toutefois, le discours du guide affecté à la visite ne m'avait pas franchement convaincu quant aux éléments de preuves qu'il était en mesure d'apporter pour appuyer ses accusations.

En revanche, alors que, de retour à Kigali, je m'interrogeais sur les raisons qui avaient poussé les Rwandais à ne pas enterrer leurs morts, Charles, celui qui fut le dernier des Tutsi de son village[1], m'expliqua que cette décision avait été prise pour éviter tout révisionnisme dans le futur.

Les morts parlent mieux hors de terre que sous terre.

La dernière salle retrace la succession de génocides dans l'histoire de l'humanité. Bosnie-Herzégovine, Shoah, Arménie, Namibie et les Héréros. Il manque les plus récents…

Nous sortons du bâtiment et marchons parmi les allées de gravier, fleuries de roses, et les tombes. Le silence et le recueillement sont de mise. Seuls les oiseaux s'arrogent le droit de briser la sérénité du lieu. Quelques nuages voilent le soleil, grisant le mémorial.

Dieudonné me montre les tombes.

— Mes parents sont peut-être là. Ou là. Deux cent cinquante mille personnes sont enterrées dans ce mémorial. Les cadavres ont été apportés de tous les coins de la capitale, après qu'ils ont été laissés dans la rue ou jetés dans la rivière.

Il est temps de rentrer.

---

1. Charles Habonimana, *Moi, le dernier Tutsi*, Plon, 2019.

11

La fuite

« Face au danger, le poltron s'enfuit,
les lâches se cachent,
et les braves l'affrontent. »

Louis-Philippe de Ségur,
La Lâcheté (1816)

8 avril 2019 – Paris, locaux de l'OCLCH

C'est le temps de la commémoration au Rwanda, le vingt-cinquième anniversaire, l'occasion en France de s'interroger sur notre rôle dans cette atroce affaire.

Le communiqué de l'Élysée est tombé le 6 avril : « Dans le contexte de la vingt-cinquième commémoration du génocide contre les Tutsi au Rwanda, le président de la République a reçu ce jour des rescapés du génocide et des membres de l'association Ibuka (« Souviens-toi »). Il leur a témoigné sa profonde solidarité dans ce moment de deuil et de recueillement en mémoire des victimes d'une des pires atrocités du XXe siècle. Il a rendu hommage à la force de leur témoignage et à leurs efforts pour transmettre aux jeunes générations la mémoire du génocide des Tutsi.

» En cohérence avec les engagements qu'il avait pris lors de la visite du président Kagame à Paris le 24 mai 2018, le président de la République a annoncé la mise en place d'une commission d'historiens et de chercheurs chargés de mener un travail de fond centré sur l'étude de toutes les archives françaises concernant le Rwanda entre 1990 et 1994. Cette commission, qui rassemblera huit chercheurs et historiens, sous l'égide du professeur Vincent Duclert, aura pour mission de consulter l'ensemble des fonds d'archives français relatifs au génocide, sur la période 1990-1994, afin d'analyser le rôle et l'engagement de la France durant cette période et de contribuer à une meilleure compréhension et connaissance du génocide des Tutsi. Ce travail aura notamment vocation à aider à constituer la matière historique nécessaire à l'enseignement de ce génocide en France. Cette commission devra remettre son rapport dans un délai de deux ans, avec une note intermédiaire au bout d'un an. »

À suivre ! Le fait est qu'il va falloir faire la lumière définitivement sur les zones d'ombre, le rôle de chacun. Et tant pis si cela fait mal. Sortir enfin de décennies de doute et de suspicion.

Je stoppe le podcast « Géopolitique » de France Inter et gravis les quatre étages de Bastion XIV. Nos bureaux se situent dans cette austère bâtisse, vestige des fortifications de l'enceinte de Thiers créée entre 1841 et 1844. La cage d'escalier est sérieusement décrépie, à la hauteur des budgets alloués…

Une réunion de coordination est programmée en vue de l'interpellation de Théogène M. Je traverse les couloirs ornés de grands posters où s'alignent sur les murs auteurs et victimes de la barbarie du passé comme de la sauvagerie du présent. Hommes armés de machettes, barbelés, femmes couchées sur leur enfant, visages tuméfiés : ces images rappellent le sens de notre action.

Nous allons passer en phase d'interpellation.

Comme tous les matins, les enquêteurs discutent dans une odeur de café. Ambiance de groupe, typique de la police judiciaire. Les personnels du groupe d'observation de Lyon sont présents, ainsi que la section de recherches de Chambéry, notamment notre référent Crimes contre l'humanité.

Tous ont répondu présent. Notre contentieux est tellement particulier que, finalement, l'interpellation d'un présumé génocidaire suscite l'intérêt de mes collègues. Surtout, cela les change de leurs réseaux de stupéfiants habituels. Je dois préciser que, en effet, compte tenu de l'augmentation exponentielle de nos dossiers, soit plus d'une centaine, répartis sur l'ensemble du territoire, j'ai proposé à la hiérarchie de nous appuyer sur nos sections de recherches implantées dans toute la France en créant des référents Crimes contre l'humanité dans chaque unité.

— Bonjour à tous. Merci de votre participation. Nous allons interpeller le père Jean F., de son vrai nom Théogène M., mardi prochain, à 6 heures. Le groupe d'observation et surveillance va donc tenir l'objectif pendant une semaine. Je rappelle que, dans ce cadre, les pouvoirs spéciaux d'enquête en matière de crimes contre l'humanité[1] pourront être utilisés, à savoir une mesure de garde à vue qui pourra durer jusqu'à quatre-vingt-seize heures. Ensuite, sur autorisation du juge des libertés et de la détention, il est possible d'autoriser une perquisition dans des locaux autres que des lieux d'habitation et qui peut être conduite en dehors des heures légales, c'est-à-dire en dehors de la tranche horaire allant de 6 heures à 21 heures. L'interception des

1. Expressément prévus par l'article 628-8 du Code de procédure pénale qui concerne les enquêtes et l'information judiciaire portant sur des infractions relevant de la criminalité organisée et du terrorisme.

correspondances émises par le biais de communications électroniques, l'accès à distance aux correspondances stockées par la voie des communications électroniques accessibles au moyen d'un identifiant informatique et le recours au dispositif dit « IMSI-Catcher[1] » pourront si besoin aussi être mis en œuvre.

Le chef du groupe d'observation et surveillance fait le point de la situation.

— D'après la balise, il a eu une vie plutôt calme, sans déplacements particuliers. Les routes qu'il emprunte ne sont pas trop fréquentées. Du coup, on envisage un dispositif large, histoire de ne pas se faire détroncher[2]. On a rebecqueté[3] le dom[4] de Marie C. à A., et on envisage de demander une observation transfrontalière aux autorités suisses pour Catherine B., la commerciale de la société Francoport. Nos collègues suisses ont paru très intéressés par les informations recueillies par l'OCLCH sur cette compagnie. Vous devriez recevoir un appel téléphonique de leur service d'enquête.

— Parfait ! Il faudra prendre en compte cette demeure dans la perquisition. Je ferai appel à l'Institut de recherche criminelle de la gendarmerie nationale pour obtenir le déplacement de leur radar, afin de détecter d'éventuelles caches. On fera venir aussi les chiens armes et billets de banque. Au niveau de l'écoute téléphonique de Marie C. ?

Christophe répond :

---

1. Comme le précise la circulaire de la garde des Sceaux n° JUSD 1915381 C du 27 mai 2019, un IMSI-catcher est un « appareil ou un dispositif technique de recueil des données techniques de connexion permettant l'identification d'un équipement terminal ou du numéro d'abonnement de son utilisateur, ainsi que les données relatives à la localisation d'un équipement terminal utilisé. Il permet également d'intercepter des correspondances ».

2. « Se faire repérer ».

3. « Retrouver ».

4. « Domicile ».

— Il y a de l'eau dans le gaz… Visiblement, elle a appris un truc. Elle est très agressive avec Père Pépère… On peut même dire qu'elle l'envoie carrément bouler au téléphone. Sinon, rien de spécial. Compte tenu de ses contacts, elle doit bosser dans la mode. On a reçu ses fadettes[1]. Les données ont été intégrées dans notre base Mercure[2]. Rien de spécial. En revanche, celle de Père Pépère accroche de nombreux relais en Suisse.

Élodie poursuit :

— On a fait un coup d'OSINT[3] sur les deux. La division de la stratégie s'en est chargée. Rien sur M., mais, vu l'âge, c'est normal. En revanche, Marie C. est très prolixe : Instagram, Facebook, Twitter. Mais seulement des selfies et la présentation de ses nouveaux vêtements. Elle est fille unique. Son père est d'origine congolaise, République démocratique du Congo. On a fait quelques recherches sur lui. Il semble être un opposant au pouvoir en place à Kinshasa, car il a rédigé quelques articles sur le sujet. En France, il a été professeur de droit.

— Plutôt bon pour nous… pour Marie et son attitude actuelle. Et niveau financier ?

— Beaucoup de flux Western Union vers la RDC de la part de M., des sommes assez élevées, genre quatre mille euros. Finalement, cela commence à faire pas mal de blé. Niveau bancaire, le compte est normal, mais il y a fort à parier qu'il a des billes en Suisse… En revanche, on a détecté pas mal d'allers-retours à Dubaï, il a payé certains voyages en CB.

— Une requête a été envoyée aux collègues suisses *via* Europol, dans le cadre de l'analyse Project Core

1. Facturation détaillée de la téléphonie.
2. Logiciel de recoupement et de suivi de la téléphonie.
3. Open Source Intelligence (recherche en sources ouvertes).

International Crimes. On attend le retour *via* la messagerie sécurisée Siena.

Je reprends la parole.

— En cas de problème, il faut impérativement que l'on bloque notre curé avant qu'il franchisse la frontière franco-suisse. Il est inscrit au FPR[1] ?

— Oui, depuis le retour de notre déplacement au Rwanda.

— D'autres points particuliers ? On remettra à chacun son dossier d'objectif lundi prochain lors de notre dernière réunion avant l'opération. À l'issue de l'interpellation, la SR de Chambéry aura pour tâche principale d'auditionner les prêtres de l'abbaye de V. En attendant, tout le monde sera sur le même fil WhatsApp pour suivre l'actualité et être en mesure de réagir en cas de besoin. Rendez-vous la semaine prochaine à Chambéry à la SR.

L'observation transfrontalière fut validée par les autorités suisses, le GOS eut ainsi l'opportunité de loger la commerciale de Francoport, place de la M. et la société Quai W. à Genève.

15 avril – Paris, locaux de l'OCLCH

Vers 9 h 30, Élodie débarque dans mon bureau, cheveux en bataille, visiblement inquiète.

— Patron, on a une merde. M. a pris peur. Il se barre visiblement. Il vient d'appeler Marie pour vérifier sa présence chez elle depuis un autre téléphone que le sien. Visiblement, il a crashé son téléphone. Heureusement, il est balisé ! Qui plus est, c'est le jour où le GOS avait décidé de le lâcher pour s'occuper de la commerciale suisse.

1. Fichier de personnes recherchées.

— Comment a-t-il eu l'information ? Le GOS s'est fait détroncher ?

— Non, ils sont formels.

— OK, la balise donne quoi ?

— Il est sur l'autoroute en direction d'A. À la hauteur de Cruseilles.

— J'appelle le peloton d'autoroute. Ils ont peut-être du monde dehors. Au pire, ils peuvent mettre un dispo en aval pour le bloquer, sur un contrôle routier standard.

J'envoie un WhatsApp à Bob pour vérifier un point, une intuition : *Bjr, votre insider a-t-il eu contact avec la cible ?*

Deux minutes plus tard, mon collègue du peloton d'autoroute de Haute-Savoie me confirme être en mesure de procéder à un contrôle de vitesse en aval de notre client.

En ce qui nous concerne, je précipite les choses et décide de partir à Chambéry pour être au plus près de l'action. Trente minutes plus tard, trois voitures roulent à vive allure sur l'A6 en direction du sud, avec trois équipes à bord, Élodie et Christophe, le capitaine Bertrand B. et Stéphanie présents sur la remise en situation, Daniel, de la division de la stratégie et moi-même. Mon adjoint, le lieutenant-colonel Maxime L. C., reste à l'arrière pour gérer les autres dossiers et la liaison avec les magistrats. L'équipe de la SR de Chambéry est en mouvement sur l'autoroute A41 avec à sa tête le capitaine Jean V.

Toujours aucune nouvelle de nos collègues du peloton d'autoroute… Angoisse maximale dans la voiture. Soudain, appel téléphonique.

— Mon colonel, c'est bon. Il est bloqué à hauteur de Saint-Julien-en-Genevoix. On n'a pas eu à forcer, il roulait à 190 km/h. Du coup, on a un délit de grande vitesse. Rétention du permis et immobilisation du véhicule. La SR va être sur zone dans quinze minutes.

Soulagement dans l'habitacle. Message WhatsApp à tous : *Target interpellée.*

Quelques minutes plus tard, message de la SR : *On est au contact. Ses droits viennent de lui être notifiés ainsi que son placement en garde à vue. Il ne comprend pas.*

Message de réponse : *OK. On se retrouve sur la perquisition dans son appartement à J. Le magistrat a autorisé toutes les perquisitions. Je déclenche le chien billets de banque et armes. Vous commencez et on vous rejoint.*

Deux heures plus tard, vers 13 heures, nous retrouvons l'équipe de la SR à J. L'appartement fait environ quatre-vingts mètres carrés, assez neuf, bien entretenu. Murs blancs, masques africains, mobilier sobre Ikea. Une cuisine américaine, une chambre. Mais plus un seul vêtement dans les placards. Le malinois, sous les ordres de son maître, fait son tour de l'appartement. Il renifle partout, visiblement déçu de ne rien détecter.

J'observe Théogène M. L'homme est grand et plutôt carré d'épaules, cheveux grisonnants. Quasiment aucune ride. Son visage est un peu rond. Son ventre aussi. Le profil du Dad Bod dont raffolent certaines femmes. Il porte ses habits de moine… et est très attentif à tout ce qui se déroule autour de lui.

Un *snake*, ce Lone Warrior.

Il semble assez sûr de lui, mais ne dit rien. Nos regards se croisent quand l'un des enquêteurs de la SR vient me saluer par mon grade. Il me fixe. Je maintiens son regard et le traverse.

— Vous faites erreur.

— Ah ?

— Je ne sais pas qui vous cherchez ! M'interpeller pour crimes contre l'humanité et génocide, moi le Tutsi, c'est un comble !

— Vous êtes tutsi ?

— Oui, comme le prouvent mes documents d'identité. Mais français, car naturalisé, répond-il fièrement.

— Nous verrons cela quand nous aurons fini avec les perquisitions. Au fait, on vous appelle comment ? « Mon père » ? « Mon capitaine » ? « Monsieur » ?

— Appelez-moi « mon père », mon fils, dit-il en souriant sans se déballonner.

— Moi, ce ne sera pas « mon fils », mais « mon colonel ».

Le capitaine V. de la SR de Chambéry me signale que la perquisition est maintenant achevée. Rien de particulier, car l'appartement est vide.

Nous décidons alors de nous déplacer vers Chambéry et les locaux de la SR pour la suite de la garde à vue de M.

Le véhicule de F. ayant été déplacé, une autre perquisition est réalisée dans son Land Rover, confirmant bien sa fuite vraisemblablement en Suisse.

Sur le trajet, je reçois un WhatsApp de Bob : *L'insider m'a confirmé avoir mis la pression à notre client pour obtenir les paiements. Il lui a dit avoir prévenu les autorités françaises de sa situation. Dsl.*

Oui, pas malin, l'insider !

Et du coup ?

Ben, ce serait bien qu'il fasse le canard, maintenant.

Je lui dis. Cela compromet le travail ?

Non, pas pour le moment. Mais maintenant, il ne bouge plus.

OK.

12

Ô Saigneur

> « Vous avez pour père le diable et vous voulez accomplir les désirs de votre père. Il a été meurtrier dès le commencement et il ne s'est pas tenu dans la vérité parce qu'il n'a pas de vérité en lui. »
>
> Jean, VIII.

Même jour, 15 avril – Chambéry, locaux de la SR

Je pénètre dans le bureau visiblement emprunté à des enquêteurs amateurs de cinéma. Chaque mur est décoré d'affiches de films policiers français. Alain Delon dans *Borsalino*, Jean Reno dans *Léon*, *Les Ripoux* et *Pulp Fiction*. Quelques dessins d'enfants s'affichent aussi, çà et là, autour de cartes postales, des plages de sable blanc, mer turquoise, un univers bien éloigné d'un quotidien de gendarme ou policier.

Élodie et Christophe sont chargés de recueillir les déclarations de Jean F. ou M. Ils vont chercher à comprendre ce qu'il s'est passé dans sa tête avant, pendant et après l'événement, à détecter des comportements, attitudes, gestes qui auraient pu passer inaperçus et entrer en empathie avec lui afin qu'il soit plus enclin à se livrer et à avoir un lien avec l'enquêteur qui l'interroge. Surtout éviter la confrontation. Pour ma part, je me mets dans un coin et j'écoute. Je les laisse gérer leur audition. J'interviens si je l'estime utile.

Maître Frédéric C. et Jean F. rentrent dans la pièce à l'issue de l'entretien de trente minutes prévu par la loi entre l'avocat et son client. Il lui a bien sûr conseillé de garder le silence, mais, visiblement, F. en a décidé autrement.

Tant mieux.

— Donc, monsieur F., nous allons vous entendre sur les faits qui vous sont reprochés, à savoir crimes contre l'humanité et génocide au Rwanda pendant la période du 6 avril 1994 au 30 juin 1994.

— Mon avocat m'a conseillé de ne rien vous dire, de garder le silence. Mais c'est tellement ridicule ! Je n'ai absolument rien à me reprocher. Je vous l'ai dit, je suis tutsi, comme toute ma famille. J'ai échappé moi-même à la mort pendant la guerre. Je suis le seul survivant. Toute ma famille a été décimée par les Hutu à R.

Élodie enregistre.

— Très bien, vous allez donc nous réexpliquer tout cela. Je vous précise que votre audition est filmée. D'abord, pouvez-vous nous parler de votre enfance, de votre région, de votre famille ?

— Je m'appelle Justin M. Je suis né le 20 décembre 1954 à N., un lieu-dit à côté de R. dans le nord-est du pays. J'ai soixante-cinq ans. Je suis l'aîné d'une famille de cinq enfants. Mon père était agriculteur, ma mère sans emploi. J'avais trois sœurs et un frère. Ma mère a accouché d'un enfant tous les ans. J'ai demeuré dans la maison familiale et suivi ma scolarité à l'école primaire de R., jusqu'à ce que les prêtres européens arrivent et créent une école religieuse adaptée à l'agriculture. C'est de là que vient un peu ma vocation, si je puis dire. Pour l'Église, s'entend.

Pas l'agriculture. Par la suite, j'ai donc travaillé au sein de cette école en qualité d'encadrant pendant au moins dix ans. Ensuite, j'ai pris du grade dans l'école comme économe, mais j'avais en tête de devenir prêtre. C'est pour cela que je ne me suis jamais marié. Je devais faire mon séminaire quand les tueries ont commencé.

— Très bien. Parlez-nous de ce qui s'est déroulé en avril 1994.

— Dès le 7 avril, nous savions qu'une chose grave s'était passée avec l'attentat. À R., dans les jours qui ont suivi, les Interahamwe avaient dressé des barrières et organisaient des contrôles sur ordre des autorités politiques. Nous sommes restés chez nous sans bouger. C'étaient les consignes. Pour ma part, j'ai rejoint tout de même l'école pour faire le point avec les prêtres blancs. Je suis resté avec eux une bonne journée à analyser la situation. Quand je suis rentré pour voir mes parents et les rassurer, notre maison brûlait. Mes parents avaient été assassinés, ils étaient étendus devant la porte. C'était le 11 avril 1994. Je me suis enfui à travers les bananeraies pour rejoindre un ami hutu qui m'a caché dans sa voiture, Dans la nuit, il a fait quelques kilomètres pour me déposer à la frontière avec le Zaïre. Je l'ai franchie au petit matin. J'étais sauvé. Plus tard, j'ai appris que toute ma famille avait été décimée, mon frère, mes sœurs et leurs enfants, y compris celles qui étaient mariées avec des Hutu. C'était horrible.

Silence.

— Comment s'appelait l'homme qui vous a aidé ?

— Je ne me souviens que de son prénom. Théodore.

— Pourtant, c'était votre ami ?

— Oui, enfin, c'est une expression. Il travaillait à l'école et venait d'être embauché.

— Et vous ne vous souvenez pas de son nom.

— Non, il a intégré l'école juste avant la guerre. Je me rappelle qu'il venait de Butare.

— Et il disposait d'une voiture ?

— C'était celle de l'école.

— Ensuite, au Zaïre, qu'avez-vous fait ?

— J'ai décidé de tout faire pour rejoindre la France. Cela a toujours été mon rêve. L'un des prêtres de l'école était français, malheureusement mort pendant la guerre ; il m'avait promis de se charger de toutes les formalités. Il avait un frère militaire. C'est lui qui s'est occupé de tout. Je ne remercierai jamais assez…

Tiens, cela fait trois fois qu'il a employé le terme « guerre » au lieu de « génocide »… C'est plutôt une caractéristique des Hutu.

Je le lui fais savoir.

— C'est bizarre !

F. me regarde.

— Quoi ?

— Vous employez le mot « guerre » au lieu de « génocide ».

— Je peux dire génocide, si vous voulez, mais, dans le fond, il s'agissait d'une guerre. Les Hutu contre les Tutsi.

Élodie reprend :

— Ils ont un nom, ces deux Français ?

— Frère Jean, c'était un père blanc. Et son frère avait un nom de code, car il était membre des forces spéciales. C'était un dénommé Nick.

— Savez-vous où frère Jean est décédé ?

— Non. J'ai appris sa mort, mais je serais incapable de vous dire quand, ni qui me l'a dit.

— Et le militaire ? De quelle unité ?

— Je vous l'ai dit. Les forces spéciales françaises implantées au Zaïre, à Goma.

Il a bien travaillé sa légende, Père Pépère…

— Nous allons vérifier tout cela, bien sûr, précise Christophe.

— Vous pouvez. C'est le but. Que je sois innocenté.

Maître C. fait une moue d'approbation.

— Très bien. Vous pouvez poursuivre.

— Je suis arrivé en mai 1996 par un vol régulier en France à Paris, Toulouse et enfin en Ariège, à Ax-les-Thermes. Je faisais des petits boulots. En qualité de Tutsi, survivant du génocide, j'ai été bien accueilli et j'ai fait une demande d'asile qui a été acceptée. Puis, un jour, la grâce m'a atteint. C'était à Lourdes. J'ai décidé de devenir prêtre afin de mettre en adéquation ma vie avec ma spiritualité.

La grâce, je t'en foutrais… Le coup de Lourdes, j'en étais sûr ! Ce curé ment tellement que le contraire de ce qu'il dit n'est pas toujours la vérité.

— Alors, à partir de 2001, j'ai décidé de suivre l'enseignement du grand séminaire à Orléans. Puis je suis parti exercer mon ministère dans une paroisse de l'ouest de la France, à Cloyes, près de Châteaudun, en 2007. Enfin, en 2016, j'ai décidé de rejoindre l'abbaye de V. pour choisir le vrai recueillement. Et me voilà devant vous, à devoir m'expliquer.

Élodie jette un œil sur sa montre.

— OK, comme il se fait tard, nous allons faire une pause. Maître, nous interrompons l'interrogatoire. On reprendra demain. Votre client va se restaurer et prendre un temps de repos dans nos cellules en bas.

Mon portable vibre. Le capitaine R. me signale que Marie C. est arrivée dans nos murs. J'abandonne les deux enquêteurs pour les rejoindre. Son audition est capitale pour la suite.

Je quitte la pièce en lançant :

— La nuit porte conseil, mon père… À demain.

F. me jette un regard froid.

Cinq minutes plus tard, je pénètre dans un autre bureau d'enquêtrices, plutôt des montagnardes, posters de peloton de gendarmerie de haute montagne, envers du Mont-Blanc, Aiguille du Midi, hélicoptère bleu qui treuille un secouriste.

Cela me rappelle de bons souvenirs, le temps du saint-bernard… Dans une vie antérieure sans doute…

Devant un bureau est assise une femme métisse dont j'ai déjà vu les photographies. Je reconnais sans mal Marie C., manteau bleu marine, jean, bottes hautes. D'un geste, elle enlève son bonnet, se débarrasse de ses gants et joint les mains sur la table.

Marie ne fait pas ses quarante-cinq ans. D'emblée, elle plante son regard vert dans le mien. Le coup du sondage.

Après les formalités habituelles de début d'audition, le capitaine R. l'interroge.

— Pouvez-vous nous expliquer comment vous avez rencontré le père F. ?

— J'ai fait sa connaissance lors d'une réunion familiale. Mon père, d'origine congolaise, l'avait invité chez nous à A., il y a environ deux ans. Il avait beaucoup de prestance, et je suis tombée sous son charme immédiatement. Mais voilà, il était prêtre, et donc inaccessible. Pourtant, j'ai rapidement compris qu'il n'était pas insensible à ma présence.

Elle marque une pause, puis poursuit :

— Nous nous sommes donc rapidement revus, et notre liaison a commencé. Tout allait très bien, même s'il fallait faire attention à ce que l'on ne nous voie pas ensemble. Puis, un jour, j'ai découvert qu'il me cachait des choses, concernant certaines activités hors de l'église, bien sûr.

— OK, lesquelles ?

— Il utilisait mon père et ses relations en RDC à des fins politiques.

— Que fait votre père ?

— Il est professeur de droit, mais, depuis qu'il s'est exilé en France, il a abandonné la politique. Il ne se mêle plus de rien. C'est un pacifiste.

— Il l'utilisait comment, alors ?

— En fait, le père F. alimente financièrement un groupe politique implanté en République démocratique du Congo, à l'est, vers le lac Kivu, le FDLR. Il utilise les réseaux politiques locaux de mon père, qui s'engraissent au passage. C'est comme cela qu'il les tient, d'ailleurs. Il a des ambitions politiques futures, en cas de victoire des FDLR. Il sert de machine à blanchir.

— Comment savez-vous tout cela ?

Pause.

— Je l'ai espionné.

— Pourquoi ? demande R.

— Parce qu'il m'a trompée.

Voilà donc la motivation de notre témoin…

— Avec qui ?

— Une commerciale, une blondasse de Genève.

— Vous êtes sûre de vos informations ?

Marie cherche quelque chose dans sa poche. Elle sort une clé USB qu'elle me tend.

— Vous avez tout là-dessus. J'ai mis dans sa maison un mouchard vidéo que m'a donné un ami. Je l'ai planqué dans un masque africain. J'ai enlevé les scènes de sexe, supposant que vous n'en auriez pas besoin pour vos investigations… Il n'y a pas que les communications. J'ai aussi réussi à photographier certaines conversations WhatsApp avec ses interlocuteurs. J'ai volé le code d'accès de son téléphone. Je vous donne cette clé et ces informations, car je ne veux pas que mon père paie pour les ambitions de cet individu.

— De quand datent ces vidéos ? Et les copies d'écran ?

— Les premières d'environ un mois. Les suivantes de la semaine dernière.

— Est-ce qu'il vous a parlé de son passé ?

— Oui, il m'a dit qu'il était tutsi et victime du génocide, comme le reste de sa famille. Il est le seul survivant. Mais je ne suis pas idiote. Quand j'ai vu qu'il était en affaires avec le FDLR, j'ai compris qu'il y avait un problème. On ne peut pas être tutsi et soutenir le FDLR.

— Vous avez d'autres informations à nous communiquer ?

— Non, je vous ai tout donné. Mais je me tiens à disposition de la justice – c'est comme cela qu'on dit, non ?

— Oui, c'est cela.

Le capitaine R. s'apprête à conclure l'audition.

Je l'interromps.

— Vous avez dit « sa maison » ?

— Oui. Il a acheté une maison. C'est là que nous nous retrouvions.

— Et où se trouve ce nid d'amour ?

— À C.

Je me demande aussi pourquoi nous n'avons pas détecté cette maison avec la balise placée sous la voiture du prêtre.

— Avec quelle voiture vous vous rendiez là-bas ?

— Jean ne voulait jamais utiliser sa voiture pour se rendre à C. J'en louais une ou j'empruntais celle d'une copine pour être tranquille.

Encore une fois, le qu'en-dira-t-on…

— Je vous remercie pour ces informations qui vont nous être très utiles.

Bertrand raccompagne Marie. Pour ma part, je rejoins la réunion de coordination des enquêteurs pour faire le point sur les auditions.

La SR de Chambéry a entendu trois moines de l'abbaye et le père supérieur. Rien de particulier. Les prêtres sont tombés de haut quand ils ont appris les motifs de l'interpellation et la double vie du père F. Le capitaine R. fait le point de l'audition de Marie et projette sur le mur les vidéos et les copies d'écran. Élodie revient sur l'audition de Père Pépère qui ne démord pas de sa version. Mais nous avons encore le temps de recueillir sa confession.

— OK ! Eh bien, bonne nuit à tous. On reprend demain. On va commencer à lui mettre sous le nez deux ou trois éléments pour faire bouger ses lignes.

13

Garde à vue – dernier round

> « Il faut aimer la vérité, ne trouver de joie qu'en elle et la dire, quoi qu'il en coûte. »
>
> Paul Brulat, *Le Reporteur* (1898)

16 avril, 8 h 30 – Chambéry, locaux de la SR

Les enquêteurs de la SR de Chambéry sont partis entendre le père de Marie.

En ce qui nous concerne, reprise de l'audition. La prolongation de la garde à vue a été validée. Trendy Proc s'est entretenu par visio avec le père F. Maître C. arrive avec quelques minutes de retard et souffle comme un bœuf.

Même configuration que la veille. Élodie et Christophe reprennent le fil de l'audition, mais Élodie a décidé de se rapprocher physiquement de F., celui-ci n'étant pas insensible aux femmes. Elle lui offre un café qu'il accepte volontiers.

Elle enchaîne :

— Cela ne vaut pas le café du Rwanda, de Butare, mais il n'est pas mal quand même.

— Oui, Butare produit un excellent café.

— Cela ne vous manque pas ?

— Quoi ?

— Le Rwanda ?

— Si, bien sûr. Mais ma vie est en France, maintenant, c'est mon pays. Et j'ai la prière, le recueillement, la méditation.

La vache… il ne manque pas d'air.

Élodie attaque brut de décoffrage, comme à son habitude.

— Mon père, que dit la Bible à propos du mensonge ?

Le vieux renard marque un temps d'arrêt.

— Il y a beaucoup de textes sur le sujet.

— Moi, j'en ai trouvé un, de Jean : « Vous avez pour père le diable et vous voulez accomplir les désirs de votre père. Il a été meurtrier dès le commencement et il ne s'est pas tenu dans la vérité parce qu'il n'a pas de vérité en lui. »

Bien joué, Élodie.

— Oui, effectivement. J'adore l'Évangile de Saint Jean. Mon préféré. Notamment l'Apocalypse.

— Avez-vous comme père le diable ?

Maître C. s'offusque… Mais il n'a pas le droit d'intervenir. J'apprendrai plus tard qu'il a écrit un courriel directement pendant l'audition à Trendy Proc pour se plaindre du comportement des enquêteurs.

— Pourquoi cette question ? Surtout à un homme de Dieu, s'indigne F.

— Parce que, mon père, nous avons de bonnes raisons de penser que vous nous mentez et qu'en fait vous n'êtes pas Justin M. En réalité, vous êtes le capitaine Théogène M., commandant la compagnie de N. au moment du génocide, c'est-à-dire du 6 avril 1994 au 30 juin 1994.

— Ah ? Eh bien, ma fille, il va falloir le prouver.

Élodie sourit. Elle se lève, tourne autour de F., pose sa main sur son épaule.

— C'est comme si c'était fait.

F. vacille, mais reste digne.

Je brise le silence.

— Je propose que nous allions faire un petit tour, histoire de s'oxygéner…

F. embarque dans ma Golf avec le capitaine R. et Élodie pour l'encadrer. Il ne dit mot. Il se demande sans doute où nous nous rendons.

La barrière blanche et rouge de la caserne se lève.

— Vous ne nous demandez pas où nous allons.

— J'imagine à l'abbaye, comme cela, la honte me frappera définitivement.

Silence.

Le paysage montagneux défile sous le soleil du printemps. La croix du Nivollet, sommet où j'avais l'habitude de me rendre dans ma vie antérieure, nous surplombe.

Nous traversons Albertville, Ugine. Et lorsque nous arrivons à la sortie de Marlens, je jette un œil dans le rétroviseur. Il s'agite sur la banquette. Il a compris que nous savons.

À la sortie du village de C., le chalet est dans le style local, construit au début du siècle, rénové avec goût, dans son écrin de verdure. Le soleil d'avril réveille la nature qui s'en donne à cœur joie. Les arbres fruitiers sont tous en fleurs. Un parfum de paradis avec de nombreux oiseaux qui voltigent dans tous les sens.

Deux véhicules sont déjà présents sur le site. Le maître-chien et nos collègues de l'IRCGN (Institut de recherche criminelle de la gendarmerie nationale) à qui j'ai demandé de venir, notamment avec leur radar. Ce matériel permet de détecter des caches dans le sol, dans les murs.

J'interroge.

— Vous connaissez cette maison ?

— Oui.

— Vous avez les clés ?

— Non.

— Ce n'est pas grave, nous avons tout prévu.

Nous empruntons les marches qui permettent d'accéder à la porte d'entrée et aux pièces principales. Le serrurier s'affaire. Soudain, le battant s'ouvre sur une grande pièce dans le style savoyard. Au centre, sur la droite, se trouve une porte que je pousse. Elle donne sur un escalier. Je propose finalement de commencer par le rez-de-chaussée. Le malinois s'engouffre.

Nous débouchons sur une pièce assez grande en pierres apparentes dont le sol est en terre battue. Le technicien de l'IRCGN déploie son radar. Aidé d'un assistant, qui dispose d'une sorte de robot à roulettes qui scanne la surface de la terre, le technicien observe son écran et signale les possibles anomalies.

Tout le monde demeure suspendu face à cet engin.

Au bout de cinq minutes, dans un angle, le technicien lève la main. Je m'approche de l'écran et observe une zone sombre striée.

— Il est fort possible qu'il y ait quelque chose là.

Le technicien montre du doigt le point.

Le maître-chien est appelé pour faire travailler son malinois. Très vite, le chien file gratter la terre.

Père Pépère le regarde faire.

Au bout de quelques secondes, ses griffes tombent sur une plaque en bois d'environ vingt centimètres de côté avec un anneau. Le capitaine R. s'approche, tire et découvre une cavité plus large dans laquelle se trouve un sac. Le chien aboie, montrant sa satisfaction. Le capitaine l'ouvre et révèle des liasses de billets. Le chien reçoit sa récompense et les enquêteurs la leur en apercevant le contenu…

J'observe le père F. ou M., moins à son aise, visiblement. Il perd de sa superbe, mais élabore déjà sa stratégie de défense, j'en suis certain.

— S'il y a une cache, il peut en avoir une seconde. Vous pouvez sonder les murs ?

— Oui, pas de problème.

— Qu'avez-vous à nous dire sur cette découverte, monsieur Théogène M. ?

— Je suis Justin M., pas Théogène M. Et puis, d'abord, qui est ce M. ? Je n'ai rien à dire sur ce sac. Je ne comprends pas ce qu'il fait ici. Ni ce que je fais moi-même ici, d'ailleurs.

— C'est bien votre chalet ?

— Oui. Enfin, je l'ai acheté il y a peu de temps avec un héritage en provenance du Rwanda. Il faudrait interroger les précédents propriétaires. Ils connaissent peut-être l'origine de cet argent…

— Nous n'y manquerons pas.

Mais si on trouve ton ADN sur le sac ou les billets, tu es cuit, amigo.

Les collègues de l'IRCGN poursuivent leurs investigations, et soudain l'un des deux signale une nouvelle anomalie sur le mur est. Sur l'écran du radar, une zone plus sombre semble indiquer la présence d'une cavité. L'un des enquêteurs s'empare d'un marteau et d'un burin pour desceller quelques pierres apparentes. Quelques minutes plus tard, il tombe sur une boîte en métal dans laquelle se trouvent deux armes de poing, des pistolets Glock, avec une cinquantaine de munitions.

— Vous reconnaissez ces armes ?

— Non. Je suppose qu'elles appartiennent aussi aux anciens propriétaires.

— OK. On va noter tout cela.

Eh bien… Bonne pioche, comme on dit. Argent et armes.

Nous poursuivons la perquisition à l'étage. Rien ne sera découvert, hormis la petite caméra vidéo cachée derrière le seul masque africain, aux traits grimaçants comme pourrait le faire un clown. Le masque a en effet une vue plongeante sur le canapé, lieu de tous les ébats, et du coup de la perte de Père Pépère…

Les gendarmes de l'IRCGN emportent billets de banque et armes placées sous scellés. L'expertise va rechercher la présence éventuelle d'ADN. Ils m'ont promis une réponse dans le temps de la garde à vue.

Chambéry – locaux de la SR

Une heure plus tard, nous retrouvons l'avocat. La garde à vue peut reprendre sous de meilleurs auspices.

Élodie questionne :

— Connaissez-vous une personne du nom de Marie C. ?

— Comment dites-vous ?

— Marie C.

— Est-ce une paroissienne ?

Père Pépère fait semblant de réfléchir avant de répondre.

— Oui, c'est la fille d'un ami très cher, brillant professeur émérite de droit habitant à A., le professeur Marcel C. Il est originaire de RDC. Il a été dans l'opposition de Joseph Kabila. Mais, dorénavant, il a quitté la politique.

— C'est tout ?

— Oui.

— Marie C. a témoigné hier soir. Elle nous a révélé votre liaison.

Pan. Première cartouche.

Silence. F. baisse la tête. Son avocat C. aussi.

— Et qu'avez-vous à nous dire sur votre relation ?

Silence.

— Rien de spécial, pourquoi ?

— Rien de spécial ?

— Non, elle venait parfois me voir pour parler de Dieu.

— Il y avait des travaux pratiques ?

— Qu'entendez-vous par travaux pratiques ? Sur le catéchisme ? Non, pas particulièrement.

— Bon… On a beaucoup d'humour, mais là vous poussez un peu… On vient de vous dire qu'elle nous a avoué sa liaison avec vous.

— C'est faux. Elle a voulu me séduire, et oui, je ne peux pas le nier, cette femme m'a fait tourner la tête. C'est le diable qui m'a tenté. Mais je n'ai jamais succombé.

— Jamais ?

— Jamais, s'écrie le père F. C'est pour cela qu'elle m'en veut. D'ailleurs, comme vous l'avez vu, je m'apprêtais à partir en retraite en Suisse, pour me soigner de cette vilenie. J'allais lui dire qu'elle arrête de me harceler.

— Alors pourquoi la faire venir dans la maison de C. quand vous pouviez parfaitement la recevoir dans votre appartement de J. ?

— Je ne voulais pas que les gens se fassent des idées fausses !

— Oui, on le sait. D'ailleurs, qu'avez-vous fait de votre téléphone ?

Silence et air pensif…

— Je l'ai égaré.

— Ah. Cela vous ferait plaisir si nous vous disions que nous l'avons retrouvé ?

Silence.

— Oui, bien sûr.

— Enfin, je veux dire, plutôt, nous avons enregistré les différentes communications que vous avez échangées.

Pan. Deuxième cartouche.

Père Pépère se raidit. Il sera bientôt mûr…

F. jette un œil à son avocat qui lui fait comprendre qu'il doit se taire, en soufflant.

— Alors ?

— Je n'ai rien à vous dire.

— Très bien. Voulez-vous faire une pause ? Café ?

— Oui. Merci.

Christophe part chercher un café.

J'interviens. Je lui saisis le coude et plante mon regard dans le sien, sans ciller.

— Je pense que le moment est venu, Théogène !

— Le temps est venu pour quoi ?

Tiens, il n'a pas réagi à l'appel de son vrai nom.

— Pour tout avouer et se faire pardonner. Nous savons beaucoup de choses. Si vous persistez, vous vous enfoncez.

— Vous bluffez !

— Nous ne bluffons pas. Vous êtes un militaire, nous le savons, du grade de capitaine. Nous avons recueilli de nombreux témoignages vous concernant. Nous revenons du Rwanda. Nous nous sommes rendus à la paroisse de K., où nous avons entendu de nombreux témoins et victimes. Et même certains de vos subordonnés… Vous pensiez vivre avec cela sur la conscience jusqu'à la fin de vos jours ? Je ne nie pas la profondeur de votre conversion et de votre foi, ce n'est pas mon rôle. Mais s'il est un moment où il faut avouer vos fautes, c'est maintenant.

M. baisse les yeux. Et réfléchit. Un long silence s'installe. Le piège s'est refermé.

L'avocat se racle la gorge pour attirer l'attention de M., et surtout l'empêcher de parler. Trop tard. Son client lâche prise.

— Si vous croyez que c'était facile !

Christophe revient avec son café. M. se tait et boit une première gorgée.

— Qu'est-ce qui n'était pas facile ?

— De refuser de faire la guerre !

— La guerre ?

— Oui, il s'agissait d'une guerre. C'était les Tutsi ou nous, c'était simple. Ils étaient là, autour, il fallait les éliminer. C'étaient les ordres du gouvernement. J'ai obéi aux ordres, voilà tout. Vous auriez fait de même.

— Vous n'êtes donc pas Justin M. ?

— Non.

Silence. M. poursuit :

— Dès le 7 avril, le préfet Misuhano m'a convoqué et m'a ordonné de faire le travail, d'organiser des réunions avec les Interahamwe, de dresser des barrières sur les communes de ma compagnie, de tuer tous les Tutsi. J'ai donc fait ce que l'on m'a demandé de faire. Ni plus ni moins.

— Vous étiez donc militaire au grade de capitaine !

— Oui.

— Nous ne sommes pas là pour vous juger. Notre mission consiste à essayer de comprendre ce qui s'est passé le 13 avril sur la colline et la paroisse de K. où trois mille cinq cents personnes environ ont trouvé la mort.

Au nombre de victimes, l'avocat ouvre de grands yeux.

— Avant l'épisode de la paroisse, il y a eu aussi les meurtres de sept Tutsi et du bourgmestre Didace K.

— J'ai dit ce que j'avais à dire. Les ordres sont les ordres. Vous connaissez bien cela, mon colonel.

Je me garde bien de me laisser embarquer sur ce terrain !

— Vous reconnaissez être le capitaine Théogène M., commandant la compagnie de N. ?

Silence.

— Oui.

— Étiez-vous présent à la paroisse de K. le 13 avril 1994 ? Étiez-vous le chef du dispositif ?

— Oui, j'étais présent. Mais je n'étais pas le chef. C'était l'anarchie. Le chef, c'était le diable !

Silence.

— Le diable ?

— Oui, il s'est emparé du Rwanda. Les Hutu ont massacré les Tutsi et les Tutsi ont massacré en retour les Hutu. Et nous avons emporté notre fardeau de vaincus au Zaïre. Nous sommes devenus des maudits.

— Au fait, en parlant du Zaïre, j'ai une mauvaise nouvelle. L'AFP vient de l'annoncer. Ignace Murwanashyaka est mort ce matin. Nom de code Mihigo, cela vous dit quelque chose ?

Théogène me regarde fixement, se demandant si je bluffe ou pas, mais visiblement touché. Je lui montre sur mon téléphone la dépêche. Tout semble s'écrouler.

— Vous semblez touché par cette annonce. Le chef du FDLR en Europe, mort. Quelle succession à votre avis ? Quelles sont vos relations avec le FDLR ?

— Je suis ému, car la mort d'un homme m'affecte personnellement.

Ah bon ? Première nouvelle.

— Je n'ai pas de contact avec le FDLR.

— Regardez cette vidéo.

Élodie lui montre la vidéo enregistrée par Marie à son insu. L'avocat proteste. Mais c'est peine perdue. La preuve est libre en France, ce type d'enregistrement réalisé par des particuliers et transmis aux forces de police est parfaitement recevable.

M. ne bronche pas. On le voit en grande conversation avec la commerciale de la société Francoport. Et pas que.

Élodie reprend :

— Revenons aux faits et à cette journée du 13 avril 1994.

— Je vous l'ai dit. J'ai obéi aux ordres.

— OK, quels étaient les ordres ?

— De tuer tout le monde, tous les ennemis. C'est tout.

Mon téléphone vibre. Le patron de l'IRCGN m'envoie un SMS de confirmation. Il s'agit bien de l'ADN de M. sur les armes et le sac dans lequel se trouvaient les billets de banque. Le coup de grâce.

Je propose de faire une pause, histoire de se ménager un petit effet. J'improvise une petite réunion de coordination avec l'ensemble des enquêteurs. Mais, au même moment,

Trendy Proc appelle pour faire le point. Élodie, en qualité de directrice d'enquête, lui fait part des dernières déclarations. Trendy Proc la félicite et lui donne un nouveau rendez-vous téléphonique, notamment pour organiser le transfèrement de M. et son déferrement.

Élodie entre de nouveau dans l'arène.

— Vos liens d'activiste avec le FDLR montrent que vous n'avez pas fait qu'obéir aux ordres. Tout le monde sait bien que ce mouvement ne cherche qu'à reprendre le pouvoir au Rwanda, qu'il a été fondé par les génocidaires hutu. Qu'en pensez-vous ?

— Rien. Je n'ai rien de plus à vous dire.

— Vous vous expliquerez devant le juge.

— Ah, au fait ! Autre mauvaise nouvelle. Votre ADN a été retrouvé sur le sac contenant les billets de banque et les deux Glock. Qu'avez-vous à nous dire sur ce point ?

— Rien. Je n'ai rien à ajouter.

Maître C. fait une moue d'approbation…

Je prends la parole.

— En tout cas, c'est bien, mon capitaine !

— Quoi ?

— D'avoir libéré la parole. Cela va être plus facile pour vous de respirer.

— Je vais être extradé au Rwanda ?

— Non. La France n'extrade pas. Vous serez jugé en France.

— Ah ?

— Mais ne vous inquiétez pas, vous aurez l'occasion de voir certaines de vos victimes. On les fera venir du Rwanda pour témoigner.

M. baisse les yeux. Il reste ainsi quelques instants, le regard dans le vide, silencieux. Il me semble percevoir quelques sanglots étouffés. Mais aucune larme.

— Ce n'est pas la justice des hommes que je crains.

Silence.

— Je ne sais pas, c'est vous le spécialiste, mais je reconnais préférer ma place à la vôtre.

Je pense à Désirée, si loin et si proche, finalement. Est-ce que cela suffira à pardonner, à avancer ?

Lone Warrior gonna expiate alone.

Comme l'« humanimal » qu'il est.

Ne pas juger.

Appel des enquêteurs de la SR de Chambéry. L'audition réalisée avec le père de Marie n'apporte rien de nouveau. Il confirme les dires de sa fille et ses liens avec Théogène M., tout en affirmant ignorer ses activités avec le FDLR.

Le trajet vers Paris se fait en silence.

Relâchement.

Je regarde défiler les barrières de sécurité tout en écoutant un podcast.

M. *Done.*

La presse française parle déjà de son arrestation.

WhatsApp de Bob : *Merci.*

Quelques heures plus tard, le majestueux palais de verre du tribunal de Paris reçoit un nouveau client, en vertu de la compétence universelle qui autorise l'OCLCH à enquêter sur des faits commis à l'étranger par des étrangers se trouvant sur le territoire national.

M. est déféré devant le procureur, puis devant la juge d'instruction, Marjorie B., qui aura la charge de la poursuite des investigations dans le cadre de l'instruction, et enfin le juge des libertés et de la détention.

La Suisse acceptera l'exécution de la commission rogatoire internationale pour entendre Catherine B., la commerciale de la société Francoport et son dirigeant suisse Étienne H., dont la société au Rwanda fut rapidement liquidée. Tous deux confirmeront les faits.

Plus tard, nous apprendrons que le père F. avait quitté sa paroisse près d'Orléans suite à ses frasques avec une paroissienne, qui sera entendue et confirmera les faits. La boucle est bouclée.

Théogène M. sera jugé dans quelques années, à l'issue des multiples recours que son avocat ne manquera pas de formuler. Mais la justice passera. Désirée et les autres victimes pourront obtenir réparations. Il en va ainsi quand l'humanité a été défigurée.

Le lendemain, Trendy Proc nous félicite pour ces résultats et me demande de passer le voir. L'accord des autorités libériennes est tombé. Nous pouvons poursuivre nos investigations commencées un peu plus d'an auparavant, le 15 février exactement. Notre objectif : BFM, pour Big Fat Man, un « seigneur de guerre ».

Enfin, le terme de « seigneur » est loin d'être approprié…

14

Game of Thrones in Africa

> « On dit : le mal triomphe partout là où les hommes de bonne volonté ont échoué. Il suffirait de dire : le mal triomphe partout. »
>
> Edmund Burke.

15 février 2018 – Paris, Palais de justice

Je parcours les couloirs du nouveau palais. De temps en temps, je croise des « lapins de corridors », ces types qui ont peur de leur ombre, mais sont parfaitement à l'aise sur la moquette. D'ailleurs, au moment de pénétrer dans le bureau de Brice, un individu pousse la porte. Petit costume ajusté, pompes à bascule cirées. Il me jette un regard suspicieux. Pas de doute. C'est un toxique.

— Bonjour, colonel. Comment vas-tu ? Merci d'être venu si vite.

— Salut, Brice. Pas de problème. Spécial, le type…

— Oui. Un suppositoire.

— Un suppositoire ?

— Oui, on les appelle comme ça. Un type tellement lisse qu'il grimpera vite dans la hiérarchie, si tu vois ce que je veux dire. Un de ceux qui ne sont toujours pas convaincus de l'utilité de la compétence universelle, notamment pour les victimes de crimes de guerre !

— Oui. Je vois bien ! (L'image du suppositoire me traverse l'esprit.) On a une autre formule pour ça : c'est sous les gros arbres que poussent les gros champignons. En général, ils s'arrangent pour ne jamais s'éloigner trop de Paris.

Sourires.

— Café ?

— Avec plaisir !

Brice se lève et prépare deux expressos.

— Voilà le sujet. Il s'agit d'un Libérien, un seigneur de guerre… James B., dit BFM, soit Big Fat Man.

Brice tourne son écran d'ordinateur vers moi. Je découvre la photo de BFM.

— Ah oui, quand même…

Il vaut le déplacement. L'individu est assis sur un grand fauteuil en Skaï noir décoré de feuilles de palmes, une sorte de trône. Il porte un treillis militaire et est coiffé d'une perruque rouge cerclée d'un bandeau rouge. Son visage est taillé au couteau. Il semble démesurément grand et large d'épaules. Je comprends mieux le surnom de Big Fat Man. Il a des yeux globuleux et quatre marques verticales sur les joues, deux de part et d'autre de la bouche. Des cicatrices, visiblement. Il porte autour du cou de nombreux colliers, amulettes serties de bouts d'os, des chaînes dorées. Il a revêtu une sorte de veste beige sans manches sur laquelle sont cousus des rectangles de cuir noir, environ une dizaine, enserrant soit des cartouches de kalachnikov, soit des coquillages, soit des morceaux d'os, de cuir chevelu avec du sang séché.

Autour de lui, des enfants armés d'AK-47 dont certains portent des perruques, des femmes en treillis. Au sol gît le corps d'un homme décapité, sur le dos, le torse béant, ouvert en deux comme une moule. Il a posé sa ranger droite dessus.

— Qu'en penses-tu ?

— Purée… Sacré client. D'où tiens-tu cette photographie ?

— Elle est dans le dossier. Elle a été prise dans les années 1990 dans le comté du B. au Liberia, au moment où les troupes de Charles Taylor s'emparaient de cette zone.

— Et c'est chez nous, ça ? Il pratique le juju, apparemment.

— Le juju ?

— Les pratiques religieuses traditionnelles d'Afrique de l'Ouest, le vaudou, en bref.

— Je ne sais pas, mais il semble qu'il se planque en France.

— On a une idée de l'endroit ?

— Swiss Universal Jurisdiction, qui travaille avec une ONG libérienne spécialisée dans la lutte contre l'impunité au Liberia et en Sierra Leone, aurait obtenu des informations selon lesquelles le gars pourrait se trouver à Rosny, chez un membre de la communauté libérienne. Ils sont très solidaires, apparemment. Dans ce cas, il s'agit du NPFL, le National Patriotic Front of Liberia de Charles Taylor.

— Depuis quand est-il supposé être en France ?

— Deux ou trois ans. On ne sait pas vraiment. Nous avons reçu une demande d'entraide judiciaire du Danemark. Ils veulent l'entendre dans le cadre d'une procédure qui concerne un individu nommé Mickael P. Il est en prison chez eux pour crimes de guerre. Mais, en simultanée, on vient de recevoir la plainte de SUJ, l'ONG suisse, concernant le même type.

— Et le lien avec les Danois ?

— Il semblerait qu'il ait fui le Danemark à la suite d'une convocation des autorités judiciaires danoises dans le cadre du dossier P., justement. Il a obtenu la nationalité danoise lorsqu'il a quitté le Liberia en 1999 *via* la Côte d'Ivoire.

— Quel était le motif de la convocation ?

— Mickael P. était l'un des colonels de BFM, surnommé Co[1] Black Mamba. Ils portent tous des surnoms de guerre comme Co One-Foot Devil, Général Mosquito et son ennemi juré, Général Mosquito Spray [antimoustique].

— On en a aussi quelques-uns, des « Général Mosquito », chez nous…

Brice sourit.

— Nous aussi. On a les « Spray ». Tu devrais te prendre un surnom aussi.

— Oui, je vais y penser, genre Co Yellow Snake. En même temps, j'ai déjà Matthias Ka.

— Ah oui, c'est vrai. Il tourne bien, ton petit clip… Sympa le final sur la plage, d'ailleurs.

Clin d'œil.

— C'est l'idée du « Young, Wild and Free ». Tout un concept. Du coup, on fait la totale ?

— Oui, vous le recherchez et tu me fais signe. On avisera sur la priorité que nous donnerons entre notre plainte et la demande d'entraide pénale des Danois.

Je me lève.

— Attends ! Avant de partir, passe voir Sarah. Elle vous a préparé une note de contexte sur le Liberia, les guerres civiles, le NPFL, l'ULIMO, la faction qui s'est opposée au NPFL, etc.

Quelques secondes plus tard, je pénètre dans le bureau des trois assistantes spécialisées. Il s'agit de spécialistes de droit humanitaire international, ayant la plupart du temps déjà une ou plusieurs expériences dans des juridictions internationales, recrutées pour apporter un soutien aux magistrats du Parquet et de l'instruction. Lors de la réception du dossier, elles l'analysent en amont sous l'angle des qualifications juridiques susceptibles d'être retenues et rédigent des

1. Co est l'abréviation de colonel.

notes de contexte politique, historique, diplomatique, qui nous sont très utiles pour la mise en perspective de notre objectif.

Sarah, vêtue de pourpre et d'écarlate, arborant comme toujours autour de son cou de nombreux bijoux fantaisie, attendait ma visite. Elle me tend en souriant un document d'une soixantaine de pages.

— Bonjour, colonel, voilà. Vous allez voir, c'est passionnant ! Ce pays est pour le moins singulier.

— Merci, Sarah. Un peu de lecture… On en manquait.

Je repars avec mon petit dossier sous le bras, tout en me demandant comment nous allons nous y prendre pour retrouver BFM.

Je passe la journée du lendemain à potasser la note de contexte de Sarah.

En voici un résumé[1].

Données générales

Le Liberia est un pays de 100 000 kilomètres carrés situé en Afrique de l'Ouest, d'environ 4 millions d'habitants, parmi les 10 pays les moins développés au monde. Il est bordé au sud par l'océan Atlantique, à l'ouest par la Sierra Leone, au nord par la Guinée, et à l'est par la Côte d'Ivoire. Le pays est divisé en 13 comtés. Environ 10 % des Libériens sont chrétiens, pour la plupart protestants. Les musulmans, établis principalement à l'intérieur du pays, représentent 30 % de la population. Près des deux tiers des habitants sont animistes.

1. Voir Thierry Paulais, *Le Liberia. Une singulière histoire*, Le Cavalier Bleu, 2018

Contexte historique

À l'origine, ce pays est né d'une entreprise coloniale menée en 1822 par une société philanthropique américaine, la National Colonization Society of America (Société nationale de colonisation d'Amérique). Ses dirigeants souhaitaient donner une terre aux esclaves libérés et répandre le christianisme. Malgré les maladies, les pluies, les attaques des tribus autochtones, près de 13000 personnes s'y installent entre 1821 et 1867 et réussissent à s'approprier par la force les territoires, d'abord sur le littoral, puis vers l'intérieur des terres, disposant de nombreuses ressources naturelles.

La population du Liberia se divise alors en deux catégories. D'un côté, ceux qui se font appeler *freemen*, les anciens esclaves libérés venus d'Amérique, fortement christianisés par les missionnaires méthodistes. De l'autre, ceux qu'ils exploitent, à savoir une population indigène qu'ils nomment *bushmen* ou «natifs», ne constituant pas un bloc monolithique, mais forment en fait un ensemble de plusieurs tribus au nombre de 16, chacune ayant sa propre langue et identité. Convaincus de leur supériorité, les Américo-Libériens, aussi appelés Congos[1], finissent par créer une république en 1847 en s'appuyant sur une Constitution calquée sur celle des États-Unis. Leur drapeau, le Lone Star, est une copie du drapeau américain.

Taillée sur mesure pour les *freemen*, elle porte les germes des difficultés qui éclateront cent quarante ans plus tard, en termes de ségrégation. En effet, le droit de vote ne peut être octroyé qu'à un propriétaire. Or l'autochtone ne peut pas avoir accès à la propriété… à moins d'avoir été déclaré «civilisé»… et chrétien. Ainsi, privés de droit de vote, ils demeureront des citoyens de seconde zone, et ce jusqu'en 1945.

1. Car esclaves supposés venir du bassin du Congo.

L'appareil d'État reste aux mains d'une élite américano-libérienne à travers un système de patronage et de corporatisme. D'ailleurs, en 1931, elle sera condamnée par la Société des nations pour les conditions de travail forcé imposées aux autochtones pour le compte de multinationales de l'industrie du caoutchouc.

Un seul parti, le True Whig Party, administrera la société libérienne jusqu'en 1980. L'élite américano-libérienne divise pour mieux régner, en liguant certaines ethnies contre d'autres, creusant le fossé entre les groupes ethniques et les divisions parfois existantes durant la période précoloniale. Par exemple, les Krahn et les Lorma, considérés comme d'excellents guerriers, seront recrutés dans les forces armées. Les Mandingo, vus comme de brillants commerçants, seront favorisés dans les échanges avec les Congos, notamment dans le contrôle des routes commerciales entre le Nord et la zone côtière. Cette politique aura un impact non négligeable dans le déclenchement et le développement de la première guerre civile de 1990. Le territoire est contrôlé par la Liberian Frontier Force[1], laquelle use des moyens les plus durs pour contraindre les autochtones.

À l'issue de la Seconde Guerre mondiale, une période d'apaisement et de relative prospérité s'installe avec la présidence de William Tubman (1944-1971) un Américano-Libérien, considéré comme le « père du Liberia moderne ». Il sera réélu jusqu'à sa mort avec chaque fois des scores triomphaux et impose un régime dictatorial en s'enfermant dans une politique paranoïaque où chaque revendication du peuple est durement réprimée, créant un climat de terreur sur tout le pays.

En 1971, William Tolbert, américano-libérien, prend la tête du pays de 1971 à 1980. Toutefois, les inégalités

1. Cette force sera renommée Armed Forces of Liberia en 1960.

sociales entre les natifs et les descendants des Afro-Américains suscitent de nombreux mécontentements. Puis l'augmentation du prix du riz par décision du Président provoque une manifestation à Monrovia le 14 avril 1979, qui dégénère et fait des dizaines de morts. Le gouvernement tente de restaurer l'ordre et effectue de nombreuses arrestations au sein de l'opposition, mais la situation se détériore.

Le matin du 12 avril 1980, des militaires, avec à leur tête le sergent-chef Samuel Doe, un natif de l'ethnie krahn, se rendent au palais présidentiel. William Tolbert est alors éventré et défenestré. Le sergent-chef Samuel Doe devient le vingt et unième président du Liberia et le premier « natif » au pouvoir[1].

Dans la foulée, Samuel Doe fait exécuter en public, sur une plage, à grand renfort de publicité et caméras, des responsables du gouvernement précédent, ainsi que plusieurs membres de la famille de l'ancien Président. C'est la revanche des « natifs » sur les *freemen*. L'Assemblée est dissoute, et Samuel Doe instaure un Conseil de rédemption du peuple qu'il dirige, constitué d'une dizaine de militaires, dont la plupart seront des Krahn.

Mais le régime reste fortement contesté, d'autant que Doe reproduit les erreurs de ses prédécesseurs. Il instaure un régime basé sur le favoritisme de son ethnie krahn ainsi que des Mandigo. Le pays s'enfonce dans une crise économique et financière désastreuse, entraînant des révoltes durement réprimées.

La politique de Doe contraint de nombreux opposants à se réfugier à l'étranger, notamment en Côte d'Ivoire. Ils y retrouvent Charles Taylor, qui a pris la tête d'une nouvelle force, le National Patriotic Front of Liberia (NPFL). Le 24 décembre 1989, il part à la conquête du Liberia avec

1. Voir le film documentaire *Liberia* de Christophe Naigeon.

160 hommes soutenus et entraînés par la Libye et le Burkina Faso, depuis l'ouest de la Côte d'Ivoire et le comté de Nimba, en s'appuyant sur les Gio et Mano. Le NPLF progresse rapidement et, à l'été 1990, il contrôle presque l'ensemble du pays, sauf la capitale Monrovia où résiste Samuel Doe.

En vue d'empêcher le NPLF de s'emparer de Monrovia, la Communauté économique des États d'Afrique de l'Ouest (CEDEAO) envoie une force d'interposition composée de 4000 hommes, l'Ecomog.

Parallèlement, Prince Johnson, membre fondateur du NPFL, se brouille avec Charles Taylor et crée l'Independent National Patriotic Front of Liberia (INPLF). Avec ses hommes de l'INPLF, Prince Johnson capture, dans les locaux de l'Ecomog, le 9 septembre 1990, Samuel Doe et le torture à mort. La scène est filmée et choque la communauté internationale. Les rebelles exhibent le corps mutilé de Samuel Doe plusieurs jours dans les rues de Monrovia[1].

Quand je pense que Prince Johnson est actuellement sénateur en charge du comté de Nimba…

Et l'ex-femme de Charles Taylor, Jewel Taylor, est la vice-présidente du Liberia derrière l'actuel président George Weah, qui finalement est le deuxième Président à ne pas être un américano-libérien… avec Samuel Doe…

Les partisans de l'ancien régime de Samuel Doe, à majorité des ethnies krahn et mandigo, se regroupent dans le United Liberation Movement of Liberia for Democracy (ULIMO) et mènent des attaques contre le NPLF. Fin 1992, le NPLF et l'ULIMO se livrent à une guerre de type guérilla où s'affrontent de multiples seigneurs de guerre dissidents de l'un ou l'autre camp, sans obtenir de victoires significatives.

1. Voir l'arrestation de Samuel Doe, sur YouTube.

Notre client BFM exerce sa mission de colonel au sein du NPFL visiblement à ce moment-là !

Plusieurs accords de paix tentent d'obtenir alors un cessez-le-feu. L'accord d'Abuja 2 signé le 17 août 1996 sous l'égide de la CEDEAO met un terme à la guerre. En mars 1997, le désarmement de toutes les factions est achevé, des élections sont organisées le 19 juillet 1997 et Charles Taylor est élu avec 75,3 % des voix.

En 1999, le Liberia se retrouve engagé dans une deuxième guerre civile.

Un groupe rebelle, les Libériens unis pour la réconciliation et la démocratie (Lurd), fait son apparition à la frontière guinéenne et engage des combats contre le pouvoir. Un deuxième groupe rebelle, le Mouvement pour la démocratie au Liberia (Model), prend naissance dans le Sud. En juin 2003, Charles Taylor ne contrôle plus qu'un tiers du pays. Monrovia est bombardé et assiégé par les Lurd. Après de multiples pourparlers, le 29 juillet, un cessez-le-feu est accepté, et Charles Taylor démissionne le 11 août 2003. Une transition politique sous contrôle de l'ONU est organisée. Le 23 novembre 2005, Ellen Johnson Sirleaf est élue à la tête du pays.

Charles Taylor

Charles Taylor est finalement arrêté en 2006 et condamné à cinquante ans de prison pour crimes contre l'humanité par le Tribunal spécial pour la Sierra Leone et uniquement pour ce qui concerne la Sierra Leone, et purge actuellement sa peine dans un centre pénitentiaire de haute sécurité dans le nord-est de l'Angleterre.

Rappelons que Charles Taylor est né en 1948 d'un père américain et d'une mère américano-libérienne qui faisaient partie de l'élite du pays. À vingt-quatre ans, Taylor part étudier aux États-Unis et est diplômé en économie. Lorsque Doe devient Président, après son coup d'État, il confie à Taylor les services généraux du gouvernement. Après avoir détourné 900 000 dollars en trois ans, Taylor perd son poste et fuit aux États-Unis où il sera emprisonné. Il réussit miraculeusement à s'échapper et rejoint la Libye en 1985. Dans ce pays, il se forme aux techniques de guérilla avant de rejoindre la Côte d'Ivoire, crée le NPFL et lance l'insurrection contre le régime de Doe.

BFM

Son nom est James B. Il est né à Sanniquellie, le 23 août 1969, et est le fils de Don B., ancien membre du NPFL, le parti de Charles Taylor, et de Rose S. Il a fini avec le grade de général, après avoir gravi rapidement les échelons. Il semble que sa cruauté soit à l'origine de son ascension fulgurante au sein du NPFL. Son père a été un proche de Charles Taylor. B. a été formé par les services de renseignement de Libye au côté de Taylor, à l'époque où Kadhafi avait des vues sur l'Afrique de l'Ouest, notamment pour contrer les États-Unis.

Il a fait partie de la première garde de Taylor, responsable du contrôle des comtés du nord du Liberia. C'est dans ces comtés qu'il aurait commis ses atrocités.

La Commission vérité et réconciliation (créée en 2006)

Après trois ans de travail, des centaines d'auditions publiques et le recueil de milliers de déclarations écrites, la Commission vérité et réconciliation (TCR) a rendu public le rapport final qu'elle a remis le mardi 30 juin 2009 au Parlement. Le but de cette commission, créée sur le modèle sud-africain, consistait à enquêter sur les crimes de guerre et les violations des droits de l'homme commises entre 1979 et 2003 au Liberia[1].

Dans ses conclusions, elle a recommandé la prise de sanctions publiques à l'encontre de cinquante personnes qui se sont associées avec des groupes armés. Selon la Commission, ces personnalités devraient être empêchées de briguer des mandats électifs ou d'occuper des fonctions publiques pendant une période de trente ans.

Dans cette liste figurait notamment le nom de l'ancienne présidente Ellen Johnson Sirleaf. La classe politique libérienne a donc enterré les conclusions de la Commission vérité et réconciliation selon le motif suivant : pour la stabilité du pays, mieux vaut tirer un trait sur le passé.

Singulier, c'est le moins que l'on puisse dire !

En résumé, le Liberia est un pays créé de toutes pièces par d'anciens esclaves noirs venant des États-Unis, les Freemen, qui ont colonisé ces terres et exploité les autochtones, les Natives. Ainsi, ils ont généré un vrai clivage et une violence sous-jacente qui a perduré pendant cent quarante ans. Pour asseoir leur domination, ils ont divisé pour mieux régner en opposant les groupes ethniques qui composaient les Natives, soit d'un côté les Mano et les Gio, et de l'autre les Krahn et les Mandingo. Ces facteurs sont à l'origine des deux guerres civiles qui ont frappé le Liberia, qui ont provoqué plus de 150 000 morts, d'après les Nations unies.

À ce jour, le Liberia se refuse toujours à punir les chefs de guerre pour les crimes qu'ils ont commis.

Eh bien, la France va commencer, au nom de la compétence universelle !

1. Rapport Amnesty, 1994, disponible à l'adresse suivante : https://www.amnesty.org/download/Documents/POL1000021994ENGLISH.pdf

15

Nouveau monde digital

«Il n'y a jamais eu une telle période de promesses et de menaces.
Nous devons adopter une lecture claire et globale
quant à l'impact des technologies sur nos vies
et comment elles reconditionnent
notre environnement économique, social, culturel et humain.»

Klaus Schwab,
World Economic Forum

20 février 2018 – Paris, OCLCH

Je pénètre dans le département de la division de la stratégie. Couloir blanc, posters crimes contre l'humanité. Le commandant Jean-Michel L., l'officier commissionné, chef de la division de la stratégie, arabisant, spécialiste de l'analyse criminelle, et son adjoint Daniel M., major de police, sont en pleine discussion sur un dossier syrien. Je les interromps.

— Le proc nous a confié un nouveau dossier. Apparemment, il faudrait aller vite dans sa localisation et son environnement physique[1]. Le gars a le feu au cul. Il s'est

1. Elle sera réalisée par la mise en œuvre des techniques spéciales d'enquêtes autorisées par l'article 628-8 du Code de procédure pénale, et des techniques d'enquêtes classiques.

déjà barré du Danemark et a trouvé refuge chez nous. Un Libérien. Il pourrait se trouver dans le coin de Rosny d'après les informations fournies par l'ONG suisse Swiss Juridiction Universal.

Daniel enchaîne :

— OK. Je lance donc les réquisitions et les vérifications dans les bases judiciaires et administratives nationales et je fais la demande officielle aux services nationaux compétents. Son nom ?

— S'il n'est pas sous un faux blaze, il s'appelle James B., né à Sanniquellie au Liberia, le 23 août 1969, fils de Don B., ancien membre du NPFL, le parti de Charles Taylor, et de Rose S. Il est de l'ethnie mano.

Philippe reprend :

— Je vais demander à Jonathan de procéder aux vérifications auprès des différentes agences de l'Union européenne (Europol et Eurojust) et Interpol, l'ONU.

Je propose que l'on débute rapidement aussi des recherches, en sources ouvertes OSINT[1], à savoir sur Internet. De fait, l'adage selon lequel « tout individu laisse une trace » est encore plus vrai dans le monde numérique. Ainsi, des éléments pourront être identifiés sur les réseaux sociaux comme Facebook, Instagram ou Twitter. Il peut s'agir de photographies publiées par l'auteur présumé et le mettant en scène sur les lieux du crime allégué ou le montrant en compagnie de personnes intéressantes pour l'enquête. La chaîne YouTube pourra également recéler des vidéos intéressantes et susceptibles de constituer des indices, à conditions bien sûr d'avoir pu identifier les lieux, les personnes présentes sur la vidéo et la date à laquelle elle aura été filmée[2].

— Vous mettez Sylvie sur le coup ?

1. Open Source Intelligence.
2. Voir le document de Bellingcat, *Cameroon: Anatomy of a Killing*, BBC News.

— Elle a déjà beaucoup de dossiers mais bon… c'est ainsi.

— Yes. Daniel, la fameuse règle des 5 « C ».

— Les 5 « C » ?

— Oui, C'est Con mais C'est Comme Cela…

Sourires.

Une heure plus tard, Daniel me rend compte que les bases n'ont rien craché sur James B.

— Nous voilà bien partis. Il n'est pas sous son vrai nom en France. Il faut mettre le paquet sur les recherches en sources ouvertes.

Après quarante-huit heures de recherches OSINT, Sylvie débarque dans mon bureau avec son ordinateur portable. Souriante.

— Vous semblez satisfaite, Sylvie.

— Oui. Je pense avoir mis la main dessus. Mais je n'ai pas travaillé seule. Je me suis appuyée sur Open Facto, l'ONG spécialisée dans l'investigation open source avec laquelle on bosse.

Elle me présente l'écran de son portable sur lequel se meut une gigantesque toile d'araignée avec un dégradé reprenant les couleurs de l'arc-en-ciel. Chaque « fil » est relié à un nœud de couleur avec un nom. L'image est en 3D, elle est donc pivotante.

— Je suis partie de l'idée d'un regroupement communautaire à Paris. J'ai cherché les pages Facebook liées au Liberia, puis au comté de Nimba, le football, la musique libérienne, etc. Trois associations ont attiré mon attention : l'association des Libériens de France ; l'association NED, Nimba Education Développement, qui dispose de trois branches – française, américaine et libérienne ; et enfin, les Mandingo de France, mais, celle-là, on va la mettre de côté, les Mandingo étant plutôt ULIMO et opposés aux NPFL. Les deux premières associations disposent de pages

Facebook, que j'ai donc aspirées et fusionnées. Ensuite, sur les conseils d'Open Facto, j'ai cherché du côté des restaurants libériens ou d'Afrique de l'Ouest à la recherche de « Like », ainsi que les pages qui traitent du football. Là aussi, j'ai fusionné les données avec le premier graphe. Du coup, j'ai même trouvé des restaurants assez sympas.

Clin d'œil. Sylvie est une épicurienne.

— OK, vous avez secoué l'ensemble, et cela donne quoi ?

Sylvie fait tourner le graphe en 3D avec sa souris et zoome sur un nœud vers lequel converge un volume important de liens colorés. Chaque couleur représente des sous-groupes liés entre eux par des relations d'amitié assez marquées. On distingue ainsi cinq grosses sous-communautés dans son réseau d'amis, toutes liées à la pratique du football.

— Quand je fusionne l'ensemble, je remonte sur un Libérien du nom de Tanguy B., le président de l'association Nimba Education Développement, qui habite…

Sylvie marque un temps d'arrêt.

Je complète.

— À Rosny ?

— Et voilà !

— Mais l'individu cache sa liste d'amis. Toutefois, en analysant la liste des personnes ayant « liké » ses photographies publiques, notamment celles liées au football, il est possible de remonter une liste de 267 amis, liés par 1 451 relations. Mais B. a un deuxième compte Facebook qui possède d'ailleurs la même bannière, assez orientée rasta.

Sylvie efface de l'écran le premier graphe pour afficher le second tout aussi chatoyant de couleurs.

— Le graphe relationnel obtenu est plus concentré sur la famille, les amis et l'environnement proche de l'intéressé. On retrouve celle qui doit être sa petite copine, Annie L., mais également des amis retrouvés sur le précédent graphe. Quand on analyse cette page Facebook, on voit qu'il a un certain nombre d'amis en Libye…

— Ah oui, pas mal quand on sait que les membres importants du NPFL et de Charles Taylor ont été formés par Kadhafi à l'époque. Mais rien sur notre client ?

— Non. Il faudrait maintenant éplucher tous les comptes Facebook amis de B., analyser les photos, etc. Visiblement, B. habite au Bois-Perrier, une cité de Rosny.

— OK, allez-y ! Du coup, on est raccord avec les informations de l'ONG. Pompez les images. On va commencer à faire des recherches sur ce B.

— J'ai déjà fait une archive des données. Pour le reste, je vois avec Daniel.

L'analyse des bases nous apprend que Tanguy B. est de nationalité libérienne, né le 15 juillet 1969 à Ganta, comté de Nimba. Il détient une carte de résident depuis dix ans renouvelée. Il est effectivement le président de Nimba Education Developpement, version NPFL. Il détient un véhicule Ford de couleur bleue et travaille dans une société de gardiennage, Wolf Sécurité, à Magny-le-Hongre. Et, surtout, on redresse un numéro de téléphone que l'on va pouvoir placer sur écoute.

Deux heures plus tard, Sophie revient avec son portable.

— Après avoir chargé l'ensemble des photographies des comptes et pages de B., on les a moulinées avec notre logiciel RecoFace[1] et comparées avec l'image que vous nous avez fournie des années 1990 au Liberia. Et là… regardez.

---

1. La recherche de renseignements en sources ouvertes, notamment sur Internet, implique, certes, de collecter ces indices en sources ouvertes mais, surtout, de vérifier ensuite leur parfaite authenticité pour être entrés en procédure. C'est la raison pour laquelle elle est effectuée par des spécialistes, formés à cet effet et qui font preuve de la plus grande rigueur. Les expertises provenant d'experts en reconnaissance faciale pourront permettre d'identifier ou de disculper l'auteur présumé sur des clichés. Parmi les personnels de l'OCLCH figure d'ailleurs une spécialiste dans ce domaine. Quoi qu'il en soit, les évolutions technologiques comme l'intelligence artificielle sont suivies de très près.

Sylvie me montre les photos en question, prises à l'occasion de matchs de football dans la région parisienne. On y voit deux individus bras dessus, bras dessous. À droite, on reconnaît B., et à gauche, un géant de deux mètres : BFM.

— Du coup, j'ai envoyé un cliché à Hervé, d'Open Facto, pour qu'il nous retrouve le stade en question. Il a utilisé Google Reverse Image. Vous voyez, au fond, la grande tour ? Devant, on distingue une enseigne sur le toit d'une autre tour plus petite. C'est un magasin Carrefour. Hervé nous a situé le stade. Il s'agit du stade Déjerine, vers Montreuil. Par acquit de conscience, j'ai aussi gratté sur le Facebook d'Annie L., la petite amie de B. Elle est plus prolixe et pas avare de commentaires.

Sylvie poursuit sur le compte d'Annie :

— En analysant ses photos, j'en ai trouvé une intéressante, un anniversaire. Le sien, apparemment. Et regardez, là, au fond de la salle, on reconnaît bien notre homme.

— Une date pour la photographie ? Et un lieu ?

— Oui, elle fêtait ses quarante ans le 10 janvier de cette année dans un restaurant style Afrique de l'Ouest de l'est parisien, le Kumba. On la voit ensuite au Mask, l'un des QG de l'ambiance africaine-antillaise à Paris.

— Bien joué, Sylvie. S'agissant de la photographie du stade, voilà ce que l'on a trouvé.

Sylvie se rend sur Google.

— Oui, regardez la même photo prise six mois auparavant, l'enseigne n'était pas présente. Cela fait début septembre environ.

— Impeccable. Notre gars est bien là. Il a un peu maigri mais est toujours aussi costaud. Remerciez Open Facto et Hervé pour son coup de main, toujours très efficace…

L'individu ayant été formellement reconnu, il nous faut maintenant trouver son identité d'emprunt. Je dois désigner un directeur d'enquête pour ce nouveau dossier. Ce sera le capitaine Bertrand R. Trendy Proc donne son accord pour l'écoute téléphonique de B., ses fadettes, sa géolocalisation et une balise sur son véhicule, si affinité. Il n'y a plus qu'à attendre de voir comment il évolue et souhaiter qu'il aille au contact de BFM.

9 mars 2018 – OCLCH

Cela fait plus de dix jours que la ligne de B. ne réagit pas. Rien. *Nada.*

Les enquêteurs commencent à s'inquiéter. Avons-nous le bon numéro ? C'était trop beau. Impossible de contacter son employeur ! Trop risqué. Nous n'avons pas d'autre choix que de mettre en place un dispositif pour prendre en compte physiquement notre client.

L'équipe est composée de trois personnes, le capitaine Bertrand R., Daniel et Stéphanie sur un scooter. On fait avec les moyens dont nous disposons.

Décision est prise de se concentrer plutôt sur la société de sécurité, moins risquée que la cité. Wolf Sécurité est implantée à Magny-le-Hongre, dans une zone industrielle. Un coup d'œil sur Google Map. Heureusement pour nous, la zone est en bordure d'immeubles de hauteur moyenne, mais disposant d'une vue imprenable sur l'entrée de la société. Sur le parking, sont alignés une vingtaine de véhicules arborant le logo de l'entreprise.

En recherchant sur Google, nous trouvons une adresse qui va nous permettre d'avoir une vue correcte sur la zone à observer. Il s'agit de l'appartement de Mme K.

9 mars – Magny-le-Hongre

Bertrand R. sonne. La porte s'ouvre sur l'occupante des lieux, une petite femme d'un mètre cinquante, soixante-quinze ans, cheveux courts gris plaqués, en grande forme. Bertrand décline son identité et énonce l'acronyme de l'OCLCH. Le visage de Ginette se fige. Les images de son passé lui reviennent en mémoire. La guerre, les nazis, les camps, la haine, Nuremberg… La porte s'ouvre donc en grand, et l'équipe investit l'appartement. Le paisible quotidien de Ginette s'en trouve bousculé. Elle est ravie de participer à un exercice de la police judiciaire.

Les murs du long couloir sont parsemés de photographies sur lesquelles apparaissent des personnages souriants et joyeux, vestiges du temps passé où la solitude n'avait pas lieu d'être. Un chandelier à sept branches trône sur le buffet, ainsi que la Magen David, le sceau de Salomon protecteur, dans un splendide tableau.

Les caméras et appareils photo sont positionnés dans une chambre d'amis à la tapisserie fleurie un peu passée. Au moins, on ne dérangera pas Ginette qui regarde ses jeux télévisés. Bertrand R. et Stéphanie, qui se sont relayés à l'appartement pendant un jour et demi, ont été gavés de sucreries, gâteaux secs, mais surtout de beignets : les fameux beignets de Ginette.

Il a donc fallu trente-six heures pour voir arriver B., vêtu de l'uniforme noir de la société avec son logo représentant un loup noir aux yeux rouges. L'homme est de taille moyenne, crâne rasé, visiblement en forme physiquement. Il tient un chien en muselière, un rottweiler qu'il sort du coffre arrière de sa Ford. Au moins, le véhicule est le bon.

B. pénètre dans le hangar de la société. Il y reste cinq minutes, le temps de prendre ses consignes, sans doute. Le temps aussi pour Daniel et ses coéquipiers de lâcher la planque et rejoindre les véhicules, une Golf banalisée et un scooter, tous saisis dans le cadre d'affaires judiciaires et réaffectés à l'OCLCH. L'État se paie sur la bête de la criminalité organisée. Normal. La bise à mamie Ginette, et merci pour les beignets. Encore un petit sac pour la route ?

Le chien rejoint bien sagement le coffre d'un véhicule break, une Kangoo. B. passe récupérer un sac dans la Ford, le range à côté du chien et démarre. Le dispositif prend en compte l'objectif, à distance, scooter au contact, la Golf en deuxième rideau.

Quelques kilomètres plus loin, l'équipe suit la Kangoo vers le centre commercial Val d'Europe. B. gare son véhicule sur le côté, rue de l'Hymne-à-la-Joie (cela ne s'invente pas…) et prend son service.

Du coup, on remplace la Golf par le soum[1] Mercedes, car la nuit va être longue.

Thermos de café, sandwichs, ambiance renfermée avec visu caméras sur l'extérieur. Durant la nuit, B. réalise trois rondes avec son chien sur le parking.

Vers 7 heures du matin, il fait monter son chien, embarque dans le véhicule de la société et reprend le chemin de Rosny. Malheureusement, un coup dans l'eau. Mais l'équipe va tout de même vérifier que B. rentre à son domicile. Ce qui sera le cas.

11 mars – Val d'Europe, centre commercial

On remet le couvert sur le lieu de travail de B., mais cette fois avec un Catcher[2] pour retrouver son numéro de portable. Une équipe spécialisée se joindra à nous pour

1. Sous-marin : véhicule de surveillance.
2. Appareil capable de détecter le numéro de téléphone d'une cible.

la « manip », dès que B. sera arrivé. Du coup, l'équipe revient embrasser Ginette, laquelle se met immédiatement en cuisine. Le temps d'avaler quelques beignets et l'équipe aperçoit B. qui vient prendre son service. Il est 18 h 30.

Bertrand et Daniel, la bouche encore pleine, le prennent en filature jusqu'au centre commercial. Ils se positionnent sur la même place, avec une vue directe sur le véhicule garé rue de l'Hymne-à-la-Joie.

La nuit est tombée. Il est 22 heures quand l'équipe Catcher frappe à la porte arrière du soum. Ils mettent en place leur matériel. La machine trouve assez rapidement deux numéros, grâce à la triangulation, qu'il faudra confirmer avec d'autres prises. L'équipe s'apprête à lever le camp quand, vers 1 heure, B. sort de la Kangoo, sans doute pour faire sa ronde.

Mais, contrairement à la nuit précédente, il se positionne sur l'une des sorties du grand parking et attend. Dix minutes plus tard, une noria de motos et scooters déboule. Un type toutes les dix minutes, casqué, impossible de détroncher[1] l'un ou l'autre. À chaque passage, B. distribue ses colis. Une dizaine. Mais cela laisse le temps d'enregistrer les numéros.

Pas trop de doutes, B. est à la tête d'un trafic de stups, ou du moins, s'il n'est pas à la tête, il est bien impliqué. Le manège dure jusqu'à 1 h 30, quand une Audi A4 noire déboule sur le parking. Un grand gaillard en sort. Les caméras infrarouges filment la scène. Daniel zoome sur la zone. B. et le type se saluent en se tapant dans la main. Le type enlève sa casquette et son visage apparaît grâce à la caméra infrarouge. C'est BFM !

Qui a dit : « Aide-toi et le ciel t'aidera » ?

Le Catcher fait le job et crache le numéro de téléphone de BFM.

1. « Repérer quelqu'un ».

2 h 30

Je reçois un WhatsApp : *C'est bon. On l'a.*

Photo infrarouge : BFM est vêtu d'un treillis et porte une casquette à l'effigie de Paris vissée sur la tête.

Cinq minutes s'écoulent avant que BFM remonte dans l'Audi pour partir sur les chapeaux de roues. Stéphanie démarre le scooter et prend en compte le véhicule mais doit se maintenir à distance. Le soum suit mais l'équipe n'est pas assez étoffée pour le suivre en toute sécurité.

Le capitaine Bertrand R. décide de ne pas prendre de risque et laisse filer. De toute façon, l'Audi roule trop vite.

Mais la moisson est bonne. Une vérification sur la plaque d'immatriculation donne le nom du propriétaire, un dénommé Samuel T., demeurant à Noisy-le-Sec.

T., un nom bien libérien.

Retour maison.

12 mars – OCLCH

Le lendemain, après quelques heures de récupération, c'est l'heure du bilan. On ne s'attendait pas au coup des stups. Mais bon… On balancera le dossier aux Stups de Rosny. Cela leur fera un crâne[1]…

On va se concentrer sur ce Samuel, et les deux numéros de téléphone chopés dans la nuit sont mis sur écoute. Quelques recherches auprès des opérateurs de téléphonie nous apprennent que BFM apparaît sous un nom d'emprunt issu de Côte d'Ivoire : Bakayoko D. Il est inscrit à Pôle emploi et touche 1 500 euros grâce à des faux papiers et une fausse déclaration d'embauche. Le numéro de téléphone indiqué sur les documents qu'il a rédigés pour recevoir ses

1. Un bâtonnet dans les statistiques.

allocations correspond à l'un des numéros captés lors de la surveillance. Il donne également une adresse : 67, boulevard Michelet à Noisy-le-Sec. Chez Samuel T. Nous sommes raccord. Les réquisitions bancaires nous permettent de connaître ses retraits et de saisir les bandes-vidéo des distributeurs de billets. Peu à peu, l'image de notre client se précise.

Il nous reste à vérifier qu'il vit bien à l'adresse indiquée avant de procéder à son interpellation, qui ne saurait tarder… Sauf que.

14 mars – OCLCH

Nouvelle réunion de crise. Les lignes téléphoniques de B. et BFM, qui étaient actives, sont crashées sans raison apparente.

Avons-nous été repérés ?

Daniel, notre major de police et ancien des Stups, a une intuition. Une rapide vérification avec ses contacts confirme ce qu'il craignait. Les Stups ont mis un coup dans le réseau de B. et ses petits livreurs. On leur demande de lever le pied quelque temps, de telle sorte que nous puissions travailler en toute sérénité.

B. et BFM ont pris un coup de chaud. Côté positif, nous ne sommes pas en cause… Côté négatif, nous perdons les téléphones de guerre des deux clients. Nous devons repartir de zéro.

Une petite recherche sur T. nous révèle qu'il travaille comme garde de sécurité au Mask, le club en photo sur le Facebook de la petite amie de B., Annie L. On commence à relier l'ensemble : B., T., L. et BFM.

Nous décidons donc de replacer notre équipe Catcher à proximité du boulevard Michelet.

Par chance, l'équipe retrouve le boîtier mais, la cible a choisi une puce d'un opérateur qui donne un point de géolocalisation toutes les trente minutes… ce qui nous complique bien le travail.

Le lendemain, Bertrand R. débarque dans mon bureau.

— Visiblement, BFM a pris plus qu'un coup de chaud. Il a appelé un correspondant en Italie, un Guinéen, visiblement. On a eu de la chance. On a pu mettre la main sur un interprète en langue mano. D'après la traduction, BFM lui demande de lui préparer un passeport guinéen. Il veut quitter la France. L'autre lui demande pourquoi. Il répond qu'il est impliqué dans un trafic, qu'il s'est fait lever. Son correspondant lui a demandé de se rendre à l'ambassade de Guinée, à Paris, dans le 16e arrondissement. Il doit faire biper le téléphone d'un type qui lui fournira des formulaires. Il doit envoyer sa photo par le Net et virer *via* un mandat Western Union la somme de 1 500 euros au type en Italie. Effectivement, sa géolocalisation le positionne pour la journée d'hier dans l'environnement de l'ambassade de Guinée. Il faut accélérer.

— OK. J'appelle la permanence du GIGN.

— Oui. Il faut qu'on se mette sur le domicile de T. Ses papiers ne seront prêts que demain. On a encore un peu de temps.

Après un bref briefing au téléphone de la permanence du GIGN, l'officier de permanence décide d'engager dès le lendemain la Force d'observation recherche (FOR), une unité que je connais bien. J'ai eu souvent l'occasion de travailler avec eux, avant mon départ en Bosnie, notamment à la tête de la section de recherches de Montpellier. Cette composante « observation recherche » est spécialisée dans l'acquisition du renseignement d'ordre judiciaire ou administratif, dans le cadre de la lutte contre le terrorisme et le grand banditisme. Les hommes et les femmes qui composent cette unité sont rompus aux techniques de filature et d'observation. « Toujours entre ombre et lumière ».

16 mars – Noisy-le-Sec

L'équipe de la FOR est en place autour de l'immeuble. Composée de quatre gendarmes, avec un chef d'équipe, elle attend l'arrivée de BFM. Sa géolocalisation nous indique qu'il est en déplacement depuis l'Ouest parisien vers Noisy-le-Sec.

Dernier point de localisation, l'ambassade de Guinée à 16 h 34. Il a donc récupéré son document. Si tout va bien, il devrait rentrer dans la nasse. On croise les doigts.

17 h 05 : le client est visiblement sur la ligne RER E, à la hauteur de Pantin. Il ne devrait pas mettre plus de onze minutes pour arriver sur le boulevard, là où le dispositif l'attend pour l'interpellation.

17 h 20 : pas de BFM à l'horizon. Soit il n'a pas rejoint l'appartement de T., soit il n'est pas passé par le boulevard Michelet et a pris quelques précautions. Nous avons quand même affaire à un chef de guerre expérimenté !

L'autre problème est que l'on ne se sait pas de manière formelle où il loge, même si tout indique qu'il doit se trouver chez T.

Avec Antoine, le chef du dispositif, nous prenons la décision de relancer un coup de Catcher pour confirmer sa présence dans l'immeuble. Cinq minutes plus tard, la réponse tombe. Notre gars est bien là. Stéphanie, avec son allure d'assistante sociale BCBG, se propose d'aller faire le tour des boîtes aux lettres.

— J'ai trouvé. Il est au quatrième étage, au numéro 452, annonce-t-elle.

Les quatre étages sont grimpés à la vitesse de l'éclair. Les gendarmes du GIGN se placent de part et d'autre de la porte. Stéphanie sonne, un classeur bleu à la main, tout sourires.

Œil dans l'œilleton. Bruits de serrure. Ouverture de la porte.

En moins de trois secondes, les quatre gendarmes sont dans l'appartement, aux cris de « Gendarmerie nationale », histoire de rassurer tout le monde. BFM, compte tenu du nombre de kilos qui l'immobilisent, se résigne à ne pas bouger. Cinq secondes plus tard, les bras dans le dos, il est menotté.

Le chien de Samuel T. fait son boulot et mord légèrement l'un des gendarmes du GIGN. Mais, dans un élan de sagesse, il relâche sa proie sur ordre de son maître. T. comprend vite « qu'il ne faut pas faire chier Zorro »...

La situation est sous contrôle. Les collègues du GIGN nous font signe que tout va bien. Nous pénétrons alors dans l'appartement pour énoncer les droits au futur gardé à vue. Convaincu qu'il tombe pour trafic de stups, BFM s'exprime dans un français approximatif pour nous expliquer qu'il est surpris, qu'il ne comprend pas, qu'il n'était pas là, que c'est un coup monté, etc. Mais il est encore plus étonné quand il apprend qu'il est en garde à vue pour crimes contre l'humanité pour son rôle présumé de colonel du NPFL impliqué dans des atrocités lors des guerres civiles au Liberia.

Vêtu d'une veste en cuir noir descendant à mi-cuisse, d'un jean troué, BFM se tient droit, silencieux et nous observe sans broncher. Il fait jouer ses muscles. Arrogant, il esquisse même un sourire à la vue du sang sur le pantalon du gendarme du GIGN. La perquisition de l'appartement ne révèle que peu de choses, si ce n'est son billet de bus Eurolines pour l'Italie. Départ le lendemain matin. On l'a cueilli au vol.

Nous précisons à T. qu'il sera convoqué plus tard pour une audition.

Compte tenu du gabarit de BFM, il fera le voyage avec sur la tête un casque de moto à la visière opacifiée et des anneaux aux pieds.

La garde à vue sera courte. L'avocat a conseillé à son client de ne rien dire. Chaque question sera suivie d'un : «*I don't want to answer this question.*» Il a perdu l'usage du français mais son téléphone sera plus bavard. Grâce à nos techniques d'exploitation des moyens de communication, plusieurs photographies de guerriers africains sont découvertes. Mais rien qui l'implique directement. En tout cas, rien qui date des faits.

Les autres auditions des témoins n'apporteront rien de plus. Ils ne savaient pas, ils ne comprennent pas.

Comme à l'accoutumée, le dossier fait l'objet d'une ouverture d'information dans l'un des trois cabinets des juges d'instruction chargés du contentieux Crimes contre l'humanité.

Comme pour le Rwanda, nous devons donc nous déplacer dans le pays pour recueillir d'autres témoignages et indices matériels. Préalablement, nous avons auditionné des journalistes[1], envoyés spéciaux au Liberia ou en Sierra Leone, qui, dans les années 1990, étaient les seuls à pouvoir rapporter des images des crimes et des conflits armés.

De ce point de vue, notre contentieux a beaucoup évolué eu égard au développement d'Internet, des réseaux sociaux et de l'intensification de la propagande par ces biais. Dorénavant, des milliers d'images et de vidéos sont disponibles sur Internet, grâce, notamment, à la généralisation de

1. Voir le site du journaliste Patrick Robert : http://jrideau.free.fr/news_liberia.html

l'emploi des smartphones. À l'avenir, la démultiplication des sources dématérialisées du type « Cloud » sera capitale pour nos recherches ainsi que l'utilisation de l'intelligence artificielle.

Mais pour le moment, si le Liberia ne vient pas à toi, alors va au Liberia.

16

Welcome back to Liberia

L'âme-serpent

Je sens les vibrations de ton corps,
Ô mortel qui se prend à espérer,
Qui se dégage des étreintes de la mort
En se serrant de plus près.
Je te vois soulever cette pierre tombale
Qui pèse sur tes pensées écrasées,
Tes paroles ne sont plus ce râle
Cette cendre de mots jadis embrasés.

Jean-Pierre Chemaly,
Le Bestiaire des Âmes

23 avril 2019 – Liberia, aéroport de Monrovia

La chaleur et l'humidité me tombent dessus malgré la nuit. Un minibus attend notre délégation. Je suis accompagné de Stéphanie M. et Valentin M., une partie du groupe Afrique. Nous sommes conduits au salon d'honneur où nous attend Emmanuel Marry, le chargé d'affaires de l'ambassade de France. Nous avons échangé ces dix derniers jours de nombreuses fois par messagerie sécurisée pour monter la logistique de l'opération. Voitures, conducteurs, *guest houses*, relations avec les autorités locales, justice, police…

Avoir servi cinq ans en ambassade me donne l'avantage de connaître quelques rouages.

L'action de l'ambassadeur a été déterminante pour la validation officielle de notre déplacement par les autorités politiques du pays. C'est d'ailleurs la première fois qu'un pays européen obtient le feu vert pour agir ainsi. Mais, contrairement au Rwanda où nous pouvons prendre nos auditions directement, cette fois nous devrons le faire avec une équipe d'enquêteurs de police judiciaire libériens.

Dans le salon d'honneur, la climatisation tourne à fond. Les murs beiges de la pièce suintent. Certains d'entre eux arborent des toiles africaines colorées. Une hôtesse d'accueil nous propose de nous asseoir dans de grands fauteuils en Skaï délavé marron avec une boisson fraîche. Après douze heures de vol, la station debout ne fait pas de mal. Un Libérien âgé en costume traditionnel est déjà installé dans l'un d'entre eux.

Au-dessus de la porte de sortie, les seize masques des tribus qui composent les Natives du Liberia nous observent d'un œil méfiant. Ils encadrent la devise du pays : « *The love of Liberty brought us here* ». Elle me laisse somme toute dubitatif quand on rentre dans le détail de la note de contexte sur l'histoire de ce pays. J'observe surtout le masque Mano, la tribu d'origine de notre client.

Quelques minutes plus tard, le bus qui nous conduit à Monrovia fonce dans la nuit. L'air moite pénètre dans l'habitacle. Une heure et demie de trajet avant d'atteindre notre hôtel situé au centre-ville. À la place dite « du mort », je ne vois pas grand-chose. Le pare-brise est assez opaque et fendu. Je ne suis pas sûr d'avoir le temps de me mettre en position crash en cas de problème.

Toutefois, notre conducteur semble bien connaître la route, car, parfois sans crier gare, il freine pour franchir un nid-de-poule. On verra bien. Il faut croire en sa bonne étoile. La chaleur demeure étouffante, et le jean colle déjà à la peau. Dans le bus, personne ne dit mot, le regard perdu vers l'extérieur, vers l'inconnu. La fatigue, sans doute.

Le trajet de l'aéroport vers la ville n'est pas vraiment éclairé. Il ne l'était pas plus dix ans auparavant. En effet, c'est la seconde fois que je me rends au Liberia. La fois précédente, c'était pour une mission Stups. Je me souviens de cette mission qui m'avait propulsé, le lendemain de mon arrivée dans le pays, en costume par 33 degrés et 98 % d'humidité dans la prison centrale de Monrovia au milieu des condamnés à perpétuité, la vraie, avec un procureur français. Les types entassés à cinquante dans de petites cellules. Une expérience inoubliable.

Rien ne semble avoir changé. Avec la vitesse, j'aperçois, au dernier moment, des piétons qui marchent sur le bord de la route dans le faible halo des phares. Dans la noirceur de la nuit, des bars illuminés égrènent le trajet. Je perçois les rythmes tribaux endiablés crachés par de grosses enceintes, polarisant toute la jeunesse du coin. Dansant, chantant, une bière à la main, des filles se trémoussent sous l'œil aguiché des garçons. Langage universel. Plus nous approchons de la ville, plus la nuit semble s'animer autour de marchés à ciel ouvert, où tout semble pouvoir se vendre. Même la nuit. Surtout la nuit en fait.

Une heure plus tard, avec en prime quelques bouchons liés au trafic incessant de l'entrée de Monrovia, nous arrivons enfin à l'hôtel. Le responsable libanais nous accueille avec un grand sourire. Il y a environ dix mille Libanais qui rythment la vie économique du pays. Une bonne nuit de sommeil va nous remettre d'aplomb.

25 avril 2019 – Monrovia

6 heures. Le soleil se lève dans un halo d'humidité sur Monrovia. Départ pour notre mission vers le nord-est du pays. Idou, notre interprète en langue kissi, anglais, libérien et français, nous a rejoints pour la totalité de la mission. Vêtu d'un survêtement aux couleurs du Paris-Saint-Germain, un ventre proéminent, stigmate du footballeur qui boit maintenant de la bière (sans alcool), sa pratique du sport relève de la préhistoire. Idou parle un français parfait, appris en Guinée. De l'ethnie mandingo, il est vif et malin. Observateur, attentif, connaissant le « tout »-Monrovia, il joue visiblement le rôle du sage et devrait nous être vraiment utile pour décoder rapidement l'histoire du pays, les coutumes locales. Bref, voir derrière les apparences.

Deux enquêteurs de la police judiciaire de Monrovia nous sont affectés, David et Paul, ainsi qu'une escorte de cinq militaires armés de kalachnikovs. David est plutôt grand, quarante-cinq ans, posé, calme et observateur. Soucieux de son allure, il se déplace avec nonchalance, sous son Borsalino bon marché. C'est le chef d'équipe. Une cicatrice barre son visage de gauche à droite sur environ dix centimètres, s'échouant sur la lèvre supérieure, là où se trouve vissé un cigarillo à moitié consumé.

Stigmate des guerres ?

Paul, lui, est plutôt petit et nerveux, gueulard, avec des petits yeux noirs enfoncés et malins, une casquette de football américain en permanence sur le crâne.

Le SUV est chargé à bloc, téléphone satellite, balises GPS, imprimantes, ordinateurs, batteries de rechange, matériels de constatations techniques de scènes de crime et de mesures, bandeaux gendarmerie, etc. Doxycycline, Malarone, les indispensables médicaments contre le paludisme, et trente litres d'eau.

Nous sommes partis pour quatorze heures de pick-up, dont dix de piste pour rejoindre V. en passant par plusieurs villes étapes. Notre délégation s'engouffre dans le trafic routier. En face de nous, l'entrée de Monrovia se densifie de minute en minute, jusqu'à créer trois voies de circulation, si bien que même notre escorte éprouve des difficultés à se faufiler. L'anarchie la plus totale s'installe. Un conglomérat de véhicules de toutes sortes, motos, camions, SUV immobilisés, et qu'il faudra contourner pour réussir à sortir de la ville.

Notre SUV suit l'escorte au plus près. Je pose mon regard sur la pauvreté qui vient s'échouer à la périphérie de la ville sous forme de bidonvilles, de baraques faites de bric et de broc où se débattent femmes, enfants et hommes pour survivre.

Un pays riche ! Et riche en pauvres. Une inscription sur un mur attire notre attention : « *Love God More Than Money* »...

Mouais... Quand tu as le choix, à la limite...

Je songe à l'inconnu qui se dresse devant nous. La mission en elle-même, à savoir trois remises en situation sur différentes scènes de crime où sont supposés s'être illustrés BFM et ses comparses. Une dizaine d'auditions de témoins, dont des insiders, c'est-à-dire des témoins proches de certaines de nos cibles à venir. La météo. Nous sommes à la veille de la saison des pluies, la mousson africaine où il peut tomber des volumes impressionnants d'eau, ce qui nous bloquerait dans la zone d'enquête pendant de nombreux jours. L'accueil des Libériens au nord et notre synchronisation avec les policiers, la volonté des témoins de s'exposer devant toute la population. Le paludisme.

Bref, j'ai hâte que cela démarre, que l'on y voit clair.

Le convoi a quitté Monrovia il y a une heure. Le soleil alterne avec des nappes de brume qui noient les petites vallées d'où émergent bananiers, palmiers et cocotiers.

Daddison, notre conducteur, a décidé de nous abreuver de musique africaine criarde. De peur de le froisser, Stéphanie, Valentin et moi n'osons lui demander de changer de style.

Nous traversons maintenant une forêt d'hévéas alignés avec soin. Chaque arbre est saigné pour délivrer son précieux liquide recueilli dans un pot gris, le caoutchouc. Cette zone est exploitée par la fameuse et très controversée usine Firestone, installée au Liberia depuis le milieu des années 1920.

À cette époque, l'accès des États-Unis au caoutchouc était limité par les puissances coloniales européennes, notamment les Pays-Bas et l'Angleterre, qui détenaient le monopole de la production de caoutchouc. Considérée comme stratégique, Hoover mandate alors Samuel Firestone pour trouver une source de caoutchouc contrôlée par les intérêts américains. Il envoie des experts au Liberia en décembre 1923 pour effectuer une étude de sol. Elle deviendra une des plus importantes productions mondiales de caoutchouc, jusque dans les années 1980.

Toutefois, la *success story* se trouve entachée en 2006 par les plaintes des ouvriers de l'usine accusant la direction de Firestone d'esclavagisme. La Mission des Nations unies au Liberia (MINUL) enquête et publie un rapport détaillant l'état des droits de l'homme dans les plantations de caoutchouc du Liberia. Selon la MINUL, Firestone n'a pas suffisamment contrôlé l'interdiction du travail des enfants. Le président de Firestone a déclaré à CNN que « chaque ouvrier exploite environ 650 arbres par jour, où il passe peut-être deux minutes à chaque arbre ». Soit vingt et une heures de travail par jour. Décidément, ce pays sort difficilement de l'esclavagisme.

À G., nous abandonnons le comté de Bong, jouxtant celui de Nimba, dirigé par le sénateur Prince Johnson, à l'origine du meurtre de Samuel Doe filmé en direct, les monts Nimba chargés en minerais de fer que l'on distingue au loin, dont certains culminent à plus de mille cinq cents mètres et la route goudronnée.

Sur un immense panneau publicitaire, « The President Meter Project » mesure le volume des promesses électorales du président George Weah non tenues. L'avenir s'annonce compliqué pour l'ancien joueur du PSG.

La piste devient rapidement chaotique. La terre rouge virevolte autour des 4 × 4 et se colle au pare-brise. Les portions régulières alternent avec des trous de la taille d'un homme. Quelques sociétés chinoises s'activent sur la piste pour la goudronner. Comme dans le reste de l'Afrique, il s'agit de rattraper tant bien que mal le retard accumulé.

Plus nous nous approchons de la zone d'enquête, plus j'admire la majesté de certains arbres. La richesse de la végétation est extraordinaire. Les collines sont recouvertes de convovulus, de petits palmiers, cocotiers, manguiers, caféiers. Parfois, certaines parcelles sont entièrement brûlées, laissant poindre des tumulus d'environ cinquante centimètres, en forme de champignons, construits par les termites et apparaître d'immenses rochers et blocs.

Nous traversons quelques villages constitués de dizaines de maisons en pisé. Des impacts de balles sur certains murs rappellent les combats qui se sont déroulés dans ce pays. Au centre, trône en général un immense bougainvillier mauve sous lequel sont installés, sur des bancs et tabourets, des anciens qui palabrent à l'ombre.

De nombreux enfants nous saluent en criant : « *Pumui*[1] *!* » Certaines femmes s'affairent autour de gamelles posées sur des feux de bois avec souvent un enfant porté dans le dos. D'autres sont assises derrière des étals, vendant ici le produit de leur récolte, là de minuscules sachets de pâtes ou de riz, ailleurs des poissons séchés ou des morceaux de poulets

1. « Homme blanc », en kissi.

couverts de mouches. Les poches d'eau en plastique vides jonchent le sol.

J'observe le soleil qui se coule derrière les collines boisées; le pick-up continue de nous bercer quand nous franchissons un pont enjambant la rivière Saint-Paul.

Trois heures plus tard, la nuit est déjà tombée depuis une heure lorsque éclate un orage mémorable. La piste est devenue une patinoire. Daddison a coupé la musique dans l'habitacle, concentré à l'extrême, contre-braquant dans tous les sens, plongeant dans de gigantesques vasques remplies d'eau en quelques minutes.

Finalement, l'orage s'efface sans prévenir. L'aérodrome de V., la capitale du comté, apparaît sur la droite de notre route. Utilisé pour transporter médicaments et personnels médicaux pendant l'épidémie d'Ebola qui ravagea le pays, il marque l'entrée dans la ville.

Nous avons rendez-vous avec des médecins français et un prêtre italien de la congrégation Saint-Jean-de-Vianney. Sur demande d'Emmanuel Marry, le chargé d'affaires, ils ont été mandatés pour organiser notre accueil et nous guider vers la King Guest House. Gardée en permanence et ceinturée par de hauts murs couronnés de tessons de bouteille, elle est composée de plusieurs bâtiments abritant des chambres au confort modeste, un bar à ambiance, un parking où trônent deux immenses manguiers chargés de fruits et un bougainvillier majestueux. Ce sera notre camp de base pendant une huitaine de jours. Pas d'eau courante. Pas d'électricité au moins durant la journée, comme dans le reste du comté. Il va falloir jouer malin pour recharger les téléphones portables. En revanche, une connexion internet parfaite avec la France.

Après un repas composé de riz, omelette, bananes plantain, le tout baignant dans l'huile de palme, une réunion de travail franco-libérienne est organisée pour répartir les missions, à savoir la convocation des témoins pour leur participation aux remises en situation sur zone. Rendez-vous est pris sur la première zone : le village de C. pour 9 heures.

Errant dans la *guest house*, j'observe les étoiles qui apparaissent ou disparaissent au gré du mouvement des branches de palmiers soufflées par une brise nocturne, chaude et humide. J'écoute l'écosystème de la forêt tropicale qui m'entoure. Oiseaux, criquets, insectes de toutes sortes s'en donnent à cœur joie.

Je songe au temps qu'il nous aura fallu, en 2019, pour rejoindre le nord du pays. Je remonte alors presque trente années plus tôt. Envahie et à la merci de hordes sauvages, cette zone et sa population ne pouvaient espérer recevoir aucune aide. Les loups et les agneaux dans la bergerie.

Demain sera un autre jour.

Un WhatsApp à Marjorie, la juge d'instruction : *Bien arrivés sur zone. On attaque les hostilités demain matin avec les témoignages.*

17

Remise en situation

« Préparez-vous, l'hiver arrive ! »

Ned Stark,
Game of Thrones

26 avril 2019 – est du Liberia, C.

— Vous étiez où ?

J'interroge le témoin qui vient d'arriver.

Il est 9 heures. Le ciel est particulièrement sombre, ce qui laisse penser que la journée risque d'être compliquée. Le vent souffle doucement, mais par rafales. L'escorte vient de débarquer de son 4 × 4 et s'est positionnée autour de la zone pour assurer la sécurité du site de remise en situation. Casqués et armés, les policiers de l'escorte sont vigilants.

— Là.

L'homme montre du doigt l'emplacement où il se trouvait au moment des faits. Grand, svelte, le visage lisse, crâne rasé, solennel, vêtu avec élégance, Steve B. est conscient du poids qui pèse sur ses épaules. Et surtout de la centaine de regards posés sur lui. Tous le scrutent. À l'arrestation de BFM et son retentissement dans la presse nationale, Steve s'est spontanément présenté à une ONG libérienne en vue d'apporter son témoignage. L'ONG, dirigée par un ancien journaliste lui-même torturé par les différents pouvoirs successifs, a pour objectif la lutte contre l'impunité au Liberia et a fait office de relais.

À l'époque des faits, Steve était instituteur. Âgé de quarante-neuf ans, il avait vingt ans. Il venait de terminer ses études à Monrovia et comptait bien revenir dans sa région natale pour enseigner et aider les enfants, dont l'avenir reste limité dans cette partie du pays. Comme dans le reste du pays, d'ailleurs. Attaché à sa terre, Steve souhaitait donner de son temps pour aider les autres. Mais les guerres civiles et leur cortège d'atrocités ont brisé tous ses rêves. Et pas seulement… Marié avec Rose T., connue sur les bancs de l'université à Monrovia, c'est en pleine confiance en l'avenir qu'ils avaient décidé de s'installer dans la région. Rose, institutrice comme son mari, l'avait suivi, et portait déjà même le fruit de leur amour dans son ventre. Mais Co BFM en a décidé autrement.

Steve se tient sous un immense manguier dont les fruits pendent au bout d'une tige. Pour la plupart encore verts en cette saison. Hommes, femmes, vieux, jeunes sont présents, venus assister au spectacle. Une pièce de théâtre à ciel ouvert.

Difficile de savoir ce qu'ils en pensent.

Des Blancs qui viennent remuer le passé douloureux ?

Ou des Blancs qui viennent enfin réparer l'injustice dans laquelle ils ont vécu pendant trente ans ?

— Tu en es sûr ?

L'homme fixe Paul, l'enquêteur libérien qui vient de l'interroger un peu sèchement, de sa voix perchée et aiguë.

Droit dans les yeux, il répond :

— Je m'en souviens comme si c'était hier.

Stéphanie regarde sa montre.

— Il est 9 h 30, nous commençons notre remise en situation, dit-elle en notant l'heure et le lieu sur son cahier qui servira de complément au rapport des enquêteurs libériens, conformément aux ordres qu'ils ont reçus du ministre de la Justice.

Je donne à Steve un cône jaune d'environ dix centimètres sur lequel le chiffre 1 est inscrit en noir en lui demandant de le positionner à ses pieds.

— Où se trouvait Howard ?

— À cet endroit. Il marchait le long de la route.

Je place un cône jaune sur lequel est inscrite la lettre A et je mesure la distance avec le décamètre entre les deux points.

— Quinze mètres.

— Il allait vers où ?

— Vers V.

— OK. Montrez-nous du doigt la direction, nous allons prendre une photographie.

Valentin et l'enquêteur libérien se placent derrière Steve lorsqu'il tend résolument le bras en direction de V.

— Parfait. Expliquez-nous ce qui s'est passé alors.

Steve se lance dans un long et pénible récit.

— C'était en juin 1990. Howard revenait du dispensaire de l'ONG danoise Danish Medical Care[1], totalement détruit et pillé par les hommes de Co BFM, trois jours avant les faits. En décembre 1989, Charles Taylor et ses hommes avaient franchi la frontière dans le comté de Nimba, armé par la Côte d'Ivoire avec ses soldats Gio et Mano. Ils s'opposent aux forces armées libériennes composées essentiellement des ethnies krahn et mandingo. Rapidement, Taylor veut tenir et contrôler les flux entrants et sortants avec la Sierra Leone pour les diamants et la Guinée. Pour cela, le contrôle du nord et de l'est du pays est stratégique. Les soldats avaient pour consigne de se payer sur ce qu'ils

1. https://www.msf-crash.org/fr/publications/guerre-et-humanitaire/liberia-derriere-le-chaos-crises-et-interventions

trouvaient localement. *Pay yourself*, le maître mot de ces guerres civiles en terrorisant la population. Au même moment, se constituait l'ULIMO avec des ethnies krahn et mandingo dont l'objectif est de reconquérir le Liberia. D'un côté, le NPFL élimine dans la population civile, tout individu pouvant être considéré comme krahn ou mandingo ; de l'autre, l'ULIMO, fait l'inverse avec les Gio et les Mano ou assimilés. Nous étions pris en étau, devenus des proies fragiles dont le destin rimait avec l'arbitraire. Chaque matin, ils s'emparaient d'un homme ou d'une femme, et ils pouvaient en faire ce qu'ils voulaient. Ils disaient : *Six feet*[1] ! Ce qui signifiait : « Tiens-toi à *six feet* et regarde devant, sinon… » D'un simple regard mal placé, tu pouvais te retrouver *six feet* sous terre. Howard un type bien, honnête, droit, travailleur. Il était marié et père d'un enfant. Nous étions du même village. Nous avons joué, couru, chassé, pêché et nagé ensemble. C'était mon meilleur ami.

Steve stoppe son récit, ému. Certaines images lui reviennent visiblement en mémoire. Je suis mentalement le fil de ses pensées, reproduisant cette amitié indéfectible entre deux garçons, forgée au gré des jeux, rigolades, de l'adolescence, des récits des premiers amours partagés.

Steve se reprend et poursuit son récit.

— Nos maisons étaient voisines. Son père était agriculteur comme le mien. Ils exploitaient des forêts de palmiers pour en faire de l'huile qu'ils allaient vendre ensuite au marché ou en Guinée. Nous nous entraidions. Quand je suis parti faire des études à Monrovia, il s'est formé aux techniques médicales, tant bien que mal, en assimilant les techniques traditionnelles avec les plus modernes pour l'époque aux côtés de Blancs d'ONG. Ce dispensaire, c'était toute sa vie. Il ne comptait ni son temps ni son énergie. L'ONG avait payé une fortune un groupe électrogène pour

1. Six pieds, unité de mesure.

améliorer le quotidien des habitants, mis à rude épreuve dans cette région. Lorsque nous avons appris que les troupes de Taylor allaient débarquer, nous avons fui dans le bush pour nous protéger et avons abandonné le village. Nous aurions pu fuir à l'étranger, en Guinée par exemple, et rejoindre les réfugiés dans les camps. Mais nous n'avons pas voulu abandonner nos parents âgés. Ils n'auraient pas supporté le voyage. Quand les troupes de BFM ont trouvé les villages vides, ils ont sillonné et fouillé le bush à notre recherche. Ils hurlaient qu'ils nous égorgeraient si nous ne rentrions pas dans les villages. Alors, pour permettre à nos parents de retrouver leurs maisons, nous sommes revenus.

J'interromps Steve.

— Combien étaient-ils ?

— Les hommes de BFM étaient environ une bonne cinquantaine, organisés en sorte de bataillon, avec un chef Co BFM, cinq ou six lieutenants et des hommes armés. BFM était le chef de secteur. Co BFM obéissait à un général, qui je crois, était à G., proche du PC de Taylor. Il n'est jamais venu ici.

» BFM était facilement reconnaissable, car il portait en permanence une veste beige sans manches pour montrer ses muscles saillants. Sur le dessus étaient cousus de nombreux objets de protection cachés dans des carrés de cuir noir. Il y en avait devant et derrière. C'étaient des morceaux de ses ennemis, je crois. Des dents, de la peau. Je me rappelle avoir aperçu un doigt séché, des balles d'AK-47. Il portait aussi beaucoup de grigris autour du cou avec des bouts de cuir chevelu, des cheveux, des ongles longs. Les soldats de Taylor avaient des tenues bigarrées mélangeant treillis, jeans. Certains avaient aussi des masques de guerrier qu'ils portaient en général sur les barrages qu'ils avaient érigés un peu partout pour contrôler les sorties des villages et racketter les populations. Parmi les lieutenants, je me souviens de celui qui se faisait appeler One Foot Devil, particulièrement cruel.

Il portait une combinaison noire de commando. Il était le favori de BFM, qui lui faisait faire le sale boulot.

» Lorsque nous sommes revenus au village, nous sommes montés au sommet de la colline pour voir le dispensaire. Howard a alors découvert que l'hôpital avait été pillé, et que le matériel avait été démonté et était prêt à être transporté. Il était très en colère. Les hommes de BFM étaient là et avaient rassemblé les hommes valides du village et des alentours. C'est la raison pour laquelle ils voulaient que nous revenions au village. Pour nous traiter en esclaves et profiter de nos femmes. Ils nous ont alors obligés à porter le matériel médical. On était une bonne vingtaine.

Stéphanie l'interroge.

— Connaissez-vous les noms des autres personnes qui étaient avec vous ?

— Non. Je ne les connais pas.

Silence. Je jette un œil à la foule spectatrice qui nous entoure.

Bizarre…

David, le policier libérien, répond :

— Ils ne témoigneront pas, de toute façon. Ils ont peur.

— Même après toutes ces années ?

— Oui. On ne sait jamais ce qui peut se passer demain…

Steve reprend :

— Cette nuit-là, BFM était présent. Il surveillait les opérations. Le matériel médical valait une fortune. Ses lieutenants et lui allaient se faire un bon pactole. Ils nous ont enfermés dans le dispensaire et en gardaient l'entrée. Au petit matin, nous avons été réveillés à coups de crosse. BFM nous a dit qu'aujourd'hui notre mission consistait à transporter le matériel médical jusqu'au fleuve M. Une opération Till Go, c'est ainsi qu'était appelé ce travail forcé. À dos d'homme. Le premier qui flanche sera éliminé. Ses hommes tournaient autour de nous comme des loups. Nous n'avons pas eu le choix. Alors nous avons porté le matériel pendant deux jours et deux nuits, sans arrêt, sur cinquante kilomètres. Cinq hommes, épuisés, sont morts, tirés comme des singes, une balle dans la tête. C'est le lieutenant One Foot Devil qui les a éliminés. Arrivés au fleuve M., des hommes nous attendaient pour placer le matériel médical sur le bateau permettant la traversée.

— BFM est-il présent ?

— BFM coordonnait les opérations. Il se pavanait avec ses lieutenants, tirait en l'air, buvait de la bière. Nous avons été autorisés à manger et dormir un peu, sous bonne garde. Le lendemain matin, le même scénario s'est renouvelé. Réveil à coups de crosse et trajet retour, mais cette fois avec des munitions, des roquettes, du riz et des denrées alimentaires. Nous étions devenus leurs esclaves. Lorsque nous sommes repassés par la barrière nord du village, les corps des hommes qui avaient été abattus à l'aller avaient été dépecés. Leurs intestins avaient été cloués sur les arbres qui jalonnaient une partie du parcours et leurs têtes découpées et plantées sur des pics. Les bouches avaient été tirées au maximum pour ne former qu'une grimace hideuse, un sourire d'outre-tombe.

Idou traduit les mots de Steve, mais semble aussi touché.

— L'objectif des milices consistait à créer un maximum de terreur, au sein de la population, mais aussi en cas d'invasion. Ils découpaient les cadavres et les dispersaient autour des villages pour impressionner. Plus ils tuent, plus ils sont redoutés. Ces guerres n'ont pas produit d'heures de gloire comme parfois dans vos pays avec des noms de batailles qui deviennent célèbres. Ici, rien de tout cela. Uniquement de la prédation avec des seigneurs de guerre qui avaient pouvoir de vie ou de mort sur tous.

Ce putain de sillon noir qui écorche cette planète. Sentiment d'être dans un lieu irréel si loin de nos préoccupations européennes… Hors temps, hors sol…

Steve reprend :

— Howard et moi étions épuisés, mais la vue de ces horreurs nous a donné un coup de fouet. Quelques jours plus tard, l'ONG danoise a tenté de revenir sur place pour maintenir sa présence. Ils avaient négocié avec le général dirigeant le secteur et avec Taylor, nous ont-ils dit. Lorsqu'ils ont vu l'état dans lequel se trouvait le dispensaire, ils ont tout naturellement interrogé Howard, qui a expliqué la situation. Il a signé son arrêt de mort. Quand BFM l'a su, il a chassé violemment l'ONG. Howard a été arrêté à cet endroit.

Steve montrer de nouveau le cône jaune A.

— Que s'est-il passé ensuite ? demande Valentin, appareil photo et vidéo en main.

— Les hommes de BFM sont sortis de leur véhicule et l'ont frappé violemment. Howard a perdu connaissance. Ils l'ont ensuite attaché à leur Jeep avec un câble et l'ont traîné jusqu'à la place qui se trouve en dessous.

Steve montre du doigt la place en terre rouge que l'on distingue à travers les branchages du manguier et des palmiers.

Nous suivons Steve en marchant sur la piste de terre jusqu'à atteindre la zone concernée, soit environ quatre cents mètres. Une partie de la foule nous suit, les enfants courent en criant. La place est cerclée de maisons en pisé, où s'affairent les femmes autour de feux de bois sur lesquels mijote le repas de la journée. Au centre, se trouve un bar, ou considéré comme tel, où discutent des hommes autour d'une bière. Ils nous observent, accoudés.

Steve s'immobilise.

— BFM était assis.

Il montre de la main les fondations d'une maison entourée de manguiers chargés de fruits. Valentin lui tend un cône jaune, le numéro B. Steve le positionne au centre de ce qui reste de la maison de BFM.

— Moi, je me suis caché derrière ce mur.

Steve se rend à une vingtaine de mètres pour placer le cône numéro 2. Photos et vidéos. Je calcule avec la roulette la distance. Vingt et un mètres. Un coup de balise GPS pour marquer le point.

— Le lieutenant One Foot Devil a détaché Howard qui était bien écorché. Il était inconscient. One Foot Devil a alors pratiqué la torture[1] du Tabey[2]. Il a attaché fermement ensemble les coudes d'Howard dans le dos et l'a suspendu à un arbre. La douleur a réveillé Howard qui s'est mis à hurler. Les soldats l'ont alors frappé avec leurs bottes et les armes. Il a eu les épaules déboîtées. BFM surveillait les opérations au centre d'un cercle de soldats. Les villageois devaient regarder. Personne n'a osé s'opposer à lui. Il m'a alors aperçu et appelé. J'ai dû m'approcher de lui. Il m'a ordonné de faire bouillir de l'huile de palme dans une cuve, celle que l'on utilise pour cuire les fruits. Je n'ai pas pu refuser. Quand l'huile fut bouillante, j'ai essayé de la renverser par terre. Mais il m'a rattrapé au vol et m'a donné un coup de crosse sur la tête. Je me suis évanoui. Je suis sorti de mon coma quand j'ai entendu des hurlements. C'est alors que je l'ai vu déverser l'huile fumante dans la gorge d'Howard qui tentait d'hurler en poussant des gargouillis immondes. BFM se tenait debout au-dessus de lui en invoquant les dieux, en récitant des formules magiques. C'était horrible. Personne ne pouvait bouger. C'était un *zoe*.

— Un *zoe* ?

1. Voir le reportage BBC sur la pratique du Tabey. Les membres du NPFL auraient été formés par les forces libyennes à ces pratiques de tortures, répandues aussi au Nigeria (https ://www.youtube.com/watch?v=8DESvoJbee0).

2. Voir https ://www.amnesty.org/download/Documents/124000/afr340032001fr.pdf

— Un chef traditionnel de la secte Poro[1] des peuples de la forêt. BFM pratiquait ce type de rituels parfois pour montrer sa force et impressionner, ce qui effrayait encore plus la population. Howard avait parlé aux Blancs. Il devait être puni, là où il avait fauté, par la bouche et la langue.

Les cieux grondent. La légère brise se mue soudainement en rafales violentes. Quelques minutes plus tard, des trombes d'eau s'abattent, frappant violemment le toit en tôle de la maison sous laquelle nous nous sommes abrités en urgence. Des torrents d'eau rouge courent dans la cour de la bâtisse dans le village de C.

Alors que nous sommes rassemblés sous l'auvent, je m'interroge sur la suite de la journée. J'observe Steve, perdu dans ses pensées. Personne ne parle. Le bruit de l'eau qui déferle sur la tôle couvrirait de toute façon les paroles des uns et des autres. Steve pleure en silence. Cette scène, il la revit sans doute pour la première fois. C'est toujours un traumatisme important pour les victimes.

Finalement, au bout d'un quart d'heure, la pluie s'estompe lentement. Nous pouvons reprendre l'audition. Nous retournons sur les lieux. Steve marche à mes côtés.

— Je n'ai rien pu faire. Il fallait que je sauve ma peau.

Ces constatations sont conformes à celles qui ont été mentionnées dans le rapport de la Commission vérité et réconciliation du Liberia[2].

Silence. Au bout d'une minute, je décide de le rompre.

— Une question. Ce One Foot Devil est-il toujours vivant à votre avis ?

1. Cette secte existe toujours de nos jours, elle a même des membres parmi les plus hauts responsables de l'État. Au Liberia, certains cumulent franc-maçonnerie et secte Poro. Pour les femmes, il s'agit de la société secrète Sande. Ces sectes sont à l'origine de certaines mutilations. Dévoiler les secrets de ces sociétés vaut la mort assurée.

2. https://news.un.org/fr/story/2004/10/62362

Steve positionne alors les autres cônes jaunes qui matérialisent les positions des uns et des autres et se tourne vers moi.

— Non, d'après moi, il est mort.

Je n'en saurai pas plus, mais j'ai ma petite idée.

Photos et vidéos.

— Merci, Steve, pour votre témoignage courageux. Toujours instituteur ?

— Oui. Dans une école proche d'ici.

— Et votre femme ?

Silence.

— Ma femme est morte. Et mon enfant aussi.

Silence.

La matinée se termine sur cette remise en situation surréaliste. Au moment où je me retourne pour partir, je vois un vieil homme qui s'approche de Steve. Il lui prend la main et le félicite pour ce qu'il a fait, pour lui et la communauté. Steve baisse les yeux en guise de remerciement avant de rejoindre son école.

Je pense alors à cette expérience évoquée la veille par nos médecins français nous expliquant avoir assisté, il y a quelques mois, à une pièce de théâtre organisée par une ONG suisse. Le thème : la lutte contre l'impunité et la libération de la parole. Quand il fut question de demander au public de s'exprimer, tous quittèrent la salle.

Plus tard, j'apprendrai par Paul, qui a obtenu cette information par le vieil homme, que Rose était devenue l'esclave sexuelle de One Foot Devil, comme d'autres femmes du comté.

Cadeau de BFM à son lieutenant, pour sa fidélité, Rose s'est transformée en un morceau de chair dont on abuse. À la merci de cet homme, pervers et sadique, le ventre souillé et l'âme noircie, elle ne put jamais l'admettre. Alors, elle mit fin à ses jours en le provoquant.

Elle fut battue à mort.

Rose, comme d'autres femmes, fut découpée et vendue dans des brouettes par les hommes de One Foot Devil à la population. Obligation d'acheter, mais pas de manger.

Steve a découvert la situation à son retour d'une marche forcée de plusieurs jours avec une vingtaine de jeunes hommes pour transporter des vivres et matériels à la frontière du Liberia avec la Sierra Leone.

Dans le fond, je comprends mieux la disparition de One Foot Devil. Et l'attitude des femmes libériennes de toutes les confessions religieuses, et notamment Leymah Gbowee, la présidente de l'organisation pacifiste Women of Liberia Mass Action for Peace, qui vont se refuser aux hommes tant que les hostilités se poursuivent. La grève du sexe déclenchée à l'occasion de la deuxième guerre civile fut couronnée de succès, puisque les pressions engendrées vont contraindre le président Charles Taylor à rejoindre la table des négociations. Leymah Gbowee a reçu en 2011 le prix Nobel de la paix pour avoir « mobilisé et organisé les femmes au-delà des lignes de division ethniques et religieuses afin de mettre fin à une longue guerre au Liberia et assurer la participation des femmes aux élections ».

Retour à la *guest house*.

WhatsApp à Marjorie, la juge d'instruction : *Hello Marjorie. Bons retours sur la mission. Bons témoignages à la clé.*

Une heure après notre arrivée, David, notre policier libérien, vient nous rendre visite pour nous annoncer fièrement que ses collègues locaux et son équipe ont retrouvé d'autres témoins des exactions commises par BFM. Il a aussi trouvé un article de journal qui retrace les faits de cannibalisme décrit par Steve.

Je jette un œil sur cet article de journal qui parle effectivement d'actes de cannibalisme dans un petit encart. Surprenant tout de même.

Force est de constater que ce déplacement au Liberia dépasse l'entendement. Le mur de l'indicible est franchi.

Mes cours de criminologie me reviennent en mémoire et notamment l'analyse de Pierre Thys[1]. Dans son étude, il classe en trois hypothèses les initiatives criminelles prises par des groupes armés ou des individus issus de ces groupes. La plupart du temps, le comportement de ces groupes criminels est appris[2] et (non transmis par héritage) au contact d'autres personnes par transmission verbale et notamment par l'exemple. Il intègre les techniques nécessaires aux meurtres ainsi que les bonnes raisons qui en découlent, la plupart du temps, l'appât du gain.

La première d'entre elles, l'hypothèse contextuelle, met l'accent sur les conditions environnementales globales dans lesquelles se trouvent les individus, et laisse entendre que quiconque placé dans les mêmes conditions serait bien susceptible de réagir de façon problématique. Dans ce cas, comme l'explique Christopher Browning[3], c'est la guerre qui est à l'origine de la brutalisation et de l'atroce. Les bombardements, la vue du sang, les corps démembrés, les odeurs sont à l'origine de pertes multiples de repères qui peuvent être à l'origine des massacres.

En second lieu, « les hypothèses dispositionnelles mettent davantage l'accent sur la personnalité et les traits de caractère individuels, voire les invariants propres à la nature humaine ». Dans ce cas de figure, la criminologie de l'acte s'intéresse à celui qui va commettre l'acte criminel et à celui qui va s'en abstenir. Il s'agit de la *Bad Apple Theory*, ou la théorie de la pomme pourrie qui présuppose que seuls les individus désobéissants, déviants à la base ont une action

1. *Criminels de guerre. Étude criminologique*, L'Harmattan, coll. « Sciences criminelles », 2007.

2. Edwin Sutherland, *Principes de criminologie*, Éditions Cujas, 1966.

3. *Des hommes ordinaires, le 101ᵉ bataillon de réserve de la police allemande et la Solution finale en Pologne*, Les Belles Lettres, 2006.

criminelle. Placés dans une situation de guerre, ils sont débridés et peuvent laisser libre cours à leur perversité.

Enfin, « les hypothèses situationnelles insistent sur les rôles que l'on fait endosser, sur les soumissions que l'on inculque, le degré d'obéissance, le désir de performance et mettent ainsi en avant la conjonction de certains individus avec certaines situations sociales ».

Dans la plupart des cas rencontrés, force est de constater que, vraisemblablement, les trois hypothèses interagissent pour que des hommes considérés comme ordinaires, ou n'ayant aucun passé criminel, franchissent le pas du crime de guerre ou crime contre l'humanité.

Commandés par des chefs impitoyables, ces combattants agissent comme les auteurs du massacre de My Laï pendant la guerre du Vietnam, l'un des plus grands massacres de civils par les forces américaines et l'un des chapitres les plus sombres de l'histoire militaire américaine.

Le 16 mars 1968, la Compagnie C du 1er bataillon du 20e corps d'infanterie américain est héliportée aux abords du village de My Laï. En moins de quatre heures, le lieutenant Calley et les hommes de son peloton ont rayé de la carte le village et tué quatre cents civils. L'enquête démontrera que le lieutenant Calley avait prédit une forte résistance avant l'attaque. Une enquête de la part du US Army Criminel Investigation Command démontrera que la dérive morale et comportementale du groupe a transformé ces jeunes appelés venus des différents États des US en tueurs. Elle démontrera que le peloton va basculer progressivement et se transformer en un groupe brutal, débridé, à cause notamment de l'inaction du lieutenant Calley, voire de ses encouragements à la torture et aux massacres. Il ne punit pas et ne respecte pas ou ne fait pas respecter les règles qui régissent une armée en guerre. Pire, quelques jours avant My Laï, il va tuer un vieillard sous les yeux de tous. Ainsi, il délivre un permis de tuer, invite ses subordonnés à l'imiter et tout naturellement participe à l'impunité.

En fin de compte, sur les 26 hommes initialement inculpés, le lieutenant Calley fut le seul condamné à une peine d'emprisonnement à perpétuité, mais il purgea seulement trois ans et demi en résidence surveillée…

Sur un même plan, l'étude des procédures pénales réalisée par Christopher Browning sur des réservistes allemands, plutôt d'âge mûr, issus d'horizon professionnel divers (ouvriers et artisans ou commerçants) de la région de Hambourg, a démontré le zèle particulièrement meurtrier de cette unité d'un peu plus de 400 hommes engagés dans l'élimination des juifs. En quelques mois, ils ont procédé à l'exécution par balle de 38 000 personnes et en ont déporté 45 000 autres dans les trains pour le camp d'extermination de Treblinka, portant ainsi le nombre de leurs victimes à 83 000.

Browning, cherche à démontrer que « n'importe quel groupe humain peut être transformé en groupe criminel contre l'humanité, pourvu qu'on ait d'abord créé le contexte qui rend possible le passage à l'acte. Dans ce cadre, plusieurs facteurs tels que la mise en œuvre d'une politique gouvernementale, la déshumanisation de l'ennemi, l'obéissance à la loi, la pression du groupe et le conformisme, ont amené 80 à 90 % des hommes à tuer car ils ont cédé à la pression du groupe. Toutefois, ceux qui n'ont pas accepté de se joindre aux tueurs n'ont pas été sanctionnés. Finalement, la société, conditionnant les individus dès leur naissance à la soumission à l'autorité, a fait de ces hommes ordinaires des tueurs… ordinaires qui, après la guerre sont revenus à leur occupation ».

Je songe à ce grand-père rencontré récemment dans une région de France. Il m'expliqua, la larme à l'œil, le drame qu'il avait vécu et dont il n'avait parlé à quiconque. Lui, le petit paysan, à qui l'État français a confié un fusil, s'est retrouvé à pendre des hommes considérés comme terroristes, neuf jours après son arrivée sur le territoire du pays en question, théâtre d'opérations militaires françaises au cours des années 1950 et 1960. Sur ordre.

David me tire de mes pensées sans véritables réponses. Il faut partir à la recherche de ce nouveau témoin. Cette fois, il s'agit du meurtre et des tortures de deux sorcières, désignées comme telles par BFM. Notre nouveau témoin s'appelle Darius B.

18

Witch

« Sorcière : 1 – Horrible et repoussante vieille femme,
en perverse activité avec le diable.
2 – Belle et attirante jeune personne,
dont les perverses activités dépassent le diable. »

Ambrose Bierce,
Artiste, écrivain (1842-1914)

Après cette matinée chargée, l'après-midi s'annonce chaud. Au programme, des auditions de témoins.

J'avale une cuillère de riz avec des patates douces quand retentit un klaxon insistant. Le garde ouvre le grand portail. Une moto pénètre dans l'enclos et se dirige vers nous. David la pilote. Un homme est assis sur le siège arrière. Il est assez âgé, environ soixante-dix ans. Sec et noueux, il saute de la moto alors qu'elle est encore en mouvement.

David coupe le moteur et me présente en langue kissi le vieil homme à l'œil vif qui se tient droit, alerte.

— Monsieur Darius B., je vous présente le colonel Emeraux et son équipe, Stéphanie et Ronald.

Darius serre ma main entre les siennes, signe, en kissi, de gratitude et de respect. Il porte un long manteau gris avec des revers en fourrure synthétique, une casquette en velours noir vissée sur son crâne. Il a une courte barbe poivre et sel et des dents en mauvais état. Le temps ne semble pas avoir réellement prise sur lui.

— Je suis le chef du village de L. Quand j'ai appris que les Français étaient venus jusqu'ici pour enquêter sur BFM, alors, je suis venu. Je suis vieux. Je vais bientôt mourir. Il vaut mieux que je parle maintenant. Après, ce sera trop tard.

— Très bien, Darius. Je vous en remercie. Nous allons prendre votre déposition.

David sort alors quelques feuilles de papier et son stylo afin de rédiger son rapport, et prendre l'audition de Darius.

— Je suis né à K., mais je ne pourrais pas vous donner ma date de naissance. Je suis agriculteur. J'ai toujours travaillé dans l'huile de palme. Quand j'étais jeune, j'étais le plus agile du village. Alors, je grimpais vite au sommet des palmiers pour récolter les fruits du palmier à huile. Mon père travaillait aussi dans la palmeraie. Ma mère faisait les marchés et vendait le produit de sa culture.

Dans la palmeraie qui entoure la *guest house*, j'ai effectivement vu des hommes grimper nu-pieds dans les palmiers avec une grande sangle. Ils cueillent les fruits, qui sont cuits ensuite dans une grosse cuve, puis pressés à chaud dans un moulin tourné manuellement.

— Je suis venu vous raconter ce que j'ai vu. Cela faisait plusieurs mois que BFM faisait régner la terreur dans le comté avec ses hommes. Nous essayions de les éviter. Quand l'ULIMO[1] est arrivée, il y a eu des combats contre

1. L'ULIMO a été créée en mai 1991 à Conakry en Guinée. Il s'agissait d'une alliance de trois groupes formés par d'anciens ministres de Samuel Doe, qui se sont enfuis après sa mort. Ce groupe avait pour vocation de repousser les rebelles de Charles Taylor et de ses alliés. Après avoir combattu aux côtés de l'armée sierra-léonaise contre le Revolutionary United Front (RUF) soutenu par Taylor, les forces de l'ULIMO sont entrées dans l'Ouest libérien en septembre 1991. En août 1992, l'ULIMO a pris le contrôle de la majeure partie du nord-ouest du Liberia, dont les zones minières diamantifères des comtés

les troupes de BFM. Un jour, BFM a rassemblé toute la population du village avec ses hommes. Ils ont dit que plusieurs armes s'étaient enrayées et que cela ne pouvait être l'œuvre que de sorcières. Les gens du village baissaient les yeux de peur. Ils nous avaient placés en arc de cercle pour contrôler tout le monde. Un des lieutenants de BFM a donc dit qu'il manquait quelqu'un. Effectivement, deux vieilles étaient restées dans leurs maisons, Édith et Mary, veuves et malades. BFM a ordonné d'aller les chercher. Il a dit que c'était des femmes mandingos, ce qui n'est pas vrai. Les soldats sont revenus avec les deux femmes qu'ils traînaient par les cheveux par terre. Elles ne disaient rien. Elles se laissaient faire. Résignées. Ils les ont jetées au centre de la place où nous étions réunis. Les soldats hurlaient : « *Witch, witch.* » Un lieutenant a arraché violemment leurs vêtements. Elles se tenaient prostrées au sol.

» BFM s'est alors levé et a dit que ces femmes leur avaient jeté un sort. Elles étaient responsables du fait qu'ils avaient eu des difficultés à repousser l'ennemi, ces jours-ci. Il a fait le tour des gens du village installés en arc de cercle, les bousculant. Il avait les yeux injectés de sang, sans doute par la drogue. Il a alors hurlé : « Qui pense ici qu'elles ne sont pas des sorcières ? Que celui qui le pense lève la main » en nous mettant en joue avec son AK.

Voilà ce qu'on appelle un vote à mains armées...

— BFM s'est alors levé et a dit que ces femmes leur avaient jeté un sort. Elles étaient responsables du fait qu'ils avaient eu des difficultés à repousser l'ennemi, ces jours-ci. Il a fait le tour des gens du village installé en arc de cercle, les bousculant. Il avait les yeux injectés de sang, sans doute par la drogue. Il a alors hurlé : « Qui pense ici qu'elles ne

---

de Lofa et de Bomi. Mais, au lieu d'être libérés, les habitants ont changé de bourreaux. Le NPFL éliminait arbitrairement les femmes ou hommes au motif qu'ils pouvaient être de l'ethnie mandingo ou krahn. L'ULIMO a fait la même chose, mais avec les ethnies mano et gio.

sont pas des sorcières? Que celui qui le pense, lève la main», en nous mettant en joue avec son AK.

Voilà ce que l'on appelle un vote à mains armées...

— Personne n'a osé s'opposer à lui, ni même les enfants d'Édith et de Mary. BFM a alors ordonné «la pratique du *zoe*».

— Il a crié un mot religieux qui donne le signal du rituel de la secte Poro. Certains organes de l'ennemi, dont le cœur, sont mangés avec la conviction que sa chair donnera courage aux soldats. Il s'agit de s'accaparer la force vitale de l'adversaire. Certaines pratiques consistaient aussi à boire le sang avec des mélanges de gingembre, de la poudre de cartouches et du miel. BFM se tenait debout au-dessus d'elle en invoquant les dieux, en récitant des formules magiques. C'était horrible. Personne ne pouvait bouger.

— Édith a été alors soulevée par les épaules. One Foot Devil a pris un couteau et lui a ouvert le buste en deux. Elle a poussé un dernier cri. Son cœur a été violemment arraché par le lieutenant qui l'a donné à BFM. Le tenant à deux mains, BFM l'a alors porté au-dessus de sa tête. Les soldats ont hurlé, crié, dansé. One Foot Devil l'a repris et découpé en plusieurs morceaux. BFM s'est levé, s'est placé au centre des soldats présents, a prélevé un morceau du cœur d'Édith et l'a dévoré. Tous se sont alors précipités, comme des chiens affamés, pour récupérer les parties qui avaient été jetées à terre par le lieutenant.

Darius stoppe son récit, les yeux dans le vague. Il retire sa casquette. Il transpire abondamment. Valentin va chercher une bouteille d'eau et la tend à Darius qui la vide d'un trait.

David se lève aussi, visiblement impressionné. Paul, souvent agité, ne bouge plus tant la scène nous semble surréelle.

Darius reprend son témoignage :

— Mary a eu droit au même traitement. BFM les a retournées sur le ventre. Il leur a écarté les jambes et mis les bras en croix. Puis, il a pris son grand couteau noir et a gravé dans leur dos le mot *witch*. Personne ne disait un mot. Je ne bougeais pas. Sur son ordre, les soldats ont alors emmené les deux corps. Ils nous ont interdit d'y toucher. À leur départ, j'ai couru vers le premier palmier pour enregistrer leur direction, vers le sud. J'ai pu voir ainsi où ils avaient déposé Édith et Mary, à côté de la rivière, sur une butte de terre. Nous avons attendu plusieurs jours et, avec quelques hommes valides et les enfants d'Édith et Mary, nous avons retrouvé les corps pour leur donner une sépulture digne.

Darius se tait un moment. Puis :

— Est-il vrai que vous avez arrêté BFM ? En France ?

— Oui, c'est exact.

— C'est incroyable quand même… En France… C'est bien… Avec tous ces gens qui ont souffert.

— Seriez-vous prêt à venir témoigner en France à l'occasion de son procès ?

— Si je suis encore en vie, je viendrai. Je veux le voir, le regarder dans les yeux. Je veux qu'il paie.

David demande à Darius s'il a quelque chose à ajouter. Darius fait un signe de tête négatif. David saisit son index et le badigeonne d'encre bleue avec son stylo. Il le colle en bas de la feuille sur laquelle il a pris l'audition.

Je demande :

— Darius, seriez-vous prêt à nous montrer tout cela dans le village ?

— Oui, bien sûr.

— Parfait, alors nous partons.

Après une heure de piste, nous rejoignons le village de Darius. Notre 4 × 4 dérape sur la terre encore humide et franchit des trous d'eau. Nous sommes dans une sorte de plaine, sans grande végétation. Toutefois, à droite de la piste, signalée par un panneau, l'aide humanitaire japonaise a permis l'implantation de rizières. Puis apparaissent au loin le pont et la rivière dont nous a parlé Darius. Au loin, sur la gauche, j'aperçois une petite colline sur laquelle se dressent deux ou trois immenses blocs de roches me faisant penser à des dolmens. Sans doute là où ont été déposés les corps de Mary et Édith. Plus nous nous approchons et plus je comprends que le pont n'est constitué que de deux grosses traverses longitudinales. Il ne va pas falloir le manquer. Davisson coupe la musique dans l'habitacle pour faciliter sa concentration et engage le véhicule, accroché au volant, prêt à réagir.

Je jette un œil sur le côté. Au pire, on ne tomberait pas de haut… un mètre ou deux.

Les roues arrière reprennent de l'adhérence. Davisson regarde dans le rétro et se marre en voyant la tête du conducteur du 4 × 4 des policiers libériens.

Nous garons les véhicules au centre du village dont les maisons sont bâties de part et d'autre de la piste. Il est entouré d'une végétation luxuriante avec des plantations de café, de bananiers, et bordé par d'immenses palmeraies. Au centre se trouve le moulin à huile de palme à proximité d'un abri sous lequel sont entreposées des palettes de bouteilles en plastique pleine d'huile. Mon regard est attiré par une inscription sur l'étiquette : « Pastis de France. Apéritif anisé 45 % »…

Étonnant.

La chaleur est maintenant étouffante. Ma chemise est trempée. Sur les indications de Darius, nous formons le cercle avec un ruban jaune où est inscrit « Gendarmerie nationale/Scène de crime » symbolisant la position des villageois. Darius place les cônes jaunes avec les lettres et numéros qui seront repris dans le rapport final, marquant le point de stationnement de BFM et de ses hommes.

Cette remise en situation durera environ deux heures avec, comme la précédente, des photos et vidéos à la clé. Tout cela sous le regard des enfants attentifs à nos moindres gestes ; ils conserveront une partie du ruban jaune « Gendarmerie » comme souvenir, ainsi que quelques bonbons que nous ne manquons pas d'emporter avec nous.

Avant de nous séparer, Darius nous salue à la façon kissi, avec les deux mains. Il me regarde de ses petits yeux malins :

— Je reste quand même très surpris de vous voir ici, mais je vous remercie pour le travail que vous faites. Vous êtes venus de loin, vous avez laissé vos familles pour venir à notre rencontre. Vous faites œuvre de justice, là où nous en sommes incapables. Cela n'en finira jamais. Encore merci.

Plus tard dans la soirée, la *guest house* a ouvert son bar à ambiance. Des tubes africains résonnent dans la cour, les spots de couleur diffusent leurs lumières chaleureuses dans la salle. Vide.

Je repense à cette scène d'adieux, au sens qu'elle donne à notre action, au rôle de la France dans le domaine de la lutte contre l'impunité. La nuit est douce et bruissante d'insectes de toutes sortes. Mais je songe aussi au fait que cette lutte s'exerce la plupart du temps contre vents et marées dans notre Hexagone, limitée par des priorités logistiques, gouvernée par les endimanchés en costume lissé. Myopes, ils regardent la France et le reste du monde à travers l'œilleton que constitue le périphérique, convaincus de détenir la vérité transcendante. Calculateurs froids, jaloux de leurs prérogatives, coincés dans leur bureau, ils ont pris le pouvoir, distillant au compte-gouttes les moyens depuis leurs ordinateurs.

La lutte contre l'impunité ne se calcule pas. Elle est. Tout simplement.

Les jours suivants sont consacrés à d'autres auditions afin de conforter les premiers éléments recueillis à l'occasion des remises en situation. Plusieurs témoignages viendront alimenter le dossier. Puis, retour sur Monrovia. Petit point de situation avec l'ambassade de France. Séparation chaleureuse avec nos camarades policiers. Nul doute que, dorénavant, Mister BFM sera plus loquace dans le cabinet de notre juge, Marjorie B.

Nous aurons sans doute l'occasion de revenir mais cette fois avec l'ensemble des parties. La juge se déplacera avec sa greffière. Le Parquet, les parties civiles et la défense. J'ai tout de même le sentiment amer de laisser derrière nous un pays qui assiste de manière impuissante à la montée des violences politiques. Quelques semaines plus tard, des partisans du Président libérien, l'ex-star du football George Weah, ont encerclé un bâtiment où Telia Urey, candidate de l'opposition à une élection législative partielle, tenait une réunion, dans la banlieue de la capitale Monrovia. Pendant plus d'une heure, ils ont jeté des projectiles sur le bâtiment, brisé des fenêtres et détruit son véhicule. L'un des assaillants a tenté de poignarder la candidate.

Un très grand nombre de personnalités directement impliquées occupent toujours des positions importantes dans les sphères du pouvoir politique et économique au Liberia. Le caillou dans la chaussure… Qu'à un moment donné il faudra bien se décider à retirer…

Mais, de retour en France, nous avons d'autres sujets de préoccupation, et notamment la Syrie qui couvre maintenant le quart de nos dossiers.

Et en particulier le dossier César, emblématique de l'état de barbarie du régime syrien et de son dirigeant Bachar al-Assad, qui, dans une interview sur ABC News, le 7 décembre 2011, déclarait : « Aucun gouvernement au monde ne tue son peuple, à moins d'être dirigé par un fou… Il n'y a pas eu d'ordre de tuer ou de commettre des brutalités[1]. »

Cynisme ou aveuglement ?

---

1. Xavier Baron, *Histoire de la Syrie de 1918 à nos jours*, Tallandier, 2014.

19

#StandwithCaesar

«Je suis sorti de Syrie avec des intentions pures, sincères. Il y a plusieurs dossiers sur les crimes du régime : le chimique, les meurtres de masse, les détenus. Tous ces dossiers vont s'ouvrir et apporter les preuves contre Bachar al-Assad. La vérité amènera la victoire. Un proverbe dit : "Le droit ne se perd pas tant qu'une personne est derrière pour le demander."»

César, avril 2015
Garance Le Caisne, *Opération César*.

11 juillet 2019 – Paris, OCLCH

Canicule. La France étouffe. Moi aussi, dans mon bureau, toutes les fenêtres closes. Pas un rai ne doit pénétrer. Les cartes de la Syrie sont au mur. Le schéma AnaCrim[1] des différents services de renseignement syriens aussi. Visualiser pour mieux comprendre le maquis d'organes de police et militaires qui composent ce pays.

1. Schéma d'analyse criminelle : logiciel utilisé par les entités de police judiciaire de la gendarmerie et de la police nationales.

En attendant notre témoin, j'étudie le rapport de Human Rights Watch[1] publié le 3 juillet 2012, à New York, « L'archipel de la torture ».

Curieux titre.

Les témoignages d'anciens détenus et insiders rassemblés par l'ONG démontrent l'existence d'une politique d'État de mauvais traitements et de torture. Les méthodes de torture utilisées par les services de renseignement syriens, les lieux de ces exactions et les agences impliquées sont clairement identifiés.

Pour Human Rights Watch, les pires tortures ont eu lieu dans les centres de détention dirigés par les quatre principaux services de renseignement du pays, communément appelés collectivement les *moukhabarat*, soit le service de Renseignement militaire, la direction de la Sécurité politique, la direction des Renseignements généraux, la direction du Renseignement aérien. Chacune de ces quatre agences dispose de centres de détention de tailles variables à Damas, mais aussi d'antennes régionales et locales dans tout le pays. Toutes n'ont qu'un seul et même but. Faire mal, briser, casser, tuer[2].

Chacun de ces services est divisé en branches, identifiées souvent avec des chiffres – 215, 248 –, d'un nom lié à un groupe d'individus – « Palestine » car chargée de la surveillance des Palestiniens –, ou parfois par le lieu où elles sont localisées – telle la branche Bab Touma des redoutables services de renseignement de l'armée de l'air. Les pires. Tous ralliés derrière un cri : « Notre sang, notre âme pour toi, Bachar. »

---

1. https://www.hrw.org/report/2012/07/03/torture-archipelago/arbitrary-arrests-torture-and-enforced-disappearances-syrias

2. « Détruire pour soumettre ou détruire pour éradiquer », selon Jacques Sémelin, repris par Richard Rechtman dans *La Vie ordinaire des génocidaires*, CNRS édition, 2020.

Les Syriens connaissent leur existence. Et prient pour ne jamais y mettre un pied.

Le pays est quadrillé, contrôlé. Une prison à ciel ouvert. Un mot de trop sur les Assad, le clan du Président, et c'est l'arrestation, les sous-sols crasseux, entassés, nus, frappés, torturés.

J'ouvre le dossier César. Double clic. Les images apparaissent sur l'écran.

Des corps décharnés qui jonchent le sol d'un hangar crasseux, jaune pisseux. Des hommes en uniforme, dit nord-coréen (cela ne s'invente pas), qui s'affairent autour des cadavres, un masque sur le nez.

Les visages défilent, figés dans la terreur. Masque mortuaire grimaçant et émacié. Parfois, les yeux sont absents. Énucléés. Plus de regard. Plus rien à voir. Plus rien à dire. Plus de contestations. Pas né du bon côté, en fait, pas du côté alaouite.

Les corps portent les stigmates des mauvais traitements. Dysenterie et malnutrition font saillir les os, parfois brisés. Les plaies sont à vif, pleines de pus, ensanglantées. Sur la peau, des traces marron, signes extérieurs de douleurs, témoignent de brûlures. Cigarettes, réchauds, chauffage électrique, électrodes. La chair hurle les coups répétés. Les bouches sont parfois ouvertes. Figées. Dans un dernier souffle.

Plus de voix.

L'œuvre de barbares. La torture pour tuer. Pour punir le peuple qui a osé se relever. Pour ne plus ramper.

Éliminer les terroristes qui attaquent le pays avec l'aide d'agents de l'extérieur. C'est ainsi que le régime présente la mission des services de renseignement.

Des corps squelettiques. Une sale impression de déjà-vu. L'histoire bégaie. Surtout quand l'impunité règne. Les camps de la mort nazis, ceux de Staline, ceux de la guerre des Balkans plus récemment – la liste est longue.

Pas de différence. Toujours la même indifférence.

Je poursuis le diaporama morbide.

Je zoome. Chaque cadavre a son morceau de scotch sur la poitrine ou sur le front et des chiffres inscrits au feutre. Trois numéros. Le premier pour le détenu qui perd son statut d'être humain. Le deuxième pour la branche du service de renseignement où il a été emprisonné, torturé et massacré. Et, enfin, le troisième attribué par le médecin légiste pour son rapport.

Le travail méticuleux de la bureaucratie de la barbarie. Pour deux raisons. En premier lieu, permettre la délivrance d'un certificat de décès aux familles à la recherche d'un frère ou d'un père disparu décédé en raison d'un « problème respiratoire » ou d'une « attaque cardiaque ». Le légiste aurait pu écrire aussi : « C'est en le contraignant à dire certaines vérités que le terroriste a eu rendez-vous avec la mort. » Ensuite, montrer à la hiérarchie que le travail a bien été accompli. La routine mortifère. Tuer, consigner et rendre compte.

La bonne petite machine administrative de mort. Un mélange entre l'héritage de nazis tel Alois Brunner[1], protégé pendant quarante ans par Hafez al-Assad et qui aurait formé à la torture les chefs de service de renseignement, et les liens historiques entre le régime et l'Europe de l'Est et la Russie.

La peste et le choléra au service d'un régime. La torture est enseignée dans les écoles, chaque instrument, la « chaise allemande » qui te casse en deux le dos, « le fantôme », technique de suspension, l'électricité. Bref, l'école du crime.

Parfois, moyennant une bonne somme d'argent, les familles auront accès à une part de vérité, à savoir la mort

1. http://www.leparisien.fr/international/alois-brunner-l-un-des-criminels-nazis-les-plus-recherches-serait-mort-dans-un-cachot-11-01-2017-6554124.php

de leur proche. Elles pourront plus rarement obtenir le corps. La plupart du temps, elles n'auront aucune information. Englouti par la machine à broyer.

Ces clichés ont été pris par César. Un nom de code utilisé afin de préserver l'identité du photographe, par crainte des représailles qui frapperaient sa famille restée en Syrie.

César était un photographe travaillant au sein de la police militaire de Damas. Dans notre système français, on pourrait dire qu'il était un technicien d'identification criminelle spécialisé dans la police technique et scientifique.

Avant la révolution, c'est-à-dire avant mars 2011, il était chargé de prendre des photographies de scènes de crime dans lesquelles les militaires pouvaient être impliqués, en qualité de victimes ou d'auteurs. Il pouvait s'agir de suicides, meurtres, accidents divers. Agissant avec un enquêteur et un juge, il devait photographier l'arme du crime, les lieux, etc., selon leurs directives. Son travail pouvait se poursuivre à la morgue pour les autopsies. Les photographies étaient jointes à la procédure bâtie par l'enquêteur et le juge, laquelle était ensuite adressée au tribunal militaire. Son service était assez recherché par les soldats de base[1]. Une planque, en quelque sorte. D'ailleurs, César appréciait son travail. Jusqu'en mars 2011.

À Deraa, les manifestants sortent dans la rue pour respirer quelques bouffées d'air de liberté. Ils sont sévèrement réprimés, certains meurent sous les balles et les coups. Sa mission change. Il ne s'agit plus de photographier seulement les militaires, mais aussi les civils, notamment les corps qui arrivent du sud de la Syrie, ceux des « terroristes ». Les lieux ne sont plus les scènes de crime, mais l'hôpital militaire de Tichrine, situé au nord de Damas, et le QG de la police militaire. Les corps présentent des

1. Garance Le Caisne, *Opération César*, Stock, 2015.

impacts de balles, mais aussi des traces de coups. Lorsqu'ils sont débarqués des camions, les soldats crachent dessus, les insultent. « Fils de chiens de terroristes. »

Puis, très rapidement, de plus en plus de corps affluent. De moins en moins d'impacts de balles. De plus en plus de stigmates de tortures. Les corps sont alignés par branches de renseignement. Plus facile pour comptabiliser. Il faut photographier et se taire. Ne pas poser de question. Sous l'œil des membres des services de renseignement. Tichrine ne suffit plus, alors on lui demande de photographier les corps à l'autre hôpital militaire, celui de Mezzeh, le 601[1], à deux pas du lycée français et du palais présidentiel. Les cadavres sont entreposés dans des hangars. Travail à la chaîne. Il faut documenter, remplir les dossiers, étiqueter, coller, classer. La machine administrative. La routine. Le légiste débarque le matin, note l'âge, taille, signes de blessures mais jamais de tortures. Puis César rentre au bureau pour rédiger son rapport sous forme de fiche : « Note sur l'incident », « Preuve de justice ».

Il faut faire de plus en plus vite, car les corps s'agglutinent et pourrissent au soleil. Les oiseaux picorent. L'odeur est insoutenable. Elle colle à la peau, s'insinue partout, imprime sa marque indélébile dans le cerveau. Les réveils, la nuit, en sursaut, en sueur.

Et demain, les cadavres arriveront par camions. Il faudra recommencer le sale boulot, finir tard le soir. Dans le silence de la nuit, les souffrances apparaissent sur l'écran de l'ordinateur. Puis suivent les nuits blanches à broyer des idées noires.

César commence à craquer. Et si c'était un membre de sa famille ? César éprouve le besoin de se confier. Mais à qui ? Dans un pays où tout est sous contrôle ! Où tout le

---

1. https://www.ofpra.gouv.fr/sites/default/files/.60_syr_hopital_al-azmah.pdf

monde surveille ! Son service n'échappe pas à la médisance, à la délation. Rien que le fait de penser à déserter peut lui attirer de gros ennuis et même l'envoyer à la place de ceux qu'il photographie. Il est sunnite. Ce sont les officiers alaouites qui gèrent les enquêtes. Impossible de téléphoner, de peur d'être sur écoute. Les défections chez les sunnites sont de plus en plus nombreuses.

Alors, un soir du printemps 2011, César[1] se rend chez son ami de vingt ans, Sami. Il a quelque chose à lui confier. Et César explique. Il veut abandonner, faire défection. Sami comprend qu'il s'agit là d'une occasion de montrer au monde la réalité du régime, la mort classée, répertoriée, enregistrée. Il le convainc de rester en poste et de copier discrètement toutes les photographies de ses rapports. Il va l'aider. Il n'a qu'à sortir les photographies, et Sami va les mettre en lieu sûr. Pendant deux ans.

À partir de ce moment, César n'a qu'une idée en tête. Au péril de sa vie, sortir ces images afin que les familles sachent et puissent reconnaître un proche. Et faire le deuil. Les montrer à la terre entière pour que, un jour, justice soit faite. Avant que tout soit effacé. Immortaliser la mort pour que l'impunité ne règne pas. Malgré la peur, César et Sami vont poursuivre leur œuvre clandestine.

Un jour de septembre 2013, César s'est enfui, saisissant l'opportunité d'une mission programmée à l'extérieur de Damas. Rencontre avec un membre de l'opposition à un arrêt de bus[2]. Deux émotions contradictoires. Tristesse et joie. Celles qui vous dominent lorsque vous devez quitter un monde dans lequel vous avez grandi, mais qui est devenu insupportable, où le lendemain est incertain.

Saut dans le vide. César franchit les barrages, de passeur en passeur, sans savoir s'il n'y a pas un traître parmi

1. Garance Le Caisne, *Opération César*, *op. cit.*
2. *Id.*

eux. De maison en maison. Direction une frontière. Dans une zone grouillante d'informateurs, de milices, de groupes armés islamistes. En zone rebelle où la nourriture manque cruellement, où le partage est de règle. Puis, un jour, caché dans le fond d'une voiture, César franchit enfin une frontière pour être en mesure de témoigner.

Des dizaines de milliers de photographies ont déjà été transférées par des activistes sous la forme d'un transfert en basse définition par courriel et Cloud. Le disque dur en haute définition est exfiltré *via* les montagnes.

Faire connaître au monde les entrailles puantes, noires et glauques de ce régime et des services de renseignement. Que la justice passe.

Ces preuves sont transmises à des membres du Courant national syrien d'inspiration islamique modérée, et dont la création remonte à 2011. Ce parti a pour objectif politique le changement pacifique et démocratique en Syrie. Les dirigeants comprennent que ces photographies sont essentielles pour convaincre la communauté internationale, pour changer la physionomie du conflit, le faire basculer du terrain militaire au juridique, et notamment la justice internationale.

Mais pas seulement.

Il faut d'abord que les familles puissent faire leur deuil, reconnaître l'un des leurs. Alors, il faut d'abord classer, organiser. Car le dossier de César comprend plusieurs catégories de clichés. Les détenus morts dans les geôles des services de renseignement ; les soldats du régime morts au combat, considérés comme des « martyres » ; et enfin, des civils, femmes, hommes, enfants, vieillards tués lors de combats, avec la mention « terroriste ».

Ce travail est réalisé à Istanbul par Sami et d'autres, dans le secret. Dans la douleur, celle causée par la succession de ces visages grimaçants. Dans la haine qui les submerge.

Ils se concentrent sur les détenus, qui viennent en majorité des branches 215 et 227 du renseignement militaire.

Puis vient le temps de l'analyse légale pour déterminer la liste des souffrances endurées et les répertorier par critères pour chaque victime, suivant son âge, les blessures, les tatouages, le style des tortures infligées, présence de sang frais ou non, dénutrition, énucléations, produits chimiques. Environ 6 800 victimes.

Les clichés sont ensuite publiés sur Internet par trois associations[1] pour les disparus et les prisonniers d'opinion afin de permettre aux familles de retrouver les leurs.

Restent des questions sans réponse.

Que sont devenus les corps ?

Enterrés dans des tranchées ? Brûlés ? Des fosses communes cachées ?

César n'a pris ces photographies que dans deux hôpitaux de Damas, et de 2011 à 2013. Alors, combien de morts dans le reste du pays encore tenu par le régime ?

Puis vient le temps de faire éclater la vérité à la face du monde.

Les premiers à réagir sont les Qataris qui décident de mandater le cabinet londonien Carter-Ruck afin d'en évaluer l'authenticité. Trois anciens magistrats internationaux sont désignés : David Crane, ancien procureur du Tribunal spécial pour la Sierra Leone, Desmond de Silva, ancien procureur en chef du Tribunal spécial pour la Sierra Leone et Geoffrey Nice, ancien procureur en chef lors du procès de l'ex-Président yougoslave Slobodan Milošević.

Dans leur rapport de trente et une pages rendu public le lundi 20 janvier 2014 par la chaîne CNN et le quotidien *The Guardian*, M. Crane n'hésite pas à affirmer qu'il s'agit de «preuves évidentes démontrant que le régime d'al-Assad est une machine à tuer». Les procureurs ont trouvé César

1. Human Rights Watch, Physicians for Human Rights et SAFMCD.

convaincant, juste, déterminé dans l'action et honnête dans sa démarche.

Le 22 janvier, Ahmed Jarba, chef de la Coalition nationale syrienne, brandit les photographies à l'occasion de la conférence dite « Genève 2 », qui vise à trouver un « règlement pacifique » au conflit en Syrie. En réponse, Damas rétorque que les photos accompagnant le rapport sont fausses, estimant qu'il s'agit d'« un rapport politisé manquant d'objectivité et de professionnalisme ».

Elles sont aussi rendues publiques au Mémorial de l'holocauste de Washington, à l'Institut du monde arabe à Paris ainsi qu'au siège des Nations unies à New York, plus tard.

Le 15 avril 2014, le Conseil de sécurité des Nations unies tient une réunion informelle sur le rapport César, et déclare qu'il constitue un ensemble de documents d'une ampleur inédite, étayant de façon systématique et structurée la pratique de crimes de guerre et de crimes contre l'humanité. Il vient s'ajouter aux multiples rapports de la Commission internationale d'enquête sur les droits de l'homme en Syrie établie par le Conseil des droits de l'homme des Nations unies.

Cette commission, que l'on nomme « Commission Pinheiro », du nom de son président, conclut : « Certains éléments – tels que le lieu identifié sur certaines photographies comme étant l'hôpital militaire 601 à Damas, les méthodes de torture et les conditions de détention – viennent corroborer les conclusions rendues de longue date par la commission concernant le recours systématique à la torture et les décès de détenus. Les investigations se poursuivent, mais les conclusions seront en grande partie fonction de l'identification de nouvelles métadonnées. »

En effet, depuis mars 2011, la commission a déjà recueilli de nombreux récits faisant état d'actes de torture et de décès en détention dans les prisons gouvernementales en République arabe syrienne entre la période de mars

2011 à janvier 2015; ces récits corroborent le constat auquel elle est parvenue comme quoi ont été commis des crimes contre l'humanité sous forme d'actes de torture et de meurtres. Il a été établi qu'à Damas le recours à la torture était généralisé et systématique dans les locaux de diverses branches de renseignement, hôpitaux et prisons. Le viol et autres violences sexuelles faisaient aussi partie des actes de torture. Les informations recueillies dénotent l'existence d'une politique d'État mise en œuvre dans les différents gouvernorats.

Paulo Sérgio Pinheiro précise que «Les exécutions et les décès décrits dans ce rapport ont eu lieu à une fréquence élevée, sur une longue période. Ils ont eu lieu dans de multiples endroits et avec un soutien logistique qui implique des ressources étatiques considérables». Officiers de haut rang, membres du gouvernement, tous ont été conscients que des décès avaient lieu à une échelle massive, affirme encore Paulo Sérgio Pinheiro. «Personne ne peut le démentir. Les conditions de vie en prison ont été maintenues avec l'intention calculée de provoquer des décès de masse parmi les détenus», poursuit-il.

Les quatre membres de la commission d'enquête de l'ONU n'ont jamais été autorisés par Damas à se rendre en Syrie. Leur travail repose sur les milliers de témoignages de victimes, de documents et de photos satellites. Ils ont interviewé 621 personnes, dont 200 ont été témoins de la mort d'un ou de plusieurs de leurs compagnons de cellule.

Cette politique d'extermination de prisonniers conduite et voulue par le régime syrien peut être qualifiée de crime contre l'humanité.

Fin juillet 2014, César est invité à témoigner devant le Congrès américain et projette les clichés. Le hashtag *#StandwithCaesar* (Soutien à César) se répand sur Twitter le

11 août à l'appel de l'opposition syrienne. Les photographies sont remises au FBI qui authentifie officiellement les clichés en juin 2015.

Et que fait la Cour pénale internationale ? De ce côté, c'est l'impasse. Damas n'a jamais ratifié le traité fondant la CPI, qui ne peut enquêter que sur les crimes commis sur le territoire d'un de ses États membres, ou par l'un de ses ressortissants. Faute de quoi, seul le Conseil de sécurité des Nations unies peut la saisir. Le procureur de la CPI peut alors enquêter, émettre des mandats d'arrêt contre les responsables des crimes en Syrie. En mai 2014, s'appuyant sur le rapport César, la France soumet une résolution au Conseil de sécurité. Treize pays sur quinze votent pour. La Russie et la Chine mettent leur veto. Comparativement à d'autres théâtres et zones de guerre, jamais un conflit n'aura été autant documenté en temps réel. Vidéos, photographies, témoignages. Et rien.

Aucune juridiction internationale ne pouvant se pencher sur ce dossier, l'ONU a tout de même mis en place un mécanisme chargé de faciliter le recueil des preuves des atrocités commises par l'ensemble des belligérants en Syrie depuis 2011, et surtout faire en sorte qu'elles ne disparaissent pas avec le temps et que l'impunité ne s'installe. Catherine Marchi-Uhel, une magistrate française expérimentée, a été nommée à la tête de cette structure, appelée Mécanisme international impartial et indépendant (M3I). Le Mécanisme n'étant pas autorisé à se rendre en Syrie, il a collecté plus de 900 000 documents et preuves grâce à la Commission d'enquête pour la Syrie, à la société civile syrienne, à un certain nombre de réfugiés victimes de crimes ou témoins.

Mais, malgré tout, les espoirs syriens tombent. Ils ont perdu confiance en l'ONU qui, finalement, ne fait que rapporter. Les crimes syriens sont connus de tous, mais rien n'a avancé.

Le dossier César finit par faire les frais de la Realpolitik. Finalement, plutôt que César, on devrait l'appeler «Dossier Ponce Pilate»! Tous se lavent les mains.

Difficile de ne pas faire le lien avec Jan Karski, personnage réel et héros du roman de Yannick Haenel, qui, il y a quelques années, m'avait bouleversé. Face à la surdité des puissances alliées confrontées au témoignage des camps de la mort, Jan Karski avait décidé de ne plus jamais émettre un son. D'ailleurs, César, lui aussi, s'est tu.

Des questions surgissent : jusqu'où les grands principes de la Realpolitik doivent-ils pousser les dirigeants à câliner certains chefs d'État criminels, très heureux de bénéficier d'une impunité au long cours?

Je ne sais plus qui a dit : «À un meurtre, tu interpelles l'auteur pour le mettre en taule; à partir de dix, tu l'arrêtes pour le mettre dans un hôpital psychiatrique; à 10 000, tu l'invites à la table des négociations...»

Finalement, la stratégie du régime s'est révélée payante. Certains leaders islamistes issus de la frange la plus dure et radicale avaient été libérés de Seidnaya par Bachar dès le début de la révolution pour bâtir une menace. L'État islamique, Armée de l'Islam et la kyrielle de groupes islamiques, dont certains sont financés par les États sunnites, pullulent et deviennent une priorité pour l'Occident. Les moyens de terreur sont les mêmes. Prisons, égorgements, la population est prise en tenaille. Une dictature veut en chasser une autre, ni pire ni mieux.

Tyrannie contre tyrannie. C'est juste l'habillage qui change. Un seul objectif : le pouvoir et l'argent au profit d'une minorité. Comme toujours. Tu grattes le vernis nationaliste, ethnique ou religieux, et tu tombes sur les dollars, le pétrole, l'or, les diamants, etc.

L'Occident, lui, est paralysé face à ces nouvelles menaces. Les crimes s'étalent sur nos écrans de télévision et s'exportent même sur la terrasse de nos cafés parisiens, dans nos salles de concert.

Alors les juridictions nationales doivent prendre le relais au titre de la compétence universelle.

Mais pas avec les mêmes moyens financiers et humains que ceux dédiés à la justice internationale !

En France, Laurent Fabius déclare : « Face à ces crimes qui heurtent la conscience humaine, à cette bureaucratie de l'horreur, face à cette négation des valeurs d'humanité, il est de notre responsabilité d'agir contre l'impunité de ces assassins. Les autorités françaises ont été destinataires de plusieurs milliers de clichés du dossier César. Compte tenu de la gravité des faits, j'ai décidé de transmettre ces photos à la justice française, pour lui permettre de les exploiter et de décider des suites à y donner, y compris d'éventuelles poursuites pénales[1]. »

Le 15 septembre 2015, le Parquet de Paris et la section AC5 décident d'ouvrir une enquête préliminaire contre X des chefs de crimes contre l'humanité. L'OCLCH est saisi de l'enquête par Camélia B. Une femme décidée, vice-procureure passionnée de justice internationale et de lutte contre l'impunité.

J'ouvre un dernier rapport sur mon écran, celui d'Amnesty International rédigé en février 2017, dont les conclusions sont les suivantes : de septembre 2011 à décembre 2015, entre 5 000 et 13 000 personnes auraient été exécutées sommairement dans la prison de Seidnaya, à trente kilomètres au nord de Damas. Dans une interview, Bachar al-Assad proteste avec véhémence. « Ce rapport est bâti sur des allégations. Amnesty International, c'est une organisation

1. En application de l'article 40 du Code de procédure pénale, « toute autorité constituée, tout officier public ou fonctionnaire qui, dans l'exercice de ses fonctions, acquiert la connaissance d'un crime ou d'un délit est tenu d'en donner avis sans délai au procureur de la République et de transmettre à ce magistrat tous les renseignements, procès-verbaux et actes qui y sont relatifs ».

mondialement connue, il est honteux qu'elle se mette à bâtir un rapport sur la base de simples allégations. »

Mais il refuse la visite d'observateurs internationaux dans le pays. « Non, définitivement non ! C'est une question de souveraineté. Et puis, la peine de mort est légale en Syrie. Nous n'avons pas besoin de nous cacher. »

Nous aurons compris.

Le dossier César est devenu une enquête structurelle. Notre mission : rechercher des Français parmi les victimes sur les clichés de César, des Français parmi les bourreaux. Qui plus est de potentiels auteurs des crimes syriens sont sur notre territoire, notamment parmi les exclus du droit d'asile. Nous avons comme atout le cadre de la compétence universelle et l'imprescriptibilité des faits.

La torture étant systémique, sont considérés comme responsables le chef du barrage de telle localité avec sa liste d'individus suspects à interpeller, ou ce général en charge de telle ou telle branche de renseignement qui a décidé de fuir pour rejoindre la France et que l'on retrouve en qualité de demandeur d'asile.

D'ailleurs, selon le Réseau syrien des droits de l'homme (SNHR), entre mars 2011 et septembre 2019, au moins 14298 personnes, dont 178 enfants et 63 femmes, sont mortes par la torture en Syrie. Les enquêtes effectuées par l'ONG ont permis de documenter 72 méthodes de torture pratiquées par le gouvernement syrien dans ses centres de détention et ses hôpitaux militaires. Toujours selon la même source, près de 1,2 million de Syriens ont été arrêtés et emprisonnés dans les centres de détention du régime de Damas, et 130000 personnes le sont encore ou sont portées disparues, depuis le début de la guerre civile en 2011.

Il nous faut donc recueillir beaucoup de témoignages de victimes ou témoins qui ont réussi à s'exfiltrer et qui se trouvent soit en France, soit en Europe, soit dans les pays limitrophes de la Syrie et qui acceptent de témoigner. Pour cela, compte tenu de la charge de travail, la gendarmerie a décidé de créer une cellule d'enquête baptisée « Sanson », du nom de Charles-Henri Sanson, bourreau français connu pour avoir décapité Louis XVI. Cette cellule regroupe des enquêteurs focalisés sur le dossier. Leur mission, sous la direction de Patrick, le directeur d'enquête et le contrôle des magistrats, notamment Camélia B. : auditionner plus d'une centaine de victimes décrivant les mêmes horreurs, rebâtir les liens hiérarchiques, les structures, bref, établir les faits de crimes contre l'humanité.

Mais heureusement, comme j'ai déjà eu l'occasion de le préciser, nous ne sommes pas seuls. Nous évoluons dans une galaxie de structures qui participent à la lutte contre l'impunité, ONG, Europol, Eurojust, M3I[1] ONUsien, unités de crimes de guerre européennes, etc. Ainsi, compte tenu du volume de ces réfugiés syriens souhaitant témoigner et répartis en Europe, une coordination européenne entre les magistrats et enquêteurs en charge des crimes contre l'humanité s'est imposée naturellement. Nous nous réunissons deux fois par an pour échanger nos données sous l'égide d'Eurojust à La Haye, et dans le cadre du réseau européen des procureurs et unités d'enquête des génocides, crimes contre l'humanité.

Enfin, le dernier acte fut la création d'une équipe commune d'enquête avec nos camarades allemands du Parquet fédéral et du Bundeskriminalamt (BKA)[2]. Cela signifie que nos investigations ne forment plus qu'une seule enquête conduite avec le ZBKV[3]. Nos collègues allemands peuvent

1. Mécanisme international impartial et indépendant de l'ONU basé à Genève.
2. L'Office fédéral de police criminelle allemand.
3. Il s'agit de la Zentrastelle für die Bekämpfung von Kriegsverbrechen (ZBKV), entité chargée de la lutte contre les crimes contre l'humanité au sein du BKA.

entendre nos témoins en France et *vice versa*. Nous réalisons nos interpellations en commun.

Surtout, le succès réside avant toute chose dans le fait qu'il s'agit d'abord d'une enquête commune en équipe, dont la dynamique est fondée sur la confiance réciproque et l'amitié. Et c'est le cas.

La chaleur est vraiment écrasante. Un coup d'œil par la fenêtre. Les platanes franchement taillés ont peine à exister dans la cour intérieure. Quelques enfants jouent aux gendarmes et aux voleurs. Nous sommes bien loin des attaques chimiques et des barils lâchés des hélicoptères, sur d'autres enfants, mais syriens ceux-là.

Un autre monde…

J'attends notre nouveau témoin syrien. Un combattant de la liberté. Pour une nouvelle audition. Pour continuer à documenter, à enquêter.

Une audition qui sera menée avec deux collègues allemands, le procureur fédéral Dieter K. et Marcus N., enquêteur du BKA, car Nazim est un témoin particulier.

Camélia m'a prévenu. Il a enduré le pire.

20

Combattant(e)s de la liberté

« Il existe trois types de surveillants et de gardiens, toujours les mêmes, que ce soit dans une prison préventive, dans un pénitencier ou dans un camp de concentration. Ce sont eux qui peuvent faire de la vie des prisonniers un enfer.

» Les méchants, les mauvais, les perfides, les brutaux considèrent le prisonnier comme un objet sur lequel ils peuvent exercer leurs penchants pervers. À leurs côtés se trouvent les indifférents, puis les bienveillants. Aucun ancien détenu ne pourrait prétendre avoir subi dans ma maison un mauvais traitement quelconque. »

Rudolf Höss,
commandant du camp d'Auschwitz, 1947.

13 juillet – Paris, OCLCH, salle d'audition de victimes

J'observe l'homme assis en face de moi.

Il transpire. Deuxième journée de canicule. Mal dormi. Lui aussi, apparemment. Peut-être pas pour les mêmes raisons.

Dans son pays, les flics sont là pour torturer.

Nous, pour protéger.

Dans son pays, tout s'achète. La justice. La liberté. Dans son pays, tout se vend. À commencer par l'âme. Quand on en a encore une.

Cela laisse des traces sur le corps et dans l'esprit.

— Bonjour, monsieur Al-A.

— Bonjour, monsieur le colonel.

Son attitude est respectueuse, mais pas ostentatoire. Bizarrement, il garde la tête baissée, les yeux fixés au sol.

Il est vêtu d'un costume élimé un peu trop grand, bleu marine. Une chemise bleu clair, ouverte sur un pendentif en or sur lequel est gravé un verset du Coran. Il est grand, sec. Environ la quarantaine. Son visage est parsemé de cicatrices. Petites, mais bien visibles, notamment son nez, qui est légèrement de travers. Ses cheveux sont peignés en arrière, sans doute pour masquer un début de calvitie. J'observe ses mains, les doigts sont croisés et ceux de la main droite jaunis par la nicotine. Il porte une chevalière ornée d'un magnifique lapis-lazuli. Certaines cicatrices apparaissent aussi. Le petit doigt de la main gauche est de travers. Vraisemblablement cassé.

Sur l'intérieur de son bras, un tatouage d'une finesse remarquable, élancé, remonte vers le cœur.

Soudain, il se redresse. Comme par réflexe. Ses yeux verts m'observent avec un mélange de peur et de courage. Reflets de l'âme. Mais il y a aussi cette force étrange, comme si rien ne pouvait dorénavant l'atteindre. Il analyse tout ce qui passe autour de lui. Son regard fouille, scrute.

Une porte vient de claquer. Courant d'air. Sursaut de Nazim.

Béatrice et Patrick viennent de pénétrer dans la salle avec le procureur, Dieter K., et Marcus N. débarquant du Thalys respectivement de Karlsruhe et Bonn avec notre interprète Ahmed. Il est devenu une pièce maîtresse de notre travail. La précision et l'objectivité de leurs traductions sont essentielles à la bonne marche de l'audition.

Salut chaleureux échangé avec nos camarades allemands qui sont tous les deux francophones et francophiles, ce qui tombe bien.

Ils prennent place autour de la table en saluant Nazim.

Je propose un café et de l'eau fraîche, histoire de détendre l'atmosphère, une vieille habitude importée de Bosnie. Rien ne débute avant d'avoir bu un café. Cela dure parfois deux heures. Le temps est une notion relative en Orient. C'est comme ça et c'est bien ainsi !

Nazim s'empare délicatement de la tasse, boit par petites gorgées son expresso et alterne avec de l'eau fraîche. Son regard s'échappe de la salle d'audition. Ses pensées aussi. Il rompt le silence.

— Vous connaissez Fairuz ?

— Non.

Il me tend son portable où apparaît la photographie d'une femme magnifique, orientale, aux yeux amandes, aux cheveux longs.

— C'est une chanteuse célèbre en Syrie, mais aussi dans les pays limitrophes, en Jordanie, au Liban, d'où elle est originaire. Dans ces pays, vous commencez toujours une journée par un café et une chanson de Fairuz. Son nom d'artiste signifie « turquoise ». Vous buvez votre café et vous vous laissez bercer par sa voix. Je suivais toujours ce rituel en Syrie.

Silence.

— Mon bourreau aussi ! Le matin, dans ma cage, serré avec les autres détenus, j'entendais toujours la même chanson. « Bint El Shalabiya », une de mes favorites. D'abord la guitare, la rythmique, puis la voix langoureuse de Fairuz. Mon bourreau buvait son café. L'accordéon, les chœurs, puis Fairuz de nouveau. J'aurais aimé qu'elle dure une éternité. Elle parle d'amour. Puis la chanson s'arrête. La cage s'ouvre. Je suis extrait par mon bourreau qui me torture ainsi deux fois par jour. Depuis ce temps, je ne peux plus écouter Fairuz.

Silence.

— Mais pourquoi cette photo en écran d'accueil de votre portable ?

— Pour ne jamais oublier à quel point je suis en colère.

Pause.

— En colère contre ceux qui détruisent mon peuple. Et ceux qui les laissent faire. Une colère froide qui vient de loin.

Sa voix reste calme et grave, mais ses mains se sont serrées, laissant apparaître la blancheur de ses phalanges.

— Elle m'a été transmise par mon père. Il y a plus de cinquante ans, mon père a fait de la prison, d'abord à Damas, après des propos qui ont été jugés impertinents. Il a été ensuite transféré à la « terrible Palmyre ».

Silence.

— Je vous remercie d'être venu jusqu'à nous pour nous apporter votre témoignage, car beaucoup ne le font pas par crainte du régime et des conséquences pour leurs familles restées au pays, ce que nous comprenons parfaitement.

— Je n'ai plus de famille. Tous sont morts ou ont été tués. Je suis venu parce que j'ai lu dans la presse et j'ai su par la communauté syrienne que la France et des juges d'instruction avaient délivré des mandats d'arrêt contre des responsables syriens dans le cadre du dossier Dabbagh. Je crois en ce dossier César et au travail que vous réalisez.

— Nos camarades allemands aussi.

Regards vers nos collègues. Dieter précise :

— Oui. J'ai délivré un mandat d'arrêt international à l'encontre de Jamil Hassan soupçonné de « crimes contre l'humanité » en juin 2018, et la France aussi, en novembre, je crois.

J'opine du chef.

Mazen Dabbagh, citoyen d'origine franco-syrienne, était conseiller principal d'éducation au lycée français de Damas. Il a été arrêté à Damas en novembre 2013 avec son fils Patrick par des officiers des services de renseignement de l'armée de l'air syrienne.

Après trois années de recherches infructueuses, et malgré les menaces qui pèsent sur les familles restées en Syrie, Obeida Dabbagh, frère de Mazen et oncle de Patrick, résidant en France, dépose en octobre 2016 une plainte contre X auprès du pôle spécialisé sur les crimes contre l'humanité et les crimes de guerre. Une information judiciaire est ouverte pour « disparitions forcées et tortures, constitutives de crimes contre l'humanité, et complicité de crimes » avec le soutien de la Fédération internationale des droits de l'homme et la Ligue des droits de l'homme.

Comme dans de nombreux cas, les autorités syriennes ont émis deux certificats de décès concernant Mazen et Patrick Dabbagh en 2018, survenus en détention. Officiellement, Patrick Dabbagh est décédé dès janvier 2014 et son père en novembre 2017. De crises cardiaques. Aucun corps n'est rendu, et aucun lieu d'inhumation n'est précisé.

Le 4 novembre 2018, forte de ces nouveaux éléments, la justice française émet donc trois mandats d'arrêt contre Ali Mamlouk, directeur du bureau de la sécurité nationale et proche conseiller de Bachar, Jamil Hassan, chef des services de renseignement de l'armée de l'air, et Abdel Salam Mahmoud, le chef du service des investigations à l'aéroport militaire Mezzeh de Damas. Ils sont poursuivis pour « complicité d'actes de torture », « complicité de disparitions forcées » et « complicité de crimes contre l'humanité ».

— Vous voyez, finalement, ça bouge, déclare Markus.

— Oui, c'est pour cela que j'ai accepté de venir.

— Nous allons commencer l'audition. Les deux enquêteurs présents autour de cette table sont là pour recueillir votre déposition. Si vous le souhaitez, nous pouvons enregistrer l'audition.

— Oui, pas de problème.

Patrick et Stéphanie lancent l'ordinateur et la caméra. Nous avons décidé de modifier nos conditions d'accueil des victimes, notamment syriennes. Nos précédents locaux dans un ancien fort de la région parisienne leur rappelaient de très mauvais souvenirs. Du coup, nous avons créé une salle prévue à cet effet, meublée et aménagée pour ce type d'audition, avec un accès au psychologue en cas de besoin. Des déports avec deux écrans sont installés à l'extérieur de la pièce. Le deuxième enquêteur est en communication avec le premier grâce à une oreillette et peut le cas échéant orienter les questions. Le système fonctionne en *speech to text*[1] automatiquement.

Le point rouge de la caméra clignote par intermittence.

— Avant toute chose, je voulais vous dire à quel point je suis reconnaissant à la France et à vous-mêmes ainsi qu'aux magistrats du tribunal de Paris pour le travail que vous faites. Sans la compétence universelle et votre action, en Syrie comme dans de nombreux pays, impossible pour les victimes d'obtenir réparations. J'ai passé environ quatre années en prison et dans les branches de renseignement où j'ai été torturé sauvagement. Cela a commencé par mon interpellation à Deraa, puis j'ai été détenu cinq mois au sein des services de renseignement de l'armée de l'air, deux mois au sein de la branche Palestine, et le reste en prison à Seidnaya à attendre mon jugement, au terme d'une parodie de justice, et enfin ma libération intervenue à la suite du paiement d'une somme importante au juge en juin 2015. Puis je me suis enfui de Syrie en décembre 2015 et j'ai obtenu l'asile en France en février 2016.

1. Retranscription de la voix en texte automatique.

Patrick questionne.

— Merci. Pouvez-vous nous parler de votre situation avant la révolution ?

— Je m'appelle Nazim Al-A. et suis originaire de Douma, dans la banlieue nord de Damas. Je suis né le 21 décembre 1969 dans une famille sunnite. Ma mère s'appelait Basima S., elle était mère au foyer. Elle est décédée dans un bombardement du régime en 2015. Mon père, Mohammed Al-A., était un archéologue et un historien. Il a beaucoup travaillé sur le site archéologique de Palmyre. Il était aussi très engagé politiquement, notamment au sein du Parti communiste de Syrie, parti qui a milité contre la présence française après la Seconde Guerre mondiale, d'ailleurs.

Sourire de Nazim.

— Il était ouvert à tous, quelles que soient leur religion, ethnie, etc. Quand, en 1970, Hafez al-Assad prend le pouvoir, il met en place une forme de pluralisme politique et crée le Front national progressiste, mais avec une obligation, celle d'accepter la politique nationaliste arabe et socialiste du gouvernement. Malgré ces conditions draconiennes, les militants du parti se prononcent pour l'union. Mon père était en désaccord total avec cette décision. L'avenir lui donnera raison. Il n'avait aucune confiance en Assad, notamment depuis 1967 et la guerre avec Israël. Alors que nous venions de tout perdre, la radio nous annonçait que nous étions victorieux. Il a toujours combattu l'irresponsabilité, la vanité, l'hypocrisie de nos dirigeants. Quand, le 26 juin 1980, Hafez al-Assad échappe de justesse à une tentative d'assassinat, son frère Rifaat al-Assad, chef des brigades de défense, fait massacrer un millier de membres des Frères musulmans à la prison de Palmyre. Mon père, pourtant officiellement athée, dénoncera ce massacre en qualité de communiste. Alors, les brigades de défense ont pénétré chez nous un matin de décembre 1981, le 21 exactement. Mes parents se préparaient à célébrer mon anniversaire. Ils ont frappé mon père sous mes yeux et ceux de ma mère. Elle a tenté de s'interposer, mais a été violemment repoussée. Sa tête a heurté le coin de la table. L'un des officiers a dit à mon père : « Estime-toi heureux que je ne la viole pas sous tes yeux et ceux de ton fils. » Pour nous montrer ce qu'il en coûte de critiquer le pouvoir. Je ne reverrai plus jamais mon père vivant. J'ai eu douze ans ce jour-là et j'ai compris le sens que ma vie allait prendre. Mon cadeau d'anniversaire sera cette colère que j'ai évoquée, qui ne me quittera plus. Alors j'ai décidé de défendre les opprimés.

» Les camarades de mon père ont finalement réussi à savoir dans quelle prison il se trouvait après son transfert de la prison de Palmyre, ville où, précisément, par amour pour son pays, mon père avait passé des jours et des nuits à fouiller pour démontrer la richesse de notre pays et civilisation. Cruelle ironie de l'histoire. Après avoir payé une importante somme d'argent auprès d'un militaire que le chef du parti communiste connaissait, nous avons pu récupérer son corps pour lui donner une sépulture digne. Son corps était parsemé de taches rougeâtres. Nous l'avons appris plus tard, après les indiscrétions de membres du Parti, mon père aurait participé en qualité de cobaye à une expérimentation d'utilisation d'armes chimiques.

Le procureur allemand l'interrompt.

— Vous voulez dire que, dans les années 1980, les Assad expérimentaient déjà le chimique sur les personnes ?

— Oui ! Les attaques chimiques ne sont pas arrivées comme ça un beau jour. Tout cela s'inscrit dans un processus réfléchi et rigoureux, piloté notamment par les plus hauts responsables et les chefs des services de renseignement aérien, voire de l'État. Un prisonnier m'a rapporté que des tests auraient été réalisés sur eux dans certaines prisons.

— OK... Et donc quelle a été la suite de votre parcours ?

— J'ai poursuivi des études de sociologie à Damas et obtenu mon diplôme en 1992. Je m'étais spécialisé dans la défense des prisonniers d'opinion et leur famille. Dans les années 2000, quand nous avons tous cru au Printemps de Damas, j'ai créé le Centre pour la promotion de la démocratie en Syrie, le CPDS, en 2003, exactement.

— Sacré programme !

— Comme vous dites. La France était notre modèle, bien sûr. Votre pays et certaines ONG travaillant pour la défense des droits de l'homme nous ont beaucoup aidés, d'ailleurs, et pas seulement sur le plan financier. Bien sûr, les services de renseignement nous harcelaient. Mais on gardait espoir. Une sorte d'euphorie naïve. Plus tard, quand j'ai été arrêté une première fois en 2009, l'officier qui m'a interrogé, un Alaouite, m'a dit : « Mais qu'est-ce que tu crois ! Que vous, le peuple, vous allez obtenir la liberté ? » Il riait aux éclats. J'ai compris alors que tout cela n'était que purs mensonges. Les intérêts financiers des membres du gouvernement et du clan Bachar étaient tels que rien ne pouvait changer. Et ce jusqu'en mars 2011.

— Avez-vous été torturé en 2009 ?

— Non, pas vraiment, car ils se méfiaient de moi et de mes réseaux, notamment internationaux. C'était juste de l'intimidation. Montrer les muscles et laisser dans le cou la marque de l'ongle. On subissait une énorme pression. Les services débarquaient, saisissaient nos biens et repartaient ! Il fallait tout reconstruire chaque fois. Mais je n'étais plus seul dans mon combat, car c'est au CPDS que j'ai rencontré Nadia H. Elle était déjà écrivaine et mettait en scène des pièces de théâtre à succès. Elle voulait s'engager et mettre son talent au service d'une cause noble, celle de la liberté. Elle voulait enfanter dans un monde meilleur. Ses écrits sont devenus de plus en plus critiques vis-à-vis du pouvoir et ont commencé à attirer l'attention. Mais son talent la protégeait, en quelque sorte. Elle deviendra ma femme la même année et m'a donné deux magnifiques enfants, Ghassan et Ahmad, dans les années qui suivirent.

— Ensuite, à partir de 2011 ?

— Après le Printemps arabe, Nadia et moi avons repris espoir. Dès mars 2011, le 15 exactement, nous avons organisé une manifestation à Damas devant le ministère de l'Intérieur avec des pancartes sur lesquelles nous avions collé les photographies des prisonniers d'opinion en vue de leur libération. Notre slogan était : « Sunnites, Alaouites, le peuple syrien est un et nous voulons la liberté ».

— Combien étiez-vous ?

— Devant le ministère, environ une centaine. Mais, avec Facebook, d'autres nous ont rejoints et de nouvelles revendications ont rapidement été relayées, à savoir une nouvelle Constitution, la fin de l'état d'urgence et des tribunaux d'exception. Bref, ce que nous réclamions depuis des années, et notamment depuis le Printemps de Damas. Ce jour-là, vers 16 heures, la place a rapidement été cernée par les forces de sécurité. Nous avons été interpellés, frappés à coups de matraque et jetés dans des bus. Nous avons été conduits jusqu'à une branche militaire et placés dans une grande cellule, les hommes séparés des femmes. Nadia, mon ami El T. T., un avocat de renom très investi au sein du CPDS et moi-même avons été libérés le soir. Le lendemain, le journal national expliquait que nous avions été interpellés pour trafic de drogue... Quelle blague ! Trois jours plus tard, alors que j'avais créé une page Facebook pour laquelle Nadia avait rédigé un pamphlet à la gloire de la liberté, je marchais dans la rue quand une grosse Mercedes a pilé à ma hauteur. Trois hommes en sont sortis, m'ont encerclé, frappé et jeté dans le coffre. J'ai été placé à l'isolement à la branche militaire 215. Dans la cellule d'à côté, j'ai entendu une voix que j'ai reconnue comme étant celle de mon professeur de faculté, Mohammad al-C., philosophe syrien de grande réputation et opposant. Cela m'a mis du baume au cœur de le savoir vivant. Je lui ai donné mon nom afin qu'il sache que j'étais emprisonné. Nous faisions ainsi pour nous signaler aux autres détenus, de telle sorte que le premier libéré puisse informer la famille du lieu de notre incarcération. Il a été libéré le lendemain et a prévenu Nadia. Dans le cas des disparitions forcées, le régime vous embarque sans témoin, et votre famille n'a plus de nouvelles de vous. C'est redoutable. Dans la nuit, toutes les heures, un garde ouvrait la lucarne pour m'insulter, ma mère ou ma femme. Je devais me lever et me mettre face au mur. Au matin, j'ai été conduit devant un officier qui m'a interrogé sur mes comptes Facebook. Bien sûr, je lui ai donné de fausses informations. Il est revenu encore plus énervé pour me demander les noms des gestionnaires de mes comptes. Là aussi, j'ai donné les noms de personnes vivant à l'étranger.

— Avez-vous été frappé ?

— Non, mais c'était un enragé. Il m'insultait et me hurlait dessus à trois centimètres de mon visage.

— OK.

— Puis on m'a emmené dans un grand bureau cossu où se trouvait le général Souleiman, le chef de la branche militaire. Deux officiers en civil se tenaient dans la pièce à ses côtés. Il fumait un cigare en sirotant son café. Il adorait faire des ronds avec la fumée et placer son cigare au centre. Il m'a expliqué que j'aurais tort de continuer dans cette voie. Il n'avait pas de doute sur ma volonté de défendre mon pays et sur le fait que je sois un vrai patriote. Selon lui, nous étions manipulés par l'étranger, et notamment Israël et les États-Unis qui veulent la mort de la Syrie. Il m'a conseillé de retenir la leçon et à l'avenir de plus me laisser manipuler. J'ai été libéré le soir même. Vu la tournure que prenaient les événements, nous avons décidé que

Nadia se mettrait en sourdine afin de pouvoir se consacrer aux enfants. Nous ne pouvions pas nous permettre d'être arrêtés ensemble et d'abandonner nos fils.

— Je comprends.

Silence.

— Ensuite, il y a eu Deraa et le mouvement qui s'est répandu dans d'autres villes. Les Syriens avaient vaincu la peur. J'en étais le premier surpris. Quand, au sein du CPDS, nous avons appris que des adolescents avaient été arrêtés et torturés, nous avons pris le chemin du Sud pour aider les manifestants locaux. Il y avait un sentiment d'urgence, j'ai été soulevé d'indignation et j'ai trouvé la répression inacceptable. En effet, Atef Najib, le chef local de la province de Deraa, l'homme fort du régime, n'a rien voulu savoir, et ce malgré les supplications des familles et le geste du patriarche de la délégation qui, en signe de soumission, avait déposé son *hatta* [turban bédouin] sur son bureau. D'ailleurs, le bruit a circulé dans le pays qu'il aurait déclaré : « Oubliez vos enfants et allez retrouver vos femmes. Elles vous en donneront d'autres. Et puis, si vous n'êtes pas capables de leur faire des enfants, amenez-nous vos femmes. On le fera pour vous. » C'est cette formule qui a souillé l'honneur des gens de Deraa. Alors Ahmad Al-Z. et moi avons embarqué dans la vieille Renault, direction le sud. Ahmad était mon frère d'armes, l'homme avec lequel j'avais créé le Centre. Il était avocat des droits de l'homme. C'était un fougueux, une boule d'énergie. Le combat ! Rien ne comptait plus que cela, un militant qui avait décidé de ne laisser aucune famille derrière lui, volontairement. Il savait qu'il sacrifierait sa vie pour la liberté et son combat.

Silence de Nazim.

Je songe aux combats de nos résistants qui ont, par le passé, eux aussi sacrifié leur vie pour faire de la France une démocratie. C'est dans ces moments où tu perçois le fossé, ou plutôt le gouffre qui règne entre notre société de liberté et ces dictatures ; où tu mesures ta chance, mais aussi combien notre modèle de démocratie est fragile et doit être protégé !

Nazim interrompt mes réflexions :

— Nous avons réussi à franchir les barrages que l'armée mettait en place. À Deraa, nous avons été pris en charge par des sympathisants et avons manifesté aux côtés du peuple pendant plusieurs jours. Puis on m'a rappelé à Damas. C'est en rentrant que nous sommes tombés sur un barrage de routine de contrôle de papiers d'identité.

Encore un silence.

— C'était un contrôle des services de renseignement ? intervient Dieter.

— Non, militaire. Ils nous ont fait sortir de la voiture. Le responsable a examiné nos papiers d'identité. Il détenait une liste de noms. Les nôtres y étaient inscrits. Alors il nous a fait entrer à l'intérieur du poste pour des vérifications supplémentaires, a-t-il dit. Quelques minutes plus tard, un petit camion avec des hommes en civil a débarqué au poste de contrôle en hurlant. Ils nous ont fait coucher par terre en nous frappant. Puis ils nous ont bandé les yeux, et nous avons embarqué dans le pick-up sous les coups. Direction la branche de sécurité militaire locale. Nous étions allongés au sol à l'arrière, les militaires avaient leurs pieds sur nos visages, ils fumaient et jetaient la cendre sur nous. Quinze minutes plus tard, nous avons été débarqués et poussés dans une grande salle où environ quarante personnes attendaient en silence. Que des hommes de tout âge. Certains jeunes pleuraient. Personne ne parlait, de peur de se confier à un espion. La plupart ne savaient pas ce qu'ils faisaient là, ni ce qui les attendait, d'ailleurs. Nous, si ! Nous sommes restés deux jours. Les militaires venaient chercher les détenus en les appelant par leur nom. Nous ne les reverrons plus. Puis, cela a été au tour d'Ahmad. Deux militaires l'ont saisi violemment. Il a eu le temps de me jeter un regard fier, avec son fameux sourire narquois, comme si son destin de martyre allait se réaliser. Je ne le reverrai plus non plus. Enfin, je veux dire vivant.

— Comment le savez-vous ? demande Patrick.

— Je l'ai retrouvé dans les photos extraites de Syrie par César. Il avait le même sourire ironique figé dans la douleur, une sorte de doigt d'honneur adressé au régime de Bachar.

Nazim sort son téléphone et nous montre une photographie d'Ahmad. Il grimace comme le Joker des *comic books* de DC Comics. Puis il sort un document de sa veste et me le tend. Je lis en silence le texte écrit en lettres calligraphiées avec des pleins et des déliés.

« Selon la légende, il est un oiseau qui ne chante qu'une seule fois de toute sa vie, plus suavement que n'importe quelle autre créature qui soit sur terre. Dès l'instant où il quitte le nid, il part à la recherche d'un arbre aux rameaux épineux et ne connaît aucun repos avant de l'avoir trouvé. Puis, tout en chantant à travers les branches sauvages, il s'empale sur l'épine la plus longue, la plus acérée. Et, en mourant, il s'élève au-dessus de son agonie dans un chant qui surpasse celui de l'alouette et du rossignol. Un chant suprême dont la vie est le prix ! Le monde entier se fige pour l'entendre, et Dieu dans son ciel sourit. Car le meilleur n'est atteint qu'aux dépens d'une grande douleur… ou c'est du moins ce que dit la légende[1]. »

— Texte magnifique, dis-je, ému.

— Oui, Ahmad le portait sur lui en permanence. Il est devenu cet oiseau. Son chant était celui de la liberté. La seule différence, c'est que le monde entier ne s'est pas figé pour l'écouter. Au contraire, le monde entier s'en est foutu complètement ! Dieu, quant à lui, il a carrément tourné le dos et n'a pas eu un regard pour la Syrie.

— Oui, Dieu cligne des yeux en oubliant de les rouvrir ! Du moins, c'est ce dont on s'aperçoit dans nos dossiers.

1. Colleen McCullough, *Les oiseaux se cachent pour mourir*, Belfond, 1996.

Silence.

Nazim poursuit :

— Deux heures plus tard, les mêmes militaires sont venus me chercher. Ils m'ont mis un bandeau sur les yeux et attaché les mains dans le dos. Très serré. Mes mains n'avaient plus de sang, et le plastique des colsons me mordait la peau. Nous avons descendu plusieurs escaliers. J'entendais hurler de douleur, mais je ne voyais rien. Puis, un long couloir de gémissements. Parfois, je butais sur un corps ou devais marcher sur quelqu'un. J'essayais de m'excuser, mais on me demandait de la fermer. Des odeurs d'urine, de merde et de sang. Ensuite, j'ai été introduit dans une pièce. On m'a mis à genoux et retiré le bandeau. Un militaire, un gradé visiblement, était assis sur une chaise, transpirant, les bras croisés. La pièce était sombre, car les volets étaient fermés. Seules deux ampoules éclairaient faiblement un bureau crasseux avec une peinture jaunie. Sur un mur, trônait un portrait de Bachar avec un encadrement doré et craquelé. L'officier avait la cinquantaine, un ventre proéminent, les cheveux longs et gras qui lui tombaient sur la nuque, une moustache qu'il lissait en permanence. Il sourit et me dit : « Alors, c'est toi, le fameux Nazim ? Le combattant des droits de l'homme ? Le sociologue comme on dit ! Celui qui veut la liberté ! » Il a éclaté de rire. Je n'ai rien répondu. Il avait un accent alaouite, mais il forçait trop le trait. J'en ai conclu qu'il faisait semblant de l'être pour faire plaisir à ses chefs… J'en ai rencontré un certain nombre plus tard de cette trempe. Il a répété : « La liberté ! Espèce de fils de chien ! » Il s'est levé de sa chaise et a tourné autour de moi. « On a de la chance à Deraa, finalement. On a une vedette ! De la capitale ! Il faut bien que l'on profite de toi avant que Damas te réclame. Mais, avant, tu vas avouer. On t'a vu sur les vidéos d'Al Jazeera. Tu es venu de Damas pour nous faire chier ? Pour organiser les actions terroristes ? Qui te finance ? » C'était leur technique, ils épluchaient les reportages et ensuite ils allaient chercher les personnes qu'ils avaient identifiées. J'étais un personnage public, ce n'était pas compliqué de me placer dans une liste sur les barrages.

— Quel était le numéro de la branche? demande Markus.

— Je ne sais pas, je dirais qu'il s'agissait plutôt d'un bureau militaire situé à Deraa. Après sa tirade, je l'ai senti se positionner derrière moi. Alors j'ai entendu le sifflement de l'air et j'ai reçu un magistral coup dans le dos. J'étais coupé en deux. Je suis tombé en avant. Il avait une barre à la main et m'appuyait sur la tête. « Prosterne-toi devant Bachar, la vedette ! On va bien s'occuper de toi. » Il s'est emparé du téléphone. Deux colosses plus jeunes, la trentaine, sont entrés dans la pièce, m'ont soulevé pour m'emmener dans une autre pièce au fond du couloir. Ils portaient la barbe, des débardeurs noirs et les baskets de marque Reni, les chaussures des services de renseignement. Dans la pièce, ils m'ont arraché mes vêtements. Je me suis retrouvé en slip. Ils m'ont projeté au sol sur le ventre et m'ont demandé de remonter les pieds qu'ils ont attachés avec une corde reliée à mon cou. L'un m'a hurlé dans les oreilles : « Je suis Abu Hitler et voici Abu Himmler. » Puis ils ont frappé pendant de longues minutes sur la plante de mes pieds en m'insultant. On appelle ce supplice *falaka*. Il produit des hématomes internes et n'est pas censé laisser de traces. Quand cela s'est arrêté, je ne pouvais plus marcher. Alors, ils m'ont dit de me lever. J'ai essayé, mais sans succès. Ensuite, j'ai reçu des décharges de bâton électrique, mais impossible de me lever. « Alors on va t'aider ! » Ils m'ont enchaîné et suspendu selon la technique du fantôme ou *shabeh*. Je me suis retrouvé pendu par les mains avec des chaînes, les pieds ne touchant plus le sol. Ils m'ont de nouveau frappé avec un câble électrique. « Compte ! » J'ai reçu 66 coups. « Dorénavant, tu t'appelles 66 ! Tu n'as plus d'identité. Retiens-le bien, sans quoi il pourrait t'arriver des problèmes... », dit l'un d'eux en riant. Puis plus rien, pendant une heure. Ils m'ont laissé pendu ainsi. Quand ils sont revenus pour me détacher, ils m'ont dit que j'avouerais mes crimes. Et ils m'ont remis en cellule. Pendant deux jours, il ne s'est rien passé. J'étais avec d'autres détenus. Je ne pouvais plus bouger. L'un d'entre eux m'a soigné, il était de Deraa. Nous ne pouvions aller aux toilettes qu'une seule fois par jour, l'occasion de boire aussi. Notre nourriture se composait de boulgour, quelques olives à partager. La nuit, nous étions si nombreux que nous devions dormir à tour de rôle, tête-bêche. Parfois, les gardiens débarquaient dans la cellule. Nous devions nous lever, baisser la tête, et regarder le mur tout en gardant les mains en l'air sans bouger pendant de longues minutes.

— Pourriez-vous reconnaître vos gardiens ? questionne de nouveau Markus.

— Non. D'ailleurs, ils se font tous appeler par un surnom, genre « Abu Hitler », le Fantôme, le Fumeur car il écrasait ses cigarettes sur le corps des détenus, etc.

— OK.

— Au bout de trois jours, deux militaires m'ont fait sortir et ils m'ont amené devant le gradé. Il voulait que je lui donne les codes des accès Facebook des membres de mon organisation. Visiblement, il faisait du zèle. Il a compris que, s'il me faisait craquer, comme j'étais un personnage important, il aurait une promotion. Je lui ai dit que cela ne servait à rien car, à la suite de mon arrestation, les codes avaient dû être changés. Il m'a présenté un papier sur lequel était rédigé mon ordre d'accusation, à savoir affaiblissement du sentiment national, terrorisme, troubles à l'ordre public et insulte au régime et à Bachar al-Assad. Je lui ai dit que je ne reconnaissais pas les faits, que je ne me battais que pour instaurer la démocratie dans mon pays, qu'au contraire je travaillais au renforcement du sentiment national. Il m'a insulté et a saisi le combiné du téléphone pour une nouvelle séance de tortures avec les deux mêmes bourreaux. Cette fois, j'ai eu droit à l'électricité sur le corps avec les électrodes. Je me suis évanoui. Quand je me suis réveillé, j'étais dans la cellule. J'y suis resté encore dix jours. Puis, une nuit, nous avons été sortis de la cellule, rassemblés dans la cour avec les bandeaux sur les yeux. Nous étions vingt-cinq environ. Un camion a pénétré dans la cour. L'officier était présent. Il s'est approché de moi et m'a dit : « Alors, fils de chien, tu es content, tu vas retourner à la capitale. Tu vas voir, ils sont ravis de te récupérer. Je t'aurais bien gardé, mais les ordres sont les ordres. » Nous avons embarqué à coups de crosse de kalachnikovs. Nous devions maintenir notre tête entre les jambes en silence. La route a été longue. J'en ai conclu que nous revenions vers Damas et que l'officier avait raison. Puis le camion s'est arrêté. J'ai entendu le bruit d'un avion. Nous étions à l'aéroport de Mezzeh. J'ai su que le pire était à venir, car nous étions au fief des services de renseignement aérien, l'antre de la dictature. Il faisait encore nuit, mais le comité d'accueil était bien présent. Une trentaine d'hommes, civils et militaires, nous ont frappés sauvagement en nous poussant du camion. Ils appellent cela la cérémonie d'accueil ! Ensuite, nous avons été enfermés dans des cages de deux mètres sur deux en acier, à sept ou huit par cage !

Soudain, Nazim s'arrête. Bloqué. Il ne peut plus respirer. Il suffoque. Je regarde mes enquêteurs inquiets. L'air manque ! Comme en prison. Ahmed, notre interprète nous demande d'ouvrir la fenêtre. Je propose que nous remettions l'audition à plus tard. Mais Nazim refuse, souhaitant plutôt fumer. Il se lève doucement, sort de la pièce en silence et se dirige vers les escaliers. Patrick, Stéphanie et nos camarades allemands fumeurs l'accompagnent. Quelques minutes plus tard, du haut des quatre étages de notre vieux bâtiment, j'observe cet homme dans la cour pavée à l'extérieur qui fume sa cigarette en expulsant la fumée vers le ciel.

Des questions se bousculent dans ma tête. Comment tenir dans ces conditions ? Comment rester un être humain ? Pour ma part, aurais-je continué le combat pour la liberté ? Aurais-je eu son courage ? Et les bourreaux ? Comment embrasser sa femme et ses enfants le jour et torturer la nuit ? Impossible de ne pas penser à l'Effet Lucifer mis en exergue par l'expérience dite de Stanford réalisée par Philip Zimbardo[1] en 1971. Ce chercheur a sélectionné vingt-quatre étudiants considérés comme stables et matures originaires de tout le continent nord-américain, et issus de tous les milieux. Il leur a assigné de façon aléatoire le rôle des gardiens et de prisonniers constitués en deux groupes d'égal nombre. Son but : étudier le comportement de ces « personnes ordinaires » placées dans cette simulation de prison située dans les sous-sols de l'université de Stanford.

Il joua sur certains paramètres pour accroître la désorientation, la dépersonnalisation et désindividualisation. Les gardes étaient dotés d'une matraque en bois, d'un uniforme militaire kaki, des lunettes de soleil réfléchissantes pour empêcher les regards de se croiser.

Puis un matin, les « prisonniers » furent arrêtés pour vol à main armée, sans être prévenus, par la police. Ils eurent droit à la procédure de prise des empreintes digitales, les photographies, lecture de leurs droits, fouille, menottes, transfert vers la prison. On leur attribua un numéro. Ils furent déshabillés et nettoyés à l'aide de produits antipoux et parasites. Ils durent revêtir une longue blouse, aucun sous-vêtement, et des tongs en caoutchouc. Un bas de nylon sur la tête simulait le crâne rasé. Enfin, une chaîne aux chevilles renforçait le sentiment d'emprisonnement et d'oppression.

1. *The Lucifer Effect: Understanding How Good People Turn Evil*, Random House, 2007.

Les consignes délivrées aux gardes par Zimbardo étaient les suivantes : pas de violence, la prison et son fonctionnement étaient sous leur responsabilité ainsi que son administration. Ils pouvaient créer chez les prisonniers un sentiment d'ennui, de peur, et utiliser une forme d'arbitraire par le fait que leur vie soit totalement contrôlée par le système et les gardes. Très vite, les chercheurs ont pu observer que tous les prisonniers et les gardes se sont très vite adaptés aux rôles qu'on leur avait assignés, à telle enseigne qu'ils ont dépassé les limites de ce qui avait été prévu, déclenchant des situations psychologiquement dangereuses. Un tiers des gardiens fit preuve de comportements sadiques, tandis que de nombreux prisonniers furent traumatisés ! Le contrôle de l'expérience a rapidement été perdu. L'appel des prisonniers notamment avec leur numéro fut l'occasion de tourments avec des punitions physiques ou de longues périodes d'exercice physique forcé. Enfin, ils durent endurer une nudité forcée et même des actes d'humiliation sexuelle.

Du coup, perte de contrôle de l'expérience et arrêt au bout de six jours au lieu des deux semaines prévues.

Nouveau coup d'œil vers la cour. Nazim plaisante avec les enquêteurs. Il allume une seconde cigarette.

Cette expérience démontre encore une fois que le degré d'obéissance des individus est lié à leur conviction en une idéologie qu'ils considèrent comme légitime. Elle confirme l'existence d'un comportement induit en fonction des situations et non des prédispositions (notamment génétiques) des individus. En d'autres termes, la situation induit le comportement des participants plus que leur personnalité individuelle.

Bref, la théorie du cornichon doux[1], qui devient aigre car trempé dans un bocal de vinaigre, qui s'oppose à celle

1. Pierre Thys, *Criminels de guerre. Étude criminologique, op. cit.*

de «la pomme pourrie». Dans ce cas, il s'agit de la responsabilité d'individus considérés comme mauvais. C'est cette hypothèse qui avait été avancée à l'époque par la hiérarchie militaire américaine à propos des militaires impliqués dans le scandale de la prison d'Abu Ghraib qui éclata en Irak en mars 2004, plutôt que de reconnaître qu'il s'agissait de problèmes dus à un système officiel d'incarcération militaire avec l'implication de la hiérarchie utilisant vraisemblablement les techniques issues du manuel d'interrogatoire «Kubark», rédigé en pleine guerre froide, déclassifié en 1997[1]. Autres lieux, autres temps, mais mêmes techniques.

Nazim écrase sa cigarette et regarde vers les fenêtres du haut. Il m'aperçoit, me sourit et pénètre dans le bâtiment avec les collègues.

Quelques minutes plus tard, les cinq remontent, un peu essoufflés.

— Ce n'est pas le tout de fumer, après il faut se taper les quatre étages! dis-je en souriant.

Nazim acquiesce, fait jouer sa bague et nous demande de reprendre l'audition.

Signal rouge de l'enregistrement.

— Vous vous êtes arrêté à la cérémonie d'accueil...

— Oui, cela semble être une constante dans les différentes branches de renseignement. J'ai été placé dans une cellule d'acier de deux mètres sur deux. Nous étions sept. Cela tournait en permanence, certains étaient enfermés avec moi, puis repartaient. J'ai été le seul à rester dans cette cage pendant un mois. Ensuite, j'ai été transféré dans une cellule collective. La règle était que les plus anciens avaient

1. En pleine guerre froide, la CIA rédige un manuel d'interrogatoire secret destiné à ses agents sous le nom de code «Kubark». Ce document confidentiel, rédigé en 1963, fut tenu secret jusqu'en 1997, date à laquelle des journalistes américains purent obtenir sa déclassification au nom de la loi sur la liberté de l'information. De nombreux passages demeurent cependant censurés.

la chance de se tenir le plus près du mur lorsque les gardiens pénétraient pour venir chercher leurs proies. Ils prenaient la plupart du temps les nouveaux pour les séances. Comme les autres, je faisais l'objet de deux séances de torture par jour. Juste pour briser, pour casser. L'objectif du régime : montrer sa force, sa capacité à tuer pour éduquer le peuple, le contraindre. Injecter la peur dans les cerveaux pour contrôler. Soit tu plies, tu te courbes, soit tu meurs. Et tu vas mettre du temps, en plus. Tu meurs chaque jour qui passe, à chaque séance. Le pouvoir veut dominer. Il veut maintenir les gens dans l'angoisse de la mort, dans l'obéissance à sa tyrannie. Wolfgang Sofsky, dans son *Traité de la violence*[1], dit : « La torture est toujours une dimension du pouvoir, mais la tyrannie en fait l'essence même du pouvoir. »

— Fairuz, c'est durant cette période ?

— Oui, nous avions à peu près les mêmes gardiens. Une fois, j'ai essayé de discuter avec celui-là. Pour lui, c'était la routine. Nul doute qu'il rentrait chez lui le soir, embrassait ses enfants, sa femme, caressait son chien et me torturait le lendemain. Il était convaincu que j'étais un terroriste ! Je lui ai dit : « Mais, enfin, je suis syrien, comme toi. » Son cerveau avait été lavé. J'ai subi pendant cinq mois ce régime. Le pneu, la chaise allemande qui te brise en deux, le tapis volant, les chocs électriques ! Je n'ai jamais eu la chance d'être classé parmi les anciens. Nous étions si nombreux que nous devions dormir parfois à tour de rôle, la nuit. Les maladies étaient courantes, la dysenterie, les blessures dues aux tortures ne cicatrisaient pas. On essayait de ne pas s'approcher des détenus infectés. Parfois, certains se faisaient dessus. Les conditions d'hygiène étaient déplorables, avec la gale, les insectes, etc. La nourriture était maigre. Il fallait parfois se battre pour obtenir quelques miettes.

Dieter interroge :

1. Gallimard, « NRF Essais », 1998.

— Quelles étaient les relations entre les détenus ?

— Variables ! Il y avait un chef de cellule désigné par les gardiens. Nous nous en méfiions. Il était capable de vous envoyer pour une nouvelle ration de torture pour un rien. Les gardes injectaient parfois des adolescents dans les cellules pour obtenir des informations sur les détenus. Nous évitions de parler, car nous ne savions jamais à qui nous avions affaire. Certains soignaient les plus mal en point, parfois avec des restes de pain placés sur les plaies.

— OK.

— Et puis, il y avait la fête… Les gardiens arrivaient avec les matraques, les bâtons électriques, rentraient dans les cellules, tapaient le plus fort possible. Ils posaient une question à laquelle il n'y avait pas vraiment de réponse, du genre : « Qui a téléphoné à sa pute de mère, ce matin ? » Évidemment, personne n'avait de réponse. Alors ils s'emparaient d'un ou deux hommes et les frappaient à mort dans le couloir afin que tous entendent, sentent l'odeur âcre du sang, de la merde, le bruit des craquements des os, des coups sur la peau. La seule sortie était pour les toilettes que nous devions réaliser le plus vite possible une fois par jour en courant dans le couloir souvent encombré de corps, parfois même de cadavres. Nous devions marcher dessus.

Pause. Nazim boit lentement un verre d'eau.

— Au bout de cinq mois, un matin, deux gardiens sont venus me chercher. Ils ont prononcé mon nom, celui de mon père et de ma mère pour être sûr que j'étais la bonne personne. J'ai été conduit au troisième étage, un bandeau sur les yeux. Ils m'ont poussé dans un bureau où se tenaient quatre généraux. Les gardes m'ont enlevé le bandeau. Je ne voyais rien, mes yeux n'étaient plus habitués à la lumière. Je ne les connaissais pas. L'un d'entre eux m'a dit : « Nous souhaitons que tu fasses une déclaration à la télévision nationale. » J'étais interloqué. « Vous voulez que je fasse une interview ? — Non, pas une interview. Une intervention où tu expliques que tu as été manipulé par des terroristes qui s'en prennent à la Syrie dans le cadre d'un complot mondial visant à destituer notre Président ! » Je leur ai dit que je n'étais plus photogénique et que je ne savais pas parler devant une caméra de télévision. Le général situé le plus à gauche s'est levé d'un coup et a hurlé : « Tu te fous de notre gueule ? Ta femme, tu crois qu'elle aime sentir d'autres hommes ? En plus, nos soldats ne devraient pas regretter le déplacement, si j'en crois les photos que j'ai sous les yeux. » Je n'ai rien dit. Et les deux gardes se sont emparés de moi, m'ont descendu dans la cour. Une voiture m'attendait. L'un des gardes est monté devant. Le chauffeur a demandé : « Où va-t-on ? » Il a répondu : « À la branche Palestine. » Là, j'ai compris qu'ils voulaient me tuer. Je voulais me suicider.

— C'est une branche particulièrement terrible !

— Oui, le pire était à venir. Après la cérémonie d'accueil, j'ai été placé à l'isolement pendant sept jours. Personne ne m'a adressé la parole. Au terme de cette période, un gardien est venu me chercher et m'a dit : « Dès que je vais pisser, j'ai l'habitude de tuer quelqu'un. » C'était un colosse. Il avait la tête de Bachar tatouée sur le torse. Il était alaouite avec un fort accent. Nous étions ses choses. Entassés comme des animaux. Ce type se faisait appeler « Abu le Tueur ». C'est le pire salopard que j'ai pu rencontrer. Il débordait d'imagination et de créativité dans la cruauté. J'étais devenu un morceau de chair avec lequel il aimait jouer ou fouiller pour provoquer l'agonie, flirtant avec les limites de la mort. J'étais à la merci de sa joie perverse, il se délectait de ma peur et de ma honte. J'étais devenu l'objet de son pouvoir ; il dosait la douleur, jonglait avec l'humiliation qu'il pouvait créer. Mon corps était finalement devenu ma prison, enchaînant mon esprit, le bâillonnant.

Silence. Respiration haletante de Nazim.

— Ce type n'était que violence. La violence pour elle-même, transmutée en cruauté échappant aux lois de la raison et des valeurs humaines. Cruauté sans véritable fondement. Seul mon anéantissement physique et psychologique devenait le symbole illusoire de sa toute-puissance. J'ai prié de nombreuses fois pour mourir ! J'avais compris que, agissant comme une drogue, cette cruauté le rendait maître de la vie et de la mort. Il se croyait d'ailleurs immortel, c'était même son credo. Je voulais mourir. Mais non ! Je restais en vie. Il sentait toujours ce moment où la vie va basculer. Parfois, cette puissance se traduisait sous la forme d'une érection violente, synthèse de sa bestialité, qu'il exhibait en fin de séance.

Silence.

— D'ailleurs, il avait pour habitude de violer un jeune garçon de quinze ans qui se prénommait Firas, quand il procédait à des séances de torture dont il était fier. Il se le faisait amener.

Silence.

Nazim se courbe et baisse la tête, progressivement, de plus en plus. Puis, dans un souffle, il lâche :

— Il est mort sous ses coups de boutoir. Nous n'avons rien pu faire. Quand ils l'ont remis dans notre cellule, c'était trop tard. Il était disloqué, ouvert, écartelé.

Silence.

Ahmed, l'interprète, s'étrangle. Nous n'en menons pas large non plus. Mes camarades allemands baissent la tête, émus.

— Pourriez-vous le reconnaître ?

— Oui, bien sûr. Je ne l'oublierai jamais. Mais aucune chance de l'attraper. Ce genre d'individu est trop utile au pouvoir. Même s'il envisageait de quitter la Syrie, il serait éliminé avant de passer la frontière.

Silence.

— D'ailleurs, je crois qu'il l'a été ! Par l'opposition ! En fait, j'en suis sûr. La mort de l'immortel… Abu le Tueur.

Nazim sourit. Peut-être se remémore-t-il quelques images ?

— Avez-vous vu des détenus mourir ?

— Oui.

Silence.

— Les regards des mourants. Personne ne peut rien faire. Seulement supporter. Tu entends la mort arriver à pas de velours, sur la pointe des pieds, le saisir et l'emporter. D'abord les gémissements, puis le souffle rauque, et enfin le silence. Souvent j'ai envié celui qui venait de s'enfuir, de quitter ce corps-prison, ce monde sans sens. Et pourtant la mort m'a effrayé. Aucun mot ne pourra réellement décrire ce que j'ai vécu. Je ne sais pas ce qu'est l'enfer. Mais je pense que cela n'est rien à côté. Je suis mort tous les jours. Je me savais mort. Je me voyais mort. Tu n'es plus un être humain. Même pas un animal. Tu es une chose presque encore vivante, pour combien de temps, tu ne le sais pas. Parfois je me suis dit : Il vaut mieux mourir, plutôt que de souffrir et de subir l'humiliation. Mais je continuais à vivre. Et puis, il y a eu ce jour de trop. Le bourreau est rentré dans la cellule et a dit : « J'ai envie de pisser ! » Il m'a empoigné, et je me suis retrouvé au centre d'un cercle avec une dizaine de gardiens qui m'ont frappé à mort. J'ai perdu connaissance. Lorsque je me suis réveillé, un de mes codétenus essuyait mes plaies, me disait de garder confiance. Il s'appelait Ahmed, il venait de Homs. J'étais défiguré. Les ongles de mes pieds étaient arrachés. Le lendemain, la séance s'est reproduite. Ils ont encore frappé plus fort. J'ai encore une fois perdu connaissance.

Silence.

— Je ne me souviens plus de rien, mis à part que mon esprit flottait dans les limbes. Entre ciel et terre. Puis, pour une raison qui m'échappe encore, j'ai senti un froid glacial me saisir. Ma peau collait au froid d'un corps. Alors je me suis repris, j'étais dans le noir, dans une sorte de cagibi, et toujours ce froid sur ma peau. Et je me suis dit : C'est donc cela, la mort. Ou plutôt avec des morts. J'ai paniqué. J'ai hurlé.

Silence.

— Des gardes sont rentrés dans le réduit. J'ai entendu : « Il n'est pas mort, ce connard ! » Ils m'ont sorti, remis en cellule. Mes codétenus m'ont une nouvelle fois soigné. Ahmed n'était plus là. Il avait été lui aussi battu à mort. Je suis resté pendant quelques jours de la sorte. Et on est venu me chercher, pour signer la fin de mon interrogatoire, ce qui était, dans le fond, une délivrance. Je ne voyais rien. Mes yeux étaient trop gonflés. J'ai apposé mon doigt sur le papier où je reconnaissais ma culpabilité pour terrorisme, affaiblissement du sentiment national, etc.

— Pourquoi pensez-vous qu'ils vous ont laissé signer la fin de votre interrogatoire ?

— À vrai dire, je n'en sais rien. Mais j'étais tellement malade et blessé que j'ai été transféré là où je ne souhaitais surtout pas me rendre !

Silence.

— Où ?

— À l'hôpital Tichreen. La rumeur disait que l'on n'en ressortait pas vivant. Effectivement, après avoir signé mon acte de culpabilité, j'ai été remis en cellule et j'ai de nouveau perdu connaissance. Lorsque je me suis réveillé, j'étais attaché avec une chaîne de cinquante centimètres avec deux autres détenus, sur un seul lit. Le médecin est passé, nous a balancé deux anti-inflammatoires à nous partager. Ensuite, deux infirmières ont pénétré dans la pièce et nous ont frappés. Les deux détenus qui étaient avec moi étaient au bord de la mort. Dans la nuit, un infirmier a détaché l'un des deux pour le mettre dans le couloir. Il est mort dans la nuit. Je ne sais pas ce qu'il lui a injecté. J'ai donc souhaité me sortir le plus vite de ce trou à rat qui puait la mort. Quand j'ai quitté l'hôpital, les sacs blancs s'entassaient avec les cadavres. J'ai demandé mon transfert en prison.

— Laquelle ? Adra ou Seidnaya ?

— Seidnaya ! Adra aurait été trop beau ! Le bâtiment rouge. Le pire.

— À quelle date ?

— Février 2013. Avez-vous Google Maps ?

— Oui. Nous avons aussi des images satellites, si vous le souhaitez.

Patrick double-clique sur un dossier, et une image satellite apparaît.

Nous tournons l'écran face à Nazim. L'image montre la prison de Seidnaya, en forme de logo Mercedes. Zoom. Trois bâtiments apparaissent à l'écran. Selon certaines ONG, le bâtiment rouge a été créé à la fin des années 1980 avec pour objectif d'y enfermer les prisonniers politiques ainsi que ceux de Palmyre, en vue de leur réhabilitation. Dans les années 2000, il accueillait ceux qui avaient rejoint le djihad en Irak, des activistes, des opposants, ceux qui seront libérés en 2011 pour semer le chaos. Chaque bâtiment est composé de 3 étages avec en tout 60 cellules de 5 × 7 mètres, sans fenêtre, un coin WC, et une porte avec des barreaux et un maigre éclairage. Vers 2012-2013, il y avait environ 25 détenus par pièce. Au plus fort de 2012, le nombre de prisonniers a été évalué à 4 000 prisonniers pour le bâtiment rouge. Sous ces trois bâtiments existent environ 70 cellules souterraines d'environ 1,5 × 2 mètres, sans éclairage, qui ont pour but d'isoler le prisonnier, la plupart du temps sur recommandation des branches ou par punition. Selon Amnesty International, de nombreux prisonniers ont été éliminés et pendus depuis 2011 dans cette prison. Entre 10 000 et 20 000. Les détenus sont informés de la sentence quelques minutes avant la pendaison qui se déroule la plupart du temps la nuit.

Nazim reprend :

— Je suis resté un peu plus d'un an dans cette prison surchargée. D'abord à l'isolement. Ensuite dans une cellule collective de vingt-cinq détenus environ. Une nouvelle fois, l'horreur où les gardiens ont droit de vie ou de mort sur les détenus. Les candidats sélectionnés étaient placés dans le couloir de la mort, de nuit, debout, tête baissée, face au mur. Les gardes nous frappaient pendant deux ou trois heures dans les couloirs, puis nous ramenaient en cellule. Il n'y avait pas de salle de torture. À part ça, le régime était le même que dans les branches de renseignement. La nourriture aussi maigre, les maladies, la mort, et les chefs de cellule désignés par la hiérarchie de la prison. J'ai rédigé plusieurs fois mon arrêt de mort pour le lendemain. Puis on venait me chercher pour la pendaison.

— Des kapos, en quelque sorte ?

— Oui. Ils pouvaient nous dénoncer si l'on n'obéissait pas. J'ai eu droit à quelques traitements de faveur. Et puis il y a eu le procès. En juin 2014. Un simulacre de procès, plutôt… Au sein de la cour antiterroriste ! Pas d'avocat, un jugement réalisé en cinq minutes. J'ai été condamné à quinze ans de prison pour les faits de terrorisme, affaiblissement du sentiment national, atteinte à l'ordre public. Nous étions dix dans la charrette, si je puis dire. Les neuf autres ont été condamnés à mort et ont été pendus dans la prison.

— Vous rappelez-vous le nom du juge ? questionne Markus.

— Oui, Djamel El K.

— Est-il toujours en poste ?

— Non. Je crois qu'il a fui vers l'Europe. Peut-être chez vous, d'ailleurs.

— Nous allons faire des vérifications auprès de nos services d'immigration, précise Dieter.

— Les autres ont été condamnés à mort et pas vous ?

— Oui. J'ai compris plus tard pour quelle raison j'avais fait l'objet d'un jugement de ce type. J'ai pu avoir une visite par un de mes amis du CPDS en prison. Il a pu connaître la date de mon procès et a payé le juge. Mes camarades ont réuni la somme d'un million de lires syriennes, soit environ trente mille euros. Le juge a reçu les quinze mille euros, et il devait recevoir l'autre moitié à ma sortie. Je suis alors resté un mois encore en prison.

Silence.

— Je me rappellerai jusqu'à la fin de ma vie le moment où les gardiens m'ont sorti de cellule. Je m'attendais à une séance de bastonnade. Mais, finalement, non ! Je suis conduit dans les étages, dans un bureau où je reçois mon ordre de libération et un tampon sur la main. On me rend mes affaires, vêtements, montre, etc. C'était comme dans un rêve.

— Je ne peux imaginer. Et le jugement à quinze ans ?

— Apparemment, effacé grâce à une amnistie… Je dois avouer que, quand la porte s'est refermée derrière moi, je n'y ai pas cru. J'ai marché aussi vite que possible sans me retourner, sur la route, face au soleil. Je respirais à pleins poumons, mais je n'avais qu'une peur, c'est que l'on me rattrape ! Que le rêve s'arrête.

— J'imagine.

Nazim me jette un regard interrogateur.

— Enfin, non, bien sûr ! Je crois que je ne peux pas imaginer une telle souffrance. Je n'aurais pas dû employer cette expression.

— J'ai poursuivi mon chemin jusqu'à ce qu'une voiture s'arrête. L'homme au volant s'appelait Anis. Il était taxi. Voyant mon état, il m'a ramené à Damas. Nous avons franchi les barrages sans encombre. Je lui en serai redevable toute ma vie. Quand on s'est quittés, il n'a pas voulu que je le paie. Il était touché par mon histoire. Pourtant, c'était un Alaouite. « Nous sommes tous syriens », m'a-t-il dit avant de repartir. Lorsque la porte s'est ouverte, ma femme ne m'a pas reconnu. J'avais tellement changé. Mes enfants, n'en parlons pas. Un squelette. Ils n'arrivaient pas à me regarder dans les yeux.

Nazim sort le document qui signalait la fin de sa détention. Une photographie est agrafée en haut du certificat. Ses yeux sont vides, écarquillés, sans vie. On y lit la mort et la désolation. Son visage est profondément marqué. Figé dans l'horreur.

— Ma femme s'en est voulu pendant des semaines. Elle en a été malade, elle qui a fait preuve d'un courage fabuleux, oscillant entre désespoir de ne plus me revoir et espérance d'un retour. Certaines femmes ont une force hors du commun. Nadia en faisait partie. Vous savez, cette douceur doublée d'une volonté opiniâtre dont font preuve certaines femmes qui peuvent soulever des montagnes.

Silence.

Nazim sort la photographie de sa femme Nadia. Elle est facilement reconnaissable grâce à son fichu noir et blanc, dont elle ne se séparait jamais. Un damier.

— Elle disait que cela symbolisait sa vie, sautant de case en case, tel un funambule sur son fil, fragile, observant le monde pour mieux tenter de le sauver. Cette photographie a été prise avant la révolution.

J'observe la photographie que me tend Nazim. Nadia est allongée sur le côté sur un rocher surplombant la mer, appuyée sur un coude, espiègle. Le bleu de ses yeux se marie avec celui de la mer qui s'étend derrière. Visiblement, une femme de caractère. Une très belle femme. Engagée.

Je la passe à Dieter, qui demande :

— Combien de temps vous a-t-il fallu pour reprendre pied dans une vie normale, sous réserve que cela soit possible en Syrie ?

— Au moins six mois. Ma femme et mes enfants m'y ont beaucoup aidé. Mais cela a été dur. Nous avons cessé toute activité dans l'opposition. Je n'aurais pas survécu à une deuxième interpellation. Le régime avait réussi. Il m'avait cassé. Nous sommes restés cachés et avons pris la décision de quitter la Syrie. Impossible de laisser vivre nos enfants dans une prison à ciel ouvert, d'autant que Bachar bénéficiait de l'appui des Russes et parvenait à reconquérir les territoires perdus, soutenu en quelque sorte dans sa lutte contre les islamistes qu'il avait lui-même remis en liberté en 2011. Nous avions alors programmé une sortie *via* le Liban. Mais cette route nous a finalement été déconseillée. Alors nous devions passer par la Turquie. Des amis avaient tout organisé depuis Damas.

Silence. Nazim souffle. Et baisse la tête.

— Mais ma femme ne voulait pas partir sans certains documents qu'elle avait dissimulés dans la Ghouta, des documents importants qu'elle voulait remettre aux autorités européennes. Je l'ai suppliée de ne pas y retourner. Elle n'a rien voulu savoir. C'était sa contrepartie à mon engagement, à ma souffrance. En cachette, elle est donc partie au petit matin avec deux amis pour récupérer l'ensemble. Lorsque je me suis réveillé, j'ai tendu mon bras sur le côté du lit. Vide. Je me suis précipité dehors quand j'ai entendu le bruit du moteur. Cette image est restée bloquée dans ma mémoire. Je la revois, se retournant avec un sourire et me saluant. Les enfants dormaient encore. C'était de la folie. Ils ne sont jamais revenus. Les trois ont été enlevés par un groupe islamiste qui contrôlait la zone, six hommes masqués de Jaych al-Islam.

Un nouvel État de barbarie remplace un État de barbarie.

— Ce jour-là, j'ai perdu Nadia. Hasard ou coup monté ? Je ne le saurai sans doute jamais. Le pire est de rester dans l'ignorance, de ne pas avoir son corps pour faire mon deuil. Nadia avait un courage dingue. Si elle avait dû choisir sa mort, je crois que c'est ainsi qu'elle l'aurait souhaitée. Mourir pour la liberté.

Nazim pleure. Le vert de ses yeux tourne au gris tempête.

L'émotion me prend à la gorge. Ne rien montrer. Je détourne le regard. Les autres n'en mènent pas large non plus.

— Nazim, nous avons dépassé les quatre heures d'audition, voulez-vous poursuivre ?

— Je vais fumer une nouvelle cigarette et on poursuit.

— Pas de souci.

— Nous aussi, nous avons bien besoin d'une pause.

Tout le monde redescend, sauf Dieter que la remontée des escaliers ne tente guère. Nous commentons l'audition en cours.

— Impressionnant…

— Oui, et, malheureusement, très courant. Ces auditions nous sont indispensables pour comprendre le système.

— Certes. Elle sera traduite en allemand et transférée dans le dossier de l'équipe commune d'enquête.

— En tout cas, merci de nous avoir invités à y participer.

Des pas retentissent dans le couloir. Nazim et les enquêteurs pénètrent dans la salle d'audition.

21

Reconstruction

« Le monde est un endroit dangereux, non pas à cause de ceux qui font le mal, mais à cause de ceux qui regardent et ne font rien. »

Albert Einstein

Paris, OCLCH, salle d'audition de victimes

Tous se servent un café.

— Ils sont costauds, vos étages ! Il faut vraiment que j'arrête de fumer. Nombreux sont les Syriens fumeurs. D'ailleurs, l'État islamique ne s'est pas fait des copains à cause de cela, à tout interdire, notamment la cigarette.

— Nous en étions restés à la disparition de votre femme et au fait que vous n'aviez plus de nouvelles.

Silence.

— Oui. Le pire est que j'ai dû la laisser là-bas, me résigner au fait que je ne la reverrai jamais. J'ai remué ciel et terre pour les retrouver, notamment avec notre réseau. Nous avons payé pour obtenir des renseignements. En vain. Alors, j'ai décidé de quitter la Syrie. J'avais envie de tout claquer, de tout balancer. Juste avoir une vie ordinaire, anonyme. Vivre libre. Sauver mes enfants de ce bourbier. Et peut-être un jour pourront-ils rentrer dans leur pays ? Un pays démocratique ?

— Comment avez-vous quitté la Syrie ? interroge Markus.

— Avec des passeurs de notre bord. Mais je ne vais pas détailler ce point pour des raisons de sécurité. En Turquie, j'ai été recueilli par des membres de l'opposition qui souhaitaient que je m'engage à leurs côtés. Mais j'avais pris ma décision. Je ne voulais plus rien faire. Ne plus entendre parler de la Syrie.

— Pourtant, en France, vous avez créé une association…

— Oui, en fait, au bout d'un certain temps, une certaine forme de culpabilité m'a saisi, celle d'être encore vivant alors que d'autres sont devenus des cadavres gribouillés de chiffres au feutre. Pourquoi moi ? Alors je me suis dit qu'il fallait que je remonte la pente. Finalement, ce qu'ils veulent, tous autant qu'ils sont, les Assad ou les islamistes, c'est qu'on la ferme, qu'on s'écrase. Ce monde est beaucoup trop injuste, la situation beaucoup trop urgente. Alors j'ai repris l'épée, en l'occurrence le stylo, pour continuer mon combat, pour ma femme, mes enfants et tous ceux qui ont souffert ou ont disparu. La Syrie n'appartient plus aux Syriens, seules la mort et la souffrance leur appartiennent. Si je suis devant vous, c'est bien pour que nous obtenions réparation, que justice soit faite. Ma colère a ressurgi un matin. J'ai donc décidé de repartir au combat, mais sans aucun lien politique. Une seule idée, la justice pour tous. Et essayer de comprendre aussi comment des hommes peuvent en massacrer d'autres.

— Vous avez participé à un programme de soins en France ?

— Oui, lorsque je suis arrivé chez vous, j'ai été pris en charge par une ONG accueillant les réfugiés en stress post-traumatique. Il m'a fallu beaucoup de temps pour me remettre. Pour redresser la tête. J'avais dû garder la tête baissée pendant presque quatre ans. Encore maintenant, je dois parfois me secouer pour me redresser.

Mes amis et surtout mes enfants me font la remarque : « Relève la tête ! » Le travail avec l'ONG m'a beaucoup aidé. Sans elle, je ne m'en serais pas sorti. Je n'arrivais plus à dormir, les angoisses surgissaient la nuit, le jour. J'étais parfois pris de tremblements, de spasmes incontrôlables, d'irritabilité, de boulimie, de douleurs physiques irrépressibles. Je revoyais souvent certaines scènes, notamment celle où je me suis réveillé sur un cadavre, lorsque j'ai été donné pour mort. Mais je ne me plains pas. J'aurais pu devenir fou. J'ai croisé quelques camarades qui n'ont pas supporté les séances de torture et qui le sont devenus.

Silence.

— L'être humain est une machine complexe. Le pire est que finalement, par un processus que l'on appelle la neutralisation cognitive, il s'adapte. Tortionnaire, victime ou témoin, chacun s'habitue à la souffrance ou à faire souffrir. Chacun développe ce que les psychologues appellent un processus d'accommodation émotionnel. On parvient à tolérer aujourd'hui ce qu'on trouvait insupportable hier, et cela nous prépare à ce qui sera encore pire demain. Finalement, ce process vous permet de survivre et donne un sens à ce que vous vivez par l'acquisition de nouveaux repères qui structurent vos sens. C'est ainsi que, sans m'en rendre compte, je me suis adapté à mes bourreaux, à la douleur et à la souffrance en les hiérarchisant progressivement, à mon espace de vie exiguë, à la promiscuité. Malheureusement, ce type d'expérience permet d'étudier la mécanique humaine de près… Je me suis accoutumé, comme mes bourreaux d'ailleurs, à la vue de scènes horribles, ce qui a eu pour effet de dissoudre la compassion.

» J'ai eu de la chance car j'ai participé au programme dit EMDR. Cela signifie Eye Movement Desensitization and Reprocessing, c'est-à-dire « désensibilisation et retraitement par les mouvements oculaires[1] ». Cela permet de transformer et digérer des vécus traumatiques et soigner des séquelles post-traumatiques, même de nombreuses années après. Par ces mouvements, le souvenir est effacé en quelque sorte, et le thérapeute aide le patient à associer à ce souvenir une pensée positive, constructive, pacifiante et à évacuer d'éventuels restes physiques désagréables.

Silence.

— Nous avons aussi ce type de programme en Allemagne, précise Dieter.

— Je ne vous cache pas que le thérapeute était assez dubitatif quant à mon cas personnel. Il lui a fallu parfois plusieurs séances pour traiter un seul souvenir. Une séance d'EMDR dure de soixante à quatre-vingt-dix minutes, pendant laquelle le patient peut traverser des émotions intenses et, en fin de séance, peut généralement ressentir une nette amélioration.

— Et maintenant ?

— Ce que je peux vous dire, c'est qu'auparavant j'aurais été incapable de vous expliquer mon histoire, ni même de me présenter devant vous. J'ai repris les études, de criminologie et de psychologie sociale. Histoire d'essayer de comprendre mes tortionnaires, notamment mon amateur de Fairuz, ou celui de la branche Palestine !

— Nous arrivons au terme de l'audition. Connaissez-vous d'éventuelles victimes présentes sur notre territoire ? Ou déserteurs ? Auteurs potentiels ?

— Des victimes, oui. Car j'ai fondé cette association afin de fédérer les besoins des victimes du régime de Bachar, mais pas seulement. Tous les autres aussi, les islamistes, etc.,

1. C'est une psychologue américaine, Francine Shapiro, qui a découvert par hasard, en 1987, ce moyen de stimuler notre système neuropsychologique qui est très complexe.

tous ceux qui se sont emparés de mon pays. J'ai aussi décidé de m'engager. Je vais participer à des émissions de TV, des reportages. J'ai d'ailleurs une interview en lien avec Human Right Watch demain. Elle sera diffusée sur YouTube dans quelques jours pour que tous les Syriens puissent la visionner, où qu'ils se trouvent.

— OK. Dans ce cas, nous souhaitons pouvoir entendre d'autres victimes ou témoins concernant toutes les exactions commises en Syrie.

— J'aimerais aussi connaître les noms de celles qui se trouveraient sur le territoire allemand. Vous pouvez les renvoyer sur nous ? demande Dieter.

— Je vous mettrai en contact s'ils le souhaitent. Mais, vous savez, certains ont encore leurs familles en Syrie, souvent sur les territoires repris par le régime, et hésitent fortement à les mettre en danger.

— Oui, bien sûr, mais sachez que nous pouvons entendre les témoins qui le désirent sous le régime de l'anonymat. C'est le cas dans nos deux pays.

— J'en prends note.

Béatrice éteint la caméra, enregistre les données. Patrick réalise les tirages papier de l'audition, relecture par l'interprète. Signatures.

Dieter et Markus remercient chaleureusement Nazim de son témoignage, lui précisent qu'ils vont revenir vers lui pour d'autres questions et se préparent pour aller reprendre leur train. Le temps de se saluer une dernière fois et de se donner rendez-vous dans un mois, pour une nouvelle réunion de coordination, qui, cette fois-ci, se déroulera en Allemagne.

Un quart d'heure plus tard, Nazim décide de prendre congé. Je le raccompagne. Nous descendons les escaliers en silence. Sur le pas de la porte, avant de nous séparer, Nazim me dit :

— Encore merci pour le travail que vous faites. Sans certains États, dont le vôtre, nous ne pourrions espérer obtenir un jour justice et réparation pour les horreurs que nous avons subies. La CPI est inopérante, bloquée sans cesse par les veto russes et chinois. Preuve que le système doit se réformer.

— Nous sommes là pour ça. La France et l'Allemagne prennent leur part. Ainsi que d'autres pays que nous côtoyons au sein du Réseau génocide européen. Mais le chemin sera long et, comme vous le savez, d'autres organisations non gouvernementales ou internationales travaillent dans le même sens.

— Continuez votre travail, car seule la justice permet de pardonner.

Je me lance.

— Et vous ? Vous avez pardonné ? Alors que vous n'avez pas obtenu justice…

Silence.

— Vous savez, le pardon est double. Il faut commencer par se pardonner à soi-même pour être en mesure de pardonner aux autres. Alors oui ! Je me suis pardonné et j'ai pardonné aux autres, à ceux qui m'ont fait du mal, qui ont essayé de briser mon humanité, sans y parvenir.

Nazim a maintenant la tête bien droite et me regarde fixement dans les yeux. Puis, sans dire un mot, il remonte sa manche.

— Ce tatouage représente tout ce que j'ai vécu et subi. Tout est gravé là, avec des symboles maoris, les dents de requin, symboles de la force, de la sécurité et de l'adaptation, et l'Enata, symbole de la masculinité et de l'énergie. Plutôt que d'avoir des cicatrices visibles, j'ai fait le choix de les couvrir de façon indélébile, une forme de résilience. La douleur est là, mais je peux vivre avec.

Silence.

— Et là, vous voyez ce symbole ?

Je découvre un arbre, avec de profondes racines et des branches tendues vers le ciel.

— L'arbre dont les racines s'ancrent profondément dans la noirceur de la terre n'est-il pas plus solide ? N'a-t-il pas une meilleure capacité à étendre ses branches vers le ciel ? Cet arbre est celui du pardon ; je dois parvenir à me pardonner à moi-même d'être vivant alors que tant sont morts.

Nazim me tend la main et m'invite à visiter son ONG à M. Je le regarde franchir notre grille noire. Je remonte les escaliers lorsque mon portable vibre. Message « Signal » de la vice-procureure Camélia B. « Alors, pas trop difficile, colonel ? – Si, grosse audition. Il faudra que nous revoyions Nazim pour avoir d'autres précisions. – Oui, bonne idée. Cela s'impose. »

Cela dit, je ne pensais pas revoir Nazim si vite.

22

Coopération

« La seule voie qui offre quelque espoir d'un avenir meilleur pour toute l'humanité est celle de la coopération et du partenariat. »

Kofi Annan,
assemblée générale de l'ONU,
24 septembre 2001.

22 août 2019 – OCLCH, Paris

Un appel sur messagerie Signal. Les initiales de Samia, la secrétaire de Nazim, s'affichent. La voix est stridente. Puis elle s'étouffe dans des sanglots. Je comprends immédiatement qu'il y a eu un problème mais, elle n'arrive pas à aligner deux mots. Je tente de la calmer. En vain.

Je décide alors de me rendre chez Nazim ou plutôt au siège de son association, le « Centre pour la promotion de la démocratie en Syrie », qui est au final aussi sa résidence personnelle située dans un immeuble à M. Dans les bureaux, je joins Patrick qui était en charge de l'audition de Nazim. Nous sautons dans la Golf. Le gyrophare tourne sur le tableau de bord. Je le couple avec le deux-tons, histoire de faciliter le passage.

Trente minutes plus tard, nous nous garons rue de l'Atlas. Les bureaux sont au rez-de-chaussée. Nazim et ses deux enfants vivent dans un appartement au premier étage. L'association dispose aussi sous-sol d'un lieu de stockage de documents avec une entrée sécurisée.

Les pompiers et un véhicule du Samu sont déjà sur place. La brigade de gendarmerie aussi.

Je pénètre dans l'immeuble ; la porte sur ma droite est ouverte. Nazim est allongé sur le sol dans une mare de sang. Les médecins et infirmiers s'activent. Bruits de bips, électrocardiogramme, la totale.

Putain.

Le gendarme de service se tourne vers moi. Je lui montre ma carte professionnelle, et Patrick lui explique que nous sommes de l'OCLCH. À la mention « Crimes contre l'humanité », il me regarde avec ses yeux ronds.

— Vous le connaissez ?

— Oui, c'est une de nos victimes. Un Syrien.

— OK. Du coup, il faudra se mettre en relation avec notre capitaine.

Oui, bien sûr. Je m'approche du médecin.

— Bonjour, docteur. Comment se porte-t-il ?

Je montre ma carte devant sa moue dubitative.

— Bonjour. Il a perdu connaissance et est dans le coma pour le moment. Mais il a l'air solide, ça devrait aller.

Je retourne vers le gendarme et l'interroge sur les faits.

— Son agresseur a essayé de l'étrangler. Mais il a réussi à se dégager à temps. Apparemment, l'arrivée de deux personnes dans le hall de l'immeuble a fait fuir le cambrioleur.

Le cambrioleur ?

Nous restons à l'extérieur de l'appartement afin de ne pas souiller les investigations. La police technique scientifique s'affaire. Photographies, coups de pinceaux, relevés ADN, etc., rien n'est laissé au hasard. Deux témoins sont entendus à part, dont une femme visiblement en état de choc.

Soudain, j'aperçois Samia, les yeux bouffis, qui est interrogée par un policier. Nos regards se croisent. Je lui fais signe que nous nous verrons plus tard.

Nazim est évacué sur une civière, inconscient. Le gendarme revient vers nous avec son téléphone. Il me le tend.

— Le commandant de groupement pour vous.

— Bonjour.

— Bonjour. Mes militaires m'ont fait savoir que vous connaissiez la victime.

— Oui, tout à fait. Il s'agit d'une des personnes que nous suivons, un Syrien, qui a trouvé refuge en France. Un sociologue connu qui a créé une ONG dont le but de promouvoir la démocratie en Syrie.

J'entends un soufflement.

— La démocratie en Syrie ?

— Oui, je sais…

— OK, vous pensez que l'agression dont il a fait l'objet est liée à ses activités ?

— Difficile à dire. Mais bien sûr cela reste une hypothèse très probable. On peut en tout cas vous aider au cas où ?

— Ouh, là ! Ça, on verra… On va avancer sur l'enquête ; je vous laisse reprendre contact avec nous dans quelques jours ?

— Parfait. À bientôt donc. Sans doute demain.

Le ton de sa voix m'a fait immédiatement penser à ces individus qui ont la faculté de répandre le désordre par souci d'ego. Comme me disait une ambassadrice que j'avais croisée par le passé, et décrivant l'attitude d'un membre du cabinet ministériel : « Il avait la faculté de répandre la merde, un peu comme ceux qui chient devant un ventilateur. »

Je tends l'appareil au gendarme. Du coin de l'œil, j'aperçois Samia qui vient à notre rencontre, un mouchoir dans la main.

— Je suis rassurée, Nazim va s'en sortir. Désolée pour tout à l'heure. Je n'arrivais pas à parler. Je tenais Nazim dans mes bras. Il a pris un coup puissant sur la tête. Il y avait beaucoup de sang. C'était très impressionnant.

— Pas de problème. Nous comprenons. Que s'est-il passé ? interroge Patrick.

— Nazim m'avait dit qu'il se sentait observé depuis quelques jours, notamment, à l'issue de son témoignage sur Internet dans lequel il a expliqué son histoire et ce qu'il a vécu dans les geôles de Bachar. Mais rien de bien concret. Et puis, il y a eu une nouvelle alerte. Il m'a dit avoir vu une voiture garée dans la rue avec un homme au volant Nazim a gardé ses vieux réflexes syriens d'observation. Puis une autre fois, le même individu accompagné d'un type, mais jamais la même voiture. À 10 heures, il m'a appelée en me demandant si j'étais au bureau car il entendait du bruit depuis son appartement qui est situé au-dessus, ce qui lui semblait bizarre compte tenu du fait que le dimanche nos bureaux sont fermés. J'ai répondu par la négative. Alors je vais voir, m'a-t-il dit. Et puis plus de nouvelles malgré mes appels. J'ai eu un mauvais pressentiment. J'ai accouru sur les lieux et je l'ai trouvé baignant dans son sang. Il y avait le couple du troisième étage qui était à son chevet et qui avait prévenu les secours. En voyant tout ce sang, j'ai paniqué. Je vous ai appelé.

— C'est tout de même inquiétant, cette histoire de filature. En avez-vous parlé aux gendarmes ?

— Oui, bien sûr.

— Nazim vous avait-il donné un signalement de l'individu ? Avait-il pris des photographies avec son portable ? interroge Patrick.

— Non, je ne pense pas mais je sentais bien qu'il était inquiet. Il n'a rien voulu m'en dire sans doute pour ne pas m'inquiéter. Je vais devoir m'occuper des enfants.

— Comment vont-ils ?

— Ils ne savent rien pour le moment.

— Ce sont mes collègues gendarmes, compétents sur cette zone, qui sont saisis du dossier mais nous allons certainement coopérer avec eux.

Nous nous quittons. Dans la voiture, nous échangeons avec Patrick sur deux hypothèses, soit c'est un cambriolage qui tourne mal, mais bon, peu probable, soit Nazim vient d'être la cible d'un service… après s'être fait repérer à la suite de ses déclarations.

En rentrant au bureau, j'appelle Camélia, la vice-procureure au pôle Crimes contre l'humanité, pour l'informer de la situation. Visiblement émue, au téléphone, elle m'informe qu'elle va immédiatement se rapprocher des magistrats en charge du dossier au Parquet de Versailles. Puis, j'envoie un message Signal à Dieter et Markus pour les informer de la situation.

Réponse : « Très regrettable. Tenez-nous au courant de son état de santé. »

Le lendemain des faits, je reçois un message Signal de Camélia. Elle me confirme que finalement, compte tenu de la situation, la section de recherches de Versailles va être saisie des faits avec la brigade de recherches locale. Les magistrats se sont mis d'accord, et ce n'est pas plus mal car je sentais mal la coopération avec mon collègue du groupement. J'appelle donc le colonel de la SR pour pouvoir venir obtenir de plus amples éléments sur la procédure et notamment les films et les photographies de la scène de crime.

23 août 2019 – Versailles, section de recherches

Le portail franchit, je gare mon véhicule dans la grande cour pavée.

Le gendarme à l'accueil nous conduit dans les étages vers le bureau du commandant de la SR. Un homme grand et longiligne, maigre, assez nerveux, cheveux rasés, d'environ une trentaine d'années se lève et me tend la main. Un homme pressé. Il vient d'être affecté visiblement.

— Ah, voilà donc nos collègues des crimes contre l'humanité. Colonel Norbert H. Enchanté. Sale affaire. Le type est dans le coma m'a-t-on dit. Le dossier est suivi en haut lieu apparemment. Café ?

— Oui, j'espère vraiment qu'il va s'en sortir. Pas de café, merci.

— On nous demande la plus totale collaboration. Je n'y vois pas d'inconvénient, bien évidemment.

— Nous devons travailler main dans la main. Nous avons la possibilité *via* nos sources ou nos réseaux de vous déblayer le terrain.

— Je vais vous présenter le lieutenant en charge de la direction d'enquête.

Nous nous dirigeons vers les bureaux de l'équipe chargée des violences aux personnes. Norbert H. demande au lieutenant Sébastien M. la plus totale coopération. Sébastien M. se lève, nonchalamment, et souffle. Légèrement enveloppé, de taille moyenne, un tatouage représentant un dragon sur le bras droit, les cheveux gominés coiffés en arrière, il me tend une main.

— On se revoit avant que vous partiez ? demande Norbert.

— Oui, bien sûr.

Le colonel fait un demi-tour gracieux et s'engouffre dans le couloir. Lorsque ce dernier est suffisamment éloigné, le lieutenant, méfiant, interroge :

— Que puis-je faire pour vous ?

Je lui expose la situation et précise que nous souhaitons jeter un œil sur les images de la scène de crime.

Silence.

— Les magistrats sont-ils au courant de votre démarche ?

— Oui. M. Nazim Al-A. est un témoin important dans une de nos procédures. J'ai informé la procureure en charge du dossier au Parquet national antiterroriste qui a certainement pris attache avec votre magistrat. Mais prenez le temps de vérifier ! dis-je avec un petit sourire.

— Non, cela va aller. Suivez-moi.

Quelques instants plus tard, nous nous retrouvons face au major, Maurice B., chef de l'équipe de la police technique scientifique, entouré des personnels engagés la veille.

Présentations d'usage, nouvelles explications. Sébastien M. se tient à l'écart, silencieux, les bras croisés. Sur son ordinateur, le major ouvre le fichier vidéo de la scène de crime.

— Voilà le film.

Les images défilent. Les pièces de l'appartement transformées en bureau de fortune apparaissent. Bureau du fond, rien à signaler. Rideaux tirés. Murs bleus recouverts de panneaux de papier sur lesquels sont inscrits des mots en arabe. Le mobilier est sommaire, le couloir blanc. Une chambre. Une cuisine tout ce qu'il y a de plus normal. Rien de spécial à signaler.

Puis la caméra filme la pièce principale en total désordre. Des affiches touristiques écrites en arabe représentent des montagnes enneigées, plages de sable blanc, palmiers, Liban, Syrie.

Le tourisme en Syrie ? Il fut un temps sans doute.

Au sol, sur le parquet, gisent de nombreux dossiers et documents en vrac. Sur la droite trône une vieille cheminée XIXe siècle en marbre veiné noir et blanc sur laquelle sont posées des photographies de famille. Une plage. Et deux enfants, une femme, Nadia – toujours ce regard de fer –, et Nazim, regard joyeux.

Souvenirs de temps heureux en Syrie ?

Puis se succèdent les images de la scène de crime. Nazim, vêtu d'un survêtement noir, est étendu au sol, sur le flanc. Sur son crâne apparaissent des traces de coupures à l'origine du sang qui s'est écoulé au sol. La caméra tourne autour de lui, dos, tête, jambes puis bascule sur la face avant, s'arrête un peu. Zoom sur les blessures ainsi que les marques de strangulation. Coupure. L'image reprend alors dans une dernière pièce.

— Serait-il possible de savoir ce qui a été réalisé en termes de PTS[1] ?

Le major nous fait le descriptif des opérations.

— Sur place, nous avons relevé un certain nombre d'empreintes digitales. Des prélèvements sous les ongles de M. Al-A. ont été réalisés. Il y avait des fragments de peau dessous. C'est parti au labo pour la recherche ADN. Nous avons récupéré un certain nombre d'images de vidéoprotection des rues autour du lieu des faits. Elles sont en cours d'exploitation.

— OK.

— Je propose que l'on fasse le point dès que nous aurons le retour des analyses. Nous avons aussi les témoignages des habitants de l'immeuble qui ont surpris l'agresseur en entendant des cris. Ils ont eu la trouille de leur vie quand ils ont vu débouler le type devant eux qui s'enfuyait. Un colosse, paraît-il. Notre portraitiste a travaillé avec eux sur un portrait-robot.

Sébastien M. nous tend la feuille où est représenté le suspect. Nous allons aussi réaliser une enquête de voisinage, compte tenu du fait que M. Al-A. avait le sentiment d'être surveillé, rajoute Sébastien M.

— Bon, on se tient au courant dans ce cas.

Un passage devant le bureau du colonel, qui, au téléphone, nous fait un signe du genre « on se revoit bientôt »

1. Police technique et scientifique.

en me tendant sa carte de visite. Acquiescement et nous prenons le chemin de l'OCLCH. Patrick conduit mais reste silencieux, ce qui n'est pas forcément dans ses habitudes. Soudain, il arrête la voiture sur le bas-côté. Klaxons du Parisien stressé.

— On peut faire demi-tour, mon colonel ?

— Oui. Pas de souci.

— Je dois en avoir le cœur net.

— OK, mais en avoir le cœur net de quoi ?

— Je pense avoir vu quelque chose mais je n'en suis pas sûr.

Retour à la SR.

Sur demande de Patrick, le lieutenant et le major nous conduisent de nouveau devant l'ordinateur, non sans ronchonner, pour visionner le film, notamment la partie correspondant au corps.

— Là ! Stop !

Il prend une photographie avec son téléphone et agrandit l'image.

— On dirait un dessin dans le sang.

Le lieutenant s'approche. J'observe attentivement l'image.

— Ah oui, en effet ! Mais quoi ?

Tous se concentrent pour essayer de reconnaître le dessin.

— Oui, il y a un truc mais pas forcément un dessin ! balance Sébastien M.

Silence.

— On dirait comme une sorte de bonhomme avec une grande robe. Une sorte de fantôme.

J'observe attentivement. Une sorte de fantôme ? Je regarde Patrick qui pense à la même chose que moi.

— Un *chabiha* ! s'exclame-t-il.

— Un quoi ? demande Sébastien.

— Un *chabiha*. C'est la traduction du terme « fantôme » en arabe. Cela correspond surtout à une milice très puissante et violente pro-Bachar. Ils sont réputés pour les missions de basse œuvre du régime, la basse besogne. Des mercenaires. Ils sont soupçonnés d'avoir participé à de nombreux massacres pendant la guerre civile.

— C'est peut-être le fruit du hasard, annonce le lieutenant.

— Oui… ou pas ! je rétorque. À mon avis, c'est une piste à creuser très clairement. Les services syriens ont une réputation d'efficacité à l'étranger non déméritée. On a déjà vu par le passé des individus se faire éliminer sur notre territoire par des services étrangers. Et Nazim est une cible parfaite. Je vous propose de passer à l'Office. On vous fera lire son audition si vous le souhaitez.

— OK.

30 août – OCLCH, Paris

Une semaine plus tard, Samia m'appelle pour m'annoncer que Nazim est sorti du coma. Il veut nous voir. Soulagements. J'en informe aussi Camélia, très inquiète à son sujet.

Je me rends à l'hôpital avec Patrick et préviens le commandant de la SR de la situation en laissant un message sur son portable. Accueil. Carte professionnelle. Chambre 211, nous annonce l'hôtesse.

Nazim est bien là. Il ne dort que d'un œil.

— Bonjour, Nazim.

— Bonjour, mon colonel.

— Comment ça va ?

— Je suis sous sédatifs, je dois aller faire des examens, c'est pour ça que je n'ai pas trop de temps. Merci d'être venu rapidement.

— Pas de problème. Nous nous inquiétions de votre état de santé.

SMS du colonel de la SR : « Le lieutenant est en route. »

— J'en ai vu de l'autre !

On frappe à la porte. Sébastien M. débarque avec un enquêteur et sa mallette. Salutations.

— Nous pensions pouvoir prendre votre audition ?

— Cela ne va pas être possible car je dois suivre une nouvelle batterie de tests.

— Nous souhaitions tout de même vous poser une question. En visionnant le film d'enquête, nous avons aperçu, près de votre visage, une sorte de dessin. Est-ce bien le cas ? C'est vous qui l'avez réalisé ? demande Sébastien.

— Oui. (Pause.) Avant de m'évanouir, j'ai essayé de faire le dessin d'un fantôme pour que Samia comprenne. En fait, quand je suis arrivé dans les bureaux, le type était en train de bricoler une prise de courant, genre prise multiple. Il a dû crocheter la serrure de la porte d'entrée car il n'y avait pas d'effraction. Il a été surpris et s'est exprimé en arabe avec l'accent de Lattaquié, en me disant : « Je vais te tuer. » Je me suis dit immédiatement qu'il s'agissait d'un *chabiha*. Pour moi, pas de doute. C'est pour cela que j'ai fait ce dessin en espérant que Samia comprenne.

— Vous pourriez le reconnaître ?

— Tout s'est passé très vite, en fait. Mais avant qu'il ne me saute dessus, j'ai eu le temps de l'apercevoir. Il avait une petite barbe, le crâne rasé, très costaud et musclé. Gonflé aux protéines. Un tatouage dans le cou. Une croix.

— Une croix, genre catho ? demande Patrick.

— Oui.

— Costaud, genre bodybuildé ?

— Oui, et c'est cela qui m'a sauvé, car il était un peu lourdaud. Il a essayé de m'attraper, de m'étrangler, mais j'ai réussi à me dégager et à crier très fort. Comme j'avais laissé la porte ouverte, j'ai entendu des personnes entrer. Il m'a frappé la tête avec un objet et s'est précipité vers la sortie. Après, je ne me souviens plus de grand-chose, si ce n'est d'avoir fait ce petit dessin avec le sang qui coulait de mon crâne. Cela a fonctionné ?

— Disons que nous nous sommes doutés de quelque chose mais nous voulions avoir confirmation de votre part.

— Et Samia ?

— Pas vraiment, mais elle avait d'autres priorités.

— Je comprends.

— Elle nous a dit que vous vous sentiez suivi ?

— C'est exact. Depuis les interviews diffusées sur le Net.

— C'était le même type ?

— Oui, j'en suis quasiment certain, il était avec d'autres personnes de notre région, du Moyen-Orient, je veux dire.

— En repérage sans doute.

Soudain, la porte s'ouvre sur une infirmière qui vient chercher Nazim pour ses examens avec une chaise roulante.

— Une dernière question. Où était la prise de courant ? Dans quelle pièce ? questionne Patrick.

— Dans notre salle de réunion, là où sont les ordinateurs.

L'infirmière s'impatientant, nous saluons Nazim.

En déambulant dans les couloirs de l'hôpital, je demande à Sébastien M. :

— Avez-vous avancé sur vos investigations ?

— Oui, pas mal. S'agissant de l'environnement, plusieurs témoins déclarent effectivement avoir vu une Clio bleu foncé dans les jours qui précèdent, avec deux hommes à bord. Du coup, on a ciblé sur la vidéoprotection et on a retrouvé le véhicule grâce à l'immatriculation. Il s'agit d'une voiture de location, située en Allemagne, à M. Mais cela ne donne rien. Elle a été louée avec une fausse carte d'identité de nationalité allemande, visiblement volée et payée en liquide. Nos collègues allemands nous ont répondu rapidement *via* Europol. La voiture n'a pas été rendue d'ailleurs et le GPS a été débranché.

— OK.

— En revanche, on a les photographies des types. Même s'ils portent des casquettes, on les distingue bien sur certaines images. En revanche, c'est bizarre, l'un d'entre eux a les yeux bridés, teint mat, genre mongol en fait.

Le lieutenant sort de la mallette les photographies et nous les montre.

— Ah oui, en effet.

— Ensuite, on s'est dit que nous pourrions avoir des retraits bancaires dans la ville. Et là, bingo ! On a un type qui ressemble bien au portrait-robot pris en photographie devant un distributeur de la rue de Fontenelle.

Il me sort une nouvelle photographie et effectivement le client ressemble bien à la description faite par Nazim.

— Bravo, bien joué.

— Merci. Autre chose : la carte bancaire d'une banque en ligne appartient à un Franco-Libanais du nom de Mohamed Abu M. Elle n'est pas déclarée volée. Cela signifie que notre Libanais lui a confié sa carte.

— Libanais ? Connu ?

— Non. Plutôt du genre à ne pas faire de vagues. Un financier. Dans la cryptomonnaie.

— Dites-moi, vous avez mis le paquet, là.

— Du coup, on file saisir les prises multiples de l'appartement. On se tient au courant.

— Merci. À très vite.

6 septembre – OCLCH, Paris

Une semaine plus tard, le colonel Norbert H. me contacte pour m'annoncer une bonne nouvelle : ils ont trouvé une empreinte sur une des prises multiples dans laquelle ont été intégrés une carte SIM et un dispositif d'écoute à distance. En revanche, la puce n'a pas été activée. Le *chabiha* n'en a pas eu le temps sans doute. Il pourrait être un émissaire des services de renseignement syriens. Intéressant. Norbert rajoute que comme convenu le lieutenant va passer demain à l'OCLCH lire l'audition de M. Al-A., occasion de faire un nouveau point. Je le remercie pour sa diligence dans l'enquête.

Le lendemain, le lieutenant Sébastien M. se présente à l'OCLCH. Daniel, notre policier, va à sa rencontre et lui donne l'audition de Nazim qui le bouleverse complètement.

— Comment peut-on en arriver là et supporter tout cela ? C'est un truc de fou.

— Oui, je suis d'accord. Et l'empreinte ?

— Cela colle avec Eurodac[1]. Elle correspond à un Syrien du nom de Samir S., né à Lattaquié, en Syrie, le 25 août 1989. Le point intéressant, c'est qu'il a fait une demande d'asile en France, l'année dernière.

— Ah, super. On va voir alors avec nos collègues de l'OFPRA où en est sa demande.

Je charge Jean-Michel, le nouveau chef de la division de la stratégie, de contacter l'OFPRA. Dix minutes plus tard, il revient avec le résultat suivant. S. est bien un « 1F » ! Son dossier a été transmis au pôle Crimes contre l'humanité le mois dernier. J'appelle aussitôt la vice-procureure qui me confirme bien avoir reçu le dossier. Vu l'urgence, elle nous saisit immédiatement.

Sébastien veut en savoir plus.

— Un 1F ?

— Il s'agit d'un individu qui a fait une demande d'asile en France mais qui, au vu de l'enquête réalisée par les officiers de protection de l'OFPRA, se trouve exclu de la protection, car il est soupçonné d'avoir commis des crimes contre la paix dans son pays. De fait, il est inclus,

1. Système d'information contenant les empreintes digitales des demandeurs d'asile et de protection subsidiaire et immigrants illégaux se trouvant sur le territoire permettant une comparaison entre les pays de l'Union européenne. Son objectif est double : déterminer quel pays est responsable de l'examen de la demande d'asile et permettre aux autorités répressives des pays de l'Union européenne et Europol de consulter la base à des fins d'investigation ou de prévention.

c'est-à-dire protégé, car il expose à l'OFPRA les raisons qui l'ont poussé à fuir son pays. Mais, à l'issue de l'enquête, si l'individu a menti ou omis d'expliquer certains points ou parties de sa vie, s'il y a des doutes, il se trouve alors exclu.

— Et donc ?

— Donc, il est un « ni ni », ni protégeable ni expulsable !

Silence.

— Il y a un gros trou dans la raquette ! Ils deviennent quoi ?

Silence.

— Cela dit, l'OFPRA depuis la loi de juillet 2015 relative à la réforme du droit d'asile, a obligation de transmettre les cas à l'autorité judiciaire, en l'occurrence pour ce qui nous concerne le pôle Crimes contre l'humanité du PNAT. Dans ce cas, nous sommes ensuite saisis par le Parquet pour enquête. Actuellement, ces enquêtes 1F représentent plus de 40 % des 110 dossiers dont nous avons la charge, venant de tous les pays en crise évidemment.

— Mais pourquoi est-ce votre office qui est chargé de ces enquêtes ?

— Ces individus sont potentiellement des auteurs d'atrocités dans leur pays, et qui tentent de venir se mettre au vert chez nous en profitant d'une demande de protection, puis en obtenant la nationalité française. Cela a été le cas de nombreux Rwandais par exemple qui ont contourné le droit d'asile français. Mais ceux-là sont la plupart du temps en *low signal*. Ils font tout pour passer en dessous du radar, bien sûr ! Pour les 1F, c'est différent. Ils sont en attente d'une décision les concernant, car la plupart du temps ils font appel de la décision de l'OFPRA[1] devant la Cour nationale du droit d'asile.

1. En 2018, 123 625 demandes, 122 000 décisions avec un taux de protection de 26,6 %, 35,9 % si on ajoute les protections CNDA. En 2019, les demandes d'asile continuent d'augmenter, de 132 614 requêtes exactement, soit une progression d'un peu plus de 7,3 % sur un an.

— Oui, logique.

— Donc, en enquêtant, finalement, nous protégeons le droit d'asile français et le maintien de l'ordre public français.

— En quelque sorte.

— La proc m'a assuré que l'on devrait recevoir le dossier demain.

— OK. Je vais aller rendre compte au colonel de tout cela.

— On vous fait signe dès qu'on a reçu la procédure. Il devrait y avoir des informations intéressantes.

Le lendemain, effectivement, un porteur nous apporte la procédure qui comprend une photographie de bonne qualité incluse dans le dossier de demandeur d'asile. J'organise une réunion de travail pour coordonner les deux divisions.

La DS[1] se charge de la partie reconnaissance faciale, de la transmission des informations à Europol, notamment pour alimenter notre Analysis Project CIC[2] et vérifier si notre client n'est pas connu dans d'autres pays, de la partie Open Source Intelligence sur les réseaux sociaux et, enfin, d'évaluer avec les ONG « chercheurs de preuves » si le type est connu.

Le chef de la DI[3], le capitaine Bertrand R., désigne un directeur d'enquête, qui tout naturellement sera Patrick. Il a pour mission de lancer les premières investigations, d'éplucher le dossier de l'OFPRA, de lancer les réquisitions téléphonies, etc.

Très rapidement, les résultats tombent. Nouveau briefing. Le logiciel de reconnaissance faciale confirme à 98 % la corrélation entre la photographie de S. prise devant le distributeur et celle du dossier OFPRA.

Patrick vient d'analyser le dossier OFPRA.

1. Division de la stratégie.

2. Base de données Core International Crimes (crimes fondamentaux les plus graves).

3. Division d'investigations.

— Il déclare bien être hébergé chez le Franco-Libanais Mohamed Abu M., à Paris, celui qui a «prêté» sa carte bancaire. Il a mentionné un numéro de téléphone mais qui doit être «balourd[1]». En revanche, il est probable que l'adresse courriel soit correcte, s'il veut recevoir les informations de l'administration. Il a présenté une carte d'identité civile et militaire syrienne.

Patrick me montre sa photographie.

— De toute évidence, notre ami S. a menti sur toute la ligne. Il y a pas mal de trous dans son récit. Interrogé par l'officier de protection sur ses craintes, il précise être originaire de Lattaquié, né le 25 août 1989, de religion chrétienne orthodoxe. Ses parents, d'après ses dires, sont restés en Syrie, à Lattaquié justement. Il n'est pas marié et a fait ses études à Damas. Il a présenté un diplôme d'études supérieures dans le bâtiment, en qualité d'architecte, qu'il a obtenu en 2010. Ensuite quand les manifestations ont commencé en 2011, il a suivi le mouvement étudiant, a été arrêté comme opposant et torturé à Damas. Mais peu de temps. Quand l'officier de protection lui demande des précisions, il est évasif. Il ne sait pas par qui il a été arrêté, ni par quelle branche, ni combien de temps. Il dit avoir été emprisonné à côté de l'aéroport car il entendait les avions décoller. Bref, il noie le poisson. Ensuite, il a reçu un avis de mobilisation pour prendre les armes dans l'armée de Bachar en 2013. Il a été engagé comme garde sur des barrages autour de l'aéroport à Damas. Puis, par crainte d'une mutation dans les unités combattantes, il décide de déserter. Il a ensuite profité d'une permission accordée pour les fêtes de Noël en 2014 pour quitter le pays.

— Vers où ?

— La Turquie.

1. «Faux».

— Là aussi, c'est très vague. Il y reste deux ans. Il est passé par la frontière au nord de Al Bab.

— Comment ?

— Avec un passeur.

— Après, c'est le parcours normal. En 2015, quand Angela Merkel décide d'accueillir les réfugiés syriens, il en profite et débarque en Grèce, remonte la Macédoine, la Serbie, la Croatie, l'Autriche et l'Allemagne. Il y reste pendant deux ans, travaillant comme architecte. Puis il est licencié, dit-il. En 2017, il décide de tenter sa chance en France et fait sa demande d'asile. Il donne comme adresse celle du Libanais à Paris. Ensuite convocation à l'OFPRA qui le fait revenir deux fois pour finalement décider de transmettre de dossier au Parquet[1]. Ayant présenté une carte d'identité militaire soulignant son appartenance au corps des sous-officiers, son récit est jugé peu crédible. Aux différentes questions posées, les officiers de protection le considèrent peu coopératif et très élusif.

— Je vais demander de vérifier à la DS s'il est connu de nos collègues des services de renseignement.

— OK. Je m'occupe des réquisitions téléphonie, courriel, etc.

Quelques instants plus tard, je me rends à la DS afin de demander de réaliser ces nouvelles investigations. Jean-Michel me précise qu'il avait déjà fait partir la requête en direction des services de renseignement *via* la messagerie cryptée.

Il lance les investigations OSINT en se connectant à son point d'accès sur la plate-forme WRAP[2]. Design high-tech, la plate-forme est notre nouvelle boîte à outils permettant d'automatiser la détection des traces numériques d'un individu. Et de l'emballer[3]. Je le regarde copier-glisser les

1. *Via* l'article 40 du Code de procédure pénale.
2. Web Research Analysis Platform.
3. *To wrap* en anglais.

différentes icônes symbolisant chaque réseau, balayant les données structurées et non structurées de la Toile. Jean-Michel utilise l'adresse courriel de S. transmise dans son dossier, nemer8908@hotmail.com, l'intègre dans des patterns comprenant YouTube, Facebook, VK, Twitter, Ebay, Skype, etc. Les recherches remontent rapidement son profil Skype avec son Username, son nom d'utilisateur, Nemer89, et un avatar représentant un tigre. Il y a aussi un nom, Joni H.

Tigre en arabe se dit *nemer*.

— OK.

— On va regarder ce que donne son nom d'utilisateur.

— Il y a un deuxième profil Skype avec un avatar similaire. Nemer8908.

La machine recherche.

— Tiens, je pense que c'est le bon. Ce compte est au nom de Samir S.

Les différentes icônes des réseaux sont copiées glissées sur l'écran bleu foncé.

— On retrouve un Username assez similaire sur YouTube, regardez. Nemer8998. Avec le même avatar, même tigre. On va essayer Facebook.

Jean-Michel tape les deux Usernames, Nemer89 et Nemer8908. Apparaissent plusieurs profils, avec le terme Nemer, mais un seul Nemer8908. Un clic sur le profil et nous avons notre gars qui s'affiche sur plusieurs photographies postées en 2013 et 2014. On le voit en treillis de combattant, souvent bras dessus bras dessous avec d'autres individus, armés de kalachnikovs et cartouchières. Certains sont en civil, assez contents d'être là apparemment. Jean-Michel analyse son profil plus en avant et trouve un autre S., un dénommé Joni. Son profil laisse apparaître aussi un type en arme, barbu, en treillis, plus vieux avec un insigne dont l'inscription est en arabe. Google Translate nous donne : Comandos Special Forces. Joni semble être le frère de Samir. Les différents commentaires et photographies ne laissent aussi aucun doute sur la foi portée à Bachar. Certains individus se sont fait tatouer le visage de Bachar sur la poitrine, le dos, etc.

Samir poste sur le mur de Joni un poème à la gloire de la défense de la patrie, de l'invincibilité des tigres, ne jamais reculer, vaincre…

— Bon ! Je crois que l'on a un vainqueur ! dis-je.

— Oui, mais il faut que je vérifie s'il n'a pas un autre profil. Dans la liste, j'ai vu passer un nom avec la même photographie du tigre de l'avatar.

Effectivement, apparaît un autre profil, au nom de Johnny S. Les photographies sont différentes. Sur l'une d'entre elles, on le voit en compagnie de jeunes femmes accoudé à une BMW. La plaque d'immatriculation est turque. Elle a été postée le 25 août 2015. Puis, on suit son parcours ainsi, jusqu'à son arrivée en Allemagne. Il prend en photographie un papier sur lequel il est écrit en arabe : « Nous sommes là ! », image postée le 30 novembre 2017. En fond, derrière le papier, on peut distinguer une espèce de magasin avec une enseigne composée de deux sortes d'yeux, avec pour l'un un casque audio au centre, et pour l'autre un carré blanc. Un magasin de musique, vidéo, informatique apparemment. Sur la droite, un autre magasin, avec un moulin et une inscription en allemand, « Bäckerei Müller », une boulangerie.

— Je vais essayer de voir avec mon groupe d'amis du crowdsourcing band[1], si on ne pourrait pas géolocaliser la photographie et nos collègues de Webdrone[2].

— Réponse quand, selon vous ?

1. Le crowdsourcing permet de faire travailler plusieurs personnes autour du globe pour, entre autres, géolocaliser certaines photographies ou vidéos.

2. Webdrone est une plate-forme de détection automatique d'informations sur la cybercriminalité et un service d'investigations sur Internet.

— Dans quelques jours sans doute. Peut-être demain, s'ils se bougent. La très bonne nouvelle, c'est que son profil est toujours actif. Il publie couramment des informations sur sa story. Tiens, voilà même son profil Snapchat. Il a partagé sur sa story un screenshot[1]. Il a changé de Username apparemment. Mais, il reste attaché au tigre. Tiger 8908.

— Bon. Nickel. Du coup ?

— Du coup, je vais surveiller de très près ses profils Facebook et Snapchat.

— OK !

Le lendemain, je contacte le colonel de la SR pour le tenir informé de nos avancées. Il propose de se réunir rapidement, dans l'après-midi. Entre-temps, nous avons obtenu le retour des services de renseignement. Le Libanais est un *hawaladar*, spécialisé dans les transactions financières de type *hawala*, c'est-à-dire des transferts d'argent sans flux et sans passer par les banques ou des intermédiaires qui prennent leur pourcentage. En outre, il est fortement soupçonné de blanchir l'argent du crime ou de certains groupes terroristes *via* des entreprises implantées aux Émirats arabes unis. Les services nous demandent de ne pas trop s'approcher car ils sont sur cette cible depuis un moment.

À notre arrivée, le colonel Norbert H. nous attend. Nous nous rendons directement dans le bureau de Sébastien M. et je leur explique où nous en sommes : le Libanais est sous surveillance et on nous demande de ne pas trop bouger dessus.

— OK, mais notre client a utilisé sa carte bancaire. Cela va être compliqué de ne pas l'entendre, précise Norbert H.

— Oui, c'est sûr. Il faudra les prévenir. Nous n'avons abordé que le volet 1F avec eux.

Sébastien M. souligne le fait que les réquisitions faites aux quatre opérateurs sur les relais situés dans la zone

1. Copie d'écran.

autour de l'appartement de Nazim et dans les laps de temps correspondants aux reconnaissances ont permis de remonter un numéro allemand, le même chaque fois. Il y a des chances pour qu'il s'agisse de celui appartenant à l'individu ayant loué la voiture en Allemagne. Du coup, *via* Siena[1] et Europol, nous avons demandé aux Allemands de nous retrouver le propriétaire du téléphone si cela était possible. Nous attendons la réponse.

— Parfait.

— D'ailleurs, les Allemands nous ont dit aussi que le véhicule avait été retrouvé brûlé, dans une rue, Bergstrasse, un truc comme ça. Et le bled en question ?

Suspens ménagé par Sébastien.

— Dachau !

— Non ?

— Si !

— Avez-vous pensé aux radars sur les axes vers l'Allemagne ?

— Yes. On attend les retours.

— Bon ! Si je comprends bien, nos clients ont foutu le camp et sont vraisemblablement en Allemagne, dis-je.

— Cela en a tout l'air, répond Norbert H.

— Je vais prévenir le BKA et la procureure.

— Je vais en faire de même de mon côté. Cela sent le mandat d'arrêt européen.

— Ben, c'est cela. On se tient au courant. Nous continuons à surveiller ses réseaux sociaux. On ne sait jamais.

Deux jours plus tard, Jean-Michel pénètre dans mon bureau, souriant.

— Je crois savoir où il se trouve. Comme il continue régulièrement à partager dans sa story des vidéos de retour de soirée avec ses amis, j'ai surveillé son compte de près.

1. Messagerie Europol.

J'ai mis une alerte. Hier, soir, j'ai été réveillé par mon bip. Et voilà ce qu'il a posté.

Jean Michel me montre plusieurs vidéos de S. en train de fêter son anniversaire avec des amis. Il est dans un restaurant syrien à M. On le voit effectivement bras dessus bras dessous avec deux individus dont un, sur sa droite, a un visage de type mongol. Puis nouvelle vidéo.

— C'est la rue où il avait posté la photographie avec le papier sur lequel il était inscrit « Nous sommes là » en arabe.

— Oui, je me souviens.

— Bon. Sur l'une d'entre elles, il pénètre avec ses amis dans un immeuble. Mes amis du crowdsourcing ont pu retrouver cette boulangerie. Elle se situe à l'angle de la rue K. et B. à M.

Jean-Michel se rend sur Google Maps, zoome et me montre effectivement la boulangerie.

— À mon avis, il n'est pas loin car la vidéo date d'hier. Il est né un 25 août. On est le 26.

— OK, j'appelle le commandant de la SR.

Le coup du crowdsourcing me laisse pantois. Les types passent leur temps à géolocaliser des photographies ou des vidéos. Il faut de tout pour faire un monde. Mais c'est la preuve que la société civile est de plus en plus présente dans les investigations et peut nous être d'un grand secours.

Quelques minutes plus tard, j'échange avec le colonel Norbert H. Il me confirme que nos clients ont été pris en excès de vitesse sur l'autoroute de l'Est, à la hauteur de Metz. Europol a répondu que le numéro de téléphone était un prépayé, mais toujours actif apparemment. Il va en informer son magistrat.

Une heure plus tard, il me rappelle pour m'informer qu'un mandat d'arrêt européen vient d'être délivré à l'encontre de S. Les Allemands ont obtenu les informations sur sa localisation et sa probable ligne téléphonique. Ils vont mettre un dispositif pour tenter de le repérer.

10 septembre 2019 – M.

Markus, notre collègue, nous informe que notre client a été repéré par l'unité de surveillance de la police de M. sur le site que nous avions découvert *via* la plate-forme WRAP. L'immeuble est bien confirmé. La présence du second individu aussi.

Ils envisagent avec le Spezialeinsatzkommando (SEK) de procéder à leurs interpellations le 11 septembre à 6 heures, heure locale pour mettre à exécution le mandat d'arrêt européen. Markus me confirme sa présence sur site avec son binôme le matin en observateur. Il propose de filmer l'interpellation.

Nuit agitée comme d'habitude la veille d'une interpellation.

Le lendemain à 6 h 30, je reçois un message WhatsApp de Markus me confirmant l'arrestation de S. et de son binôme dans un appartement de M. Il me transmet un lien afin de pouvoir visionner la vidéo et un code d'accès *via* la messagerie Signal.

Depuis mon ordinateur, je visionne les images.

5 heures : les différentes unités en charge du mandat d'arrêt européen sont réunies dans le commissariat le plus proche. Cafés, échanges, point de situation de la nuit. Visiblement, les targets ont été fixées durant la nuit par un dispositif de surveillance, histoire d'être sûrs de les trouver endormies au petit matin. Le chef du dispositif frappe dans ses mains. C'est parti. L'unité d'élite a préparé des boudins d'explosifs au cas où. La porte et la serrure ont certainement dû être reconnues discrètement la veille. Puis embarquement silencieux dans leurs véhicules. Quelques minutes plus tard, les forces d'intervention se

garent devant la boulangerie et se positionnent en ordre de bataille. Grâce à un pass, ils pénètrent dans l'immeuble. Progression à pas de velours dans l'escalier. L'un d'entre eux place un morceau de chatterton noir sur l'œilleton de chaque porte sur chaque palier. La lumière s'éteint. Positionnement devant la porte. Soudain, elle vole en éclats sous la pression des vérins, action doublée d'un coup de bélier. À la vitesse de l'éclair, les policiers d'élite pénètrent dans le minuscule appartement et immobilisent les deux hommes. S., visiblement, tente de se débattre, mais la pression exercée par deux des policiers est telle qu'il doit se résigner. Le deuxième individu est beaucoup plus tranquille et se laisse interpeller.

Le calme étant revenu, Markus filme l'appartement qui est meublé de façon rudimentaire. Pas de présence d'armes.

Par messagerie sécurisée, Markus me précisera que le deuxième individu, lui aussi, avait fait une demande d'asile, mais en Allemagne. Il est finalement un Hazara afghan qui s'appelle Sayyed Hassan H., appartenant à la division des Fatimides. Il s'agit d'une milice islamiste chiite formée en Iran, armée et entraînée par les Gardiens de la Révolution islamique et le Hezbollah. Ils sont ainsi plusieurs milliers de combattants hazara à être déployés en Syrie, parfois sous les ordres des officiers de la Force Al-Qods, l'unité d'élite du corps des Gardiens de la Révolution islamique destinée aux activités de guerre non conventionnelle, de renseignement et en charge d'opérations extérieures. En somme, la coalition de défense de Bachar et de son régime.

S. et H. sont remis aux autorités françaises dans les jours qui suivent. Entendus par la SR de Versailles sur les faits qui leur sont reprochés, ils nieront tout en bloc. Mais les faits sont têtus, et les preuves suffisantes pour les confondre. Les enquêteurs de l'OCLCH se présenteront grâce à un permis de visite à Fleury-Mérogis pour entendre S. sur sa participation à des crimes contre la paix commis en Syrie. Il ne sera pas plus expressif. Logique dans le fond. Mais l'individu est connu des ONG «chercheurs de preuves». Un insider a confirmé sa participation à plusieurs massacres.

L'exploitation de l'un des téléphones retrouvé bien planqué dans la salle de bains par les collègues allemands apporte d'ailleurs des éléments intéressants. On y trouve des vidéos de combat, d'éliminations de femmes kurdes, une balle dans la tête mains attachées dans le dos, et enfin des photographies de S. en train d'exécuter un homme avec une kalachnikov.

La messe est dite.

30 octobre – OCLCH, Paris

Nazim vient de sortir de l'hôpital et m'envoie un SMS pour nous remercier du travail réalisé. Il ajoute sur la situation en Syrie :

«Les despotes en manquent d'idées partout dans le monde retiendront la leçon. La cruauté a fini par payer. Finalement ! D'ailleurs, le prochain pays sur la liste est la Libye… »

Je le remercie et lui précise que ce résultat est la source de multiples coopérations entre individus qui croient en leur métier, en la justice et à la lutte contre l'impunité.

J'ajoute à mon tour :

«Pas sûr que les despotes soient en manque d'idées en revanche ! »

Conclusion

On aurait pu croire que le XXe siècle, tirant les enseignements d'un siècle d'atrocités, porterait un véritable projet de justice universelle. Pourtant, il n'en est rien. En ce début de XXIe siècle, il flotte toujours dans l'air un parfum de génocide. Le monde demeure marqué par des guerres qui l'ensanglantent, par des massacres organisés, viols collectifs, transferts forcés de population. Les derniers épisodes en date, l'État islamique ou les massacres des Rohingyas, n'échappent ni à la règle ni à la mécanique morbide.

En parcourant ce noir sillon qui balafre l'humanité, mon objectif était de vous présenter, au travers de ces quatre situations, le travail de ces femmes et de ces hommes qui, dans leur quotidien, luttent contre l'impunité.

Elles et ils appartiennent à une galaxie composée de gendarmes, policiers, magistrats, assistants spécialisés, travailleurs humanitaires, psychologues, journalistes, membres d'ONG chercheurs de preuves, de plaidoyers ou lanceurs d'alerte, membres d'organisations internationales. Tous agissent pour dénoncer, prouver, juger, réparer ou tenter de réparer par la justice, le pardon et la réconciliation.

Leurs cibles : ces personnes suspectes de génocides, de crimes de guerre et de crimes contre l'humanité, qui tentent de se faire oublier en se construisant une nouvelle vie sur notre territoire. Qu'elles soient nationalisées ou exclues du droit d'asile, elles doivent être démasquées et jugées pour que notre pays, patrie des droits de l'homme, ne soit jamais un refuge pour ces criminels. Il s'agit aussi de préserver notre droit d'asile, afin qu'uniquement ceux qui le méritent puissent être protégés.

En parfaite complémentarité avec ces différents acteurs, les enquêtrices et enquêteurs de l'OCLCH conduisent donc leurs investigations à charge et à décharge sur le territoire national et à l'international. Ces enquêtes nécessitent des compétences particulières et de haut niveau, car elles diffèrent des dossiers criminels traditionnels, les faits incriminés se situant hors de nos frontières, là où se trouvent les preuves, les témoins, ce qui complexifie énormément la tâche.

Elles doivent donc être menées par des enquêtrices et des enquêteurs passionnés, curieux, humbles et créatifs. Tous ont conscience que leur travail permet aux victimes, grâce notamment à la compétence universelle, de voir leurs bourreaux dénoncés, poursuivis et condamnés pour se reconstruire. Ces investigations aident aussi ces sociétés à se réconcilier, car seule la justice permet à tous de tourner la page en faisant enfin émerger la vérité.

Ainsi, la devise de l'OCLCH trouve sa pleine expression : *Hora fugit, stat jus*, « Le temps passe et la justice demeure ».

Pourtant, çà et là, des doutes persistent.

Ainsi, même si elle heurte la conscience et la vision étriquée des comptables qui gèrent les budgets et les moyens humains, même si l'imprescriptibilité se trouve anachronique dans un monde où l'immédiateté domine, où une actualité en chasse une autre, la lutte contre l'impunité doit s'exercer.

Car, lutter contre l'impunité, c'est ne pas laisser le champ libre à ces marionnettistes et à leurs marionnettes dressées pour tuer. Qu'ils soient concepteurs, appartenant aux corps intermédiaires, ou simples exécutants, ils utilisent toujours les mêmes mécaniques bien huilées pour semer le chaos. Ils exploitent les failles et les faiblesses des hommes pour réaliser leur funeste dessein. Ils créent la peur pour générer l'instabilité et la transmutent en haine, contrôlant finement la « masse critique » du passage à l'acte du meurtre de masse. Ils justifient leur ordre nouveau avec un habillage cosmétique, qu'il soit religieux, nationaliste, ethnique ou les trois à la fois, uniquement pour préempter les richesses et les gains. À qui profite le crime contre l'humanité ? Telle est la plupart du temps la vraie question.

Car, lutter contre l'impunité, c'est prévenir et empêcher la haine de développer de nouveau ses métastases un peu partout dans les sociétés, grâce, entre autres, à la vitesse de propagation des fausses informations et de mensonges *via* les réseaux sociaux, véritables armes de manipulation massive, et, selon les mêmes schémas, en opposant « l'Autre/Ennemi » au « Nous imaginaire[1] ».

Car, lutter contre l'impunité, c'est freiner l'émergence des populistes, opportunistes cyniques qui flattent les bas instincts en maniant la novlangue et inoculent la peur. C'est protéger notre démocratie et la liberté.

C'est aussi, à mon sens, cultiver deux aptitudes : vigilance et lucidité.

1. Formule de Jacques Sémelin, voir p. 50.

Vigilance, car, au risque de passer pour un doux utopiste, il me semble essentiel d'abord de bien choisir ceux qui sont amenés à nous gouverner[1].

L'histoire des génocides et des guerres nous démontre que ce sont souvent les personnes narcissiques, voire psychopathes, qui accèdent aux plus hautes fonctions, alors que précisément elles n'auraient jamais dû les atteindre. Comme l'explique Steve Taylor[2], le pouvoir coïncide la plupart du temps avec l'égoïsme, l'appât du gain et le manque d'empathie. Et ceux chez qui ce désir est le plus puissant sont la plupart du temps sans scrupule, cyniques et dépourvus de compassion. Il suffit de faire un tour d'horizon des dirigeants de ce monde pour être inquiet.

Mouvement profond, signe de cette vigilance accrue des peuples, ou feu de paille ? Depuis quelques mois, l'actualité mondiale est marquée par de multiples manifestations motivées par la défense du climat, la lutte contre la corruption, la défense ou la volonté d'accession à la démocratie. Certains pays et leur jeunesse se soulèvent, fatigués de la corruption et des manipulations des marionnettistes qui ont accédé au pouvoir et comptent bien le conserver.

Mais cette vigilance est indissociable de la lucidité, vis-à-vis de soi-même, de nos faiblesses et de nos fragilités, si facilement exploitées par les marionnettistes.

---

1. Comme le rappelle Primo Levi : « Il faut donc se méfier de ceux qui cherchent à nous convaincre par d'autres voies que par la raison, autrement dit des chefs charismatiques : nous devons bien peser notre décision avant de déléguer à quelqu'un d'autre le pouvoir de juger, de vouloir à notre place. Puisqu'il est difficile de distinguer les vrais prophètes des faux, méfions-nous de tous les prophètes ; il vaut mieux renoncer aux vérités révélées, même si elles nous transportent par leur simplicité et par leur éclat, même si nous les trouvons commodes parce qu'on les a gratis. »

2. http://theconversation.com/narcissiques-et-psychopathes-voici-comment-certaines-societes-ecartent-du-pouvoir-ces-personnes-dangereuses-119127

Comme l'explique le philosophe Bernard Crevel, la pratique de la lucidité permet de devenir un « homme neuf». Son exercice se traduit d'abord par la prise de conscience de la dissolution de l'ego. L'homme, ignorant et esclave de lui-même, s'extrait alors du désordre dans lequel il a été ou s'est placé seul, souvent mû par ses certitudes, charpentes de l'ego.

Pratiquer la lucidité, c'est aussi apprendre à désapprendre ce qu'il croit savoir sur lui, ce à quoi il s'était habitué et ce qu'on lui a inculqué. Désapprendre libère donc du cerveau fait d'idées arrêtées, préconçues, d'autorité, d'enseignements divers, et développe l'esprit critique.

Cet état autorise alors l'aptitude à voir le faux, à se dégager de la peur de n'être rien et surtout du devenir, une vie sans espoir, donc sans désespoir, selon les dimensions d'un monde totalement neuf. Or seul le neuf permet d'être créatif.

En pratiquant la lucidité, l'« homme neuf» peut alors se mouvoir avec la peur, pour s'en libérer et dissoudre ce lien puissant qui le relie au marionnettiste. Car :

Vous qui vivez en toute quiétude
Bien au chaud dans vos maisons
Vous qui trouvez le soir en rentrant
La table mise et des visages amis
Considérez que si c'est un homme
Que celui qui peine dans la boue
Qui ne connaît pas le repos
Qui se bat pour un quignon de pain
Qui meurt pour un oui ou pour un non
Considérez que si c'est une femme
Que celle qui a perdu son nom et ses cheveux
Et jusqu'à la force de se souvenir
Les yeux vides et le sein froid
Comme une grenouille en hiver.

La traque est mon métier

N'oubliez pas que cela fut,
Non, ne l'oubliez pas :
Gravez ces mots dans votre cœur.
Pensez-y chez vous, dans la rue,
En vous couchant, en vous levant;
Répétez-les à vos enfants.
Ou que votre maison s'écroule,
Que la maladie vous accable,
Que vos enfants se détournent de vous.

Primo Levi, *Si c'est un homme*

ANNEXES

Annexe 1

Règles de compétences

Victime française – art. 113-7 CP

« La loi pénale française est applicable à tout crime, ainsi qu'à tout délit puni d'emprisonnement, commis par un Français ou par un étranger hors du territoire de la République lorsque la victime est de nationalité française au moment de l'infraction. »

Auteur français – art. 113-6 CP

« La loi pénale française est applicable à tout crime par un Français hors du territoire de la République. Elle est applicable aux délits commis par un Français hors du territoire de la République si les faits sont punis par la législation du pays où ils ont été commis. »

Auteur étranger sur le territoire français (art. 689 et suivants CPP, lois n° 96-432 du 22 mai 1996 et n° 95-1 du 2 janvier 1995) – **Compétence universelle.**

Torture : si l'auteur présumé se trouve sur le territoire français (art. 689-1 et 682-2 CPP).

Disparition forcée : si l'auteur présumé se trouve sur le territoire français (art. 689-13 CPP).

Crimes relevant de la compétence du Tribunal pénal international pour le Rwanda (TPIR) : si l'auteur présumé se trouve sur le territoire français (loi n° 96-432 du 22 mai 1996).

Crimes relevant de la compétence du Tribunal pénal international pour l'Ex-Yougoslavie (TPIY) : si l'auteur présumé se trouve sur le territoire français (loi n° 95-1 du 2 janvier 1995).

Génocide, crimes contre l'humanité, crimes et délits de guerre (art. 689-11 CPP) : si l'auteur présumé réside habituellement sur le territoire français, et si :

– aucun État n'en réclame l'extradition/aucune juridiction internationale compétente n'en demande la remise ;

– pour les crimes contre l'humanité et crimes et délits de guerre : les faits sont punis par l'État où ils ont été commis ou si cet État ou l'État de nationalité de l'auteur présumé est partie au Statut de Rome.

Annexe 2

Les infractions concernées

Cinq infractions sont concernées par les crimes internationaux les plus graves :

Tortures : (art. 222-1 CP, art. 682-1 CPP, art. 1 Convention de New York de 1984 contre la torture et autres peines ou traitements cruels, inhumains ou dégradants)

Prescription : 20 ans depuis la loi du 1er mars 2017 (art. 8 CPP).

Il s'agit des tortures ou actes de barbarie réalisés par un **agent de la fonction publique ou toute autre personne agissant à titre officiel ou à son instigation ou avec son consentement** exprès ou tacite aux fins notamment d'obtenir d'elle ou d'une tierce personne des renseignements ou des aveux, de la punir d'un acte qu'elle ou une tierce personne a commis ou est soupçonnée d'avoir commis, de l'intimider ou de faire pression sur elle ou d'intimider ou de faire pression sur une tierce personne, ou pour tout autre motif fondé sur une forme de discrimination quelle qu'elle soit.

Disparitions forcées : (art. 221-12 CP) – **loi du 5 août 2013**/Prescription : 30 ans (art.7 CPP)

Constitue une disparition forcée l'arrestation, la détention, l'enlèvement ou toute autre forme de privation de liberté d'une personne, dans des conditions la soustrayant à la protection de la loi, par un ou plusieurs agents de l'État ou par une personne ou un groupe de personnes agissant avec l'autorisation, l'appui ou l'acquiescement des autorités de l'État, lorsque ces agissements sont suivis de sa disparition et accompagnés soit du déni de la reconnaissance de la privation de liberté, soit de la dissimulation du sort qui lui a été réservé ou de l'endroit où elle se trouve.

Génocide : (art. 211-1 CP)**/Crimes imprescriptibles** (art. 7 CPP)

Constitue un génocide le fait, en exécution d'un plan concerté tendant à la destruction totale ou partielle d'un groupe national, ethnique, racial ou religieux, ou d'un groupe déterminé à partir de tout autre critère arbitraire, de commettre ou de faire commettre, à l'encontre de membres de ce groupe, l'un des actes suivants :

– atteinte volontaire à la vie ;

– atteinte grave à l'intégrité physique ou psychique ;

– soumission à des conditions d'existence de nature à entraîner la destruction totale ou partielle du groupe ;

– mesures visant à entraver les naissances ;

– transfert forcé d'enfants.

Le génocide est puni de la réclusion criminelle à perpétuité.

L'incitation au génocide (art. 211-2 CP) est également passible de poursuites notamment par la provocation publique et directe, par tous moyens, à commettre un génocide ainsi que l'**entente** (art. 212-3 CP) : est également poursuivie la participation à un groupement formé ou à entente établie en vue de la préparation, caractérisée par un ou plusieurs faits matériels constitutifs d'un génocide ou d'un crime contre l'humanité.

Crimes contre l'humanité (art. 212-1 CP)/**Crimes imprescriptibles** (art. 7 CPP)

L'article 212-1 du code pénal indique que les actes suivants constituent des crimes contre l'humanité s'ils sont commis en exécution d'un **plan concerté à l'encontre d'un groupe de population civile dans le cadre d'une attaque généralisée ou systématique** :

– l'atteinte volontaire à la vie ;

– l'extermination ;

– la réduction en esclavage ;

– la déportation ou le transfert forcé de population ;

– l'emprisonnement ou toute autre forme de privation grave de liberté physique en violation des dispositions fondamentales du droit international ;

– la torture ;

– le viol, la prostitution forcée, la grossesse forcée, la stérilisation forcée ou toute autre forme de violence sexuelle de gravité comparable ;

– la persécution de tout groupe ou de toute collectivité identifiable pour des motifs d'ordre politique, racial, national, ethnique, culturel, religieux ou sexiste ou en fonction d'autres critères universellement reconnus comme inadmissibles en droit international ;

– la disparition forcée ;

– les actes de ségrégation commis dans le cadre d'un régime institutionnalisé d'oppression systématique et de domination d'un groupe racial sur tout autre groupe racial ou tous autres groupes raciaux et dans l'intention de maintenir ce régime ;

– les autres actes inhumains de caractère analogue causant intentionnellement de grandes souffrances ou des atteintes graves à l'intégrité physique ou psychique.

L'entente (art. 212-3 CP) est également poursuivie, la participation à un groupement formé ou à entente établie en vue de la préparation, caractérisée par un ou plusieurs faits matériels constitutifs d'un génocide ou d'un crime contre l'humanité.

Crimes et délits de guerre : (Livre IV bis CP) – **loi du 9 août 2010.** Prescription : Crimes : 30 ans (art. 7 CPP) et Délits : 20 ans (art. 8 CPP).

Selon l'article 461-1 du Code pénal, les crimes et délits de guerre cumulent les caractéristiques suivantes : s'ils sont commis lors d'un conflit armé international ou non international; s'ils sont perpétrés en relation avec ce conflit; s'ils violent les lois et coutumes de la guerre, ou les conventions internationales applicables aux conflits armés; s'ils touchent les personnes ou les biens; s'ils sont définis dans le Code pénal lui-même.

Les actes matériels des crimes de guerre sont pour :

– **Les conflits armés internationaux et non internationaux** (art. 461-2 à 461-18 CP)

Atteintes à la personne humaine :

– atteinte volontaire à la vie, à l'intégrité physique ou psychique, enlèvement, séquestration d'une personne protégée par le droit international des conflits armés (art. 461-2 CP);

– mutilations ou expériences médicales ou scientifiques sur des personnes de la partie adverse (art. 461-3 CP);

– prostitution, grossesse, stérilisation forcée ou violence sexuelle de gravité comparable contre une personne protégée par le droit international des conflits armés (art. 461-4 CP);

– traitements humiliants et dégradants sur des personnes de la partie adverse (art. 461-5 CP);

– atteinte à la liberté individuelle d'une personne protégée par le droit international des conflits armés (art. 461-6 CP);

– conscription ou enrôlement de mineurs (art. 461-7 CP).

Conduite des hostilités :

– ordonner qu'il n'y ait pas de survivants ou menacer de le faire (art. 461-8 CP) ;

– attaques délibérées contre la population civile (art. 461-9 CP) ;

– grave atteinte à l'intégrité physique ou meurtre d'un combattant de la partie adverse qui s'est rendu (art. 461-10 CP) ;

– grave atteinte à l'intégrité physique ou meurtre par traîtrise (art. 461-11 CP) ;

– attaques délibérées contre le personnel, les bâtiments, le matériel, les unités et les moyens de transport sanitaires, portant les signes distinctifs prévus par le droit international humanitaire (ex : en particulier, insigne de la Croix-Rouge et du Croissant Rouge) ;

– attaques délibérées contre le personnel, les installations, le matériel, les unités ou les véhicules employés dans le cadre d'une mission d'aide humanitaire ou de maintien de la paix des Nations unies (art. 461-12 CP) ;

– attaques délibérées contre des bâtiments consacrés à la religion, à l'enseignement, à l'art, à la science ou à l'action caritative, des monuments historiques, des hôpitaux ou des lieux où des malades ou des blessés sont rassemblés, pour autant que ces bâtiments ne soient pas utilisés à des fins militaires (art. 461-13 CP).

Atteinte aux biens :

– pillage d'une ville ou d'une localité (art. 461-15 CP) ;

– vols et leurs recels, extorsions et leurs recels, destructions, dégradations et détériorations de biens (art. 461-16 CP).

– Les conflits armés internationaux

Atteinte aux personnes :

– employer une personne protégée par le droit international des conflits armés pour éviter que certains, zones ou forces militaires ne soient la cible d'opérations militaires (art. 461-19 CP);

– pour le compte d'une puissance belligérante, contraindre une personne protégée par le droit international des conflits armés à servir dans ses forces armées (art. 461-20 CP);

– pour le compte d'une puissance belligérante, contraindre les nationaux de la partie adverse à prendre part aux opérations de guerre dirigées contre leur pays, même s'ils étaient au service de la puissance belligérante avant le commencement de la guerre (art. 461-20 CP);

– faire obstacle au droit d'une personne protégée par le droit international des conflits armés d'être jugée régulièrement et impartialement, selon les prescriptions des conventions internationales applicables (art. 461-21 CP);

– déclarer les droits et actions des nationaux de la partie adverse irrecevables en justice, forclos ou suspendus en raison de la nationalité des requérants (art. 461-22 CP);

Conduite des hostilités :

– utiliser du poison ou armes empoisonnées (art. 461-23 CP);

– utiliser des gaz asphyxiants, toxiques ou assimilés et tous liquides, matières ou procédés analogues (art. 461-23 CP);

– utiliser des balles qui déforment facilement le corps humain, ainsi que des armes, des projectiles, des matériels ou des méthodes de combat ayant fait l'objet d'une interdiction générale et ayant été inscrits dans une annexe au statut de la Cour pénale internationale acceptée par la France (art. 461-23 CP);

– attaquer ou bombarder, par quelque moyen que ce soit, des villes, villages, habitations ou bâtiments, qui ne sont pas défendus et qui ne sont pas des objectifs militaires (art. 461-24 CP);

– affamer des personnes civiles, comme méthode de guerre, en les privant délibérément de biens indispensables à leur survie, y compris en empêchant intentionnellement l'envoi des secours prévus par les conventions de Genève du 12 août 1949 et leurs protocoles additionnels (art. 461-25 CP);

– participer soit au transfert, direct ou indirect, par une puissance occupante, d'une partie de sa population civile dans le territoire qu'elle occupe, soit à la déportation ou au transfert à l'intérieur ou hors du territoire occupé de la totalité ou d'une partie de la population civile de ce territoire (art. 461-26 CP);

– attaque délibérée en sachant qu'elle causera incidemment des pertes en vie humaine dans la population civile ou des blessures parmi cette population, qui seraient manifestement disproportionnées par rapport à l'avantage militaire concret et direct attendu de l'ensemble de l'attaque (art. 461-27 CP);

– attaque délibérée en sachant qu'elle causera incidemment des dommages aux biens de caractère civil ou des dommages étendus, durables et graves à l'environnement naturel, qui seraient manifestement disproportionnés par rapport à l'avantage militaire concret et direct attendu de l'ensemble de l'attaque (art. 461-28 CP);

– employer indûment le pavillon parlementaire, le drapeau ou les insignes militaires et l'uniforme de l'ennemi ou de l'Organisation des Nations unies, ainsi que les signes distinctifs prévus par les conventions de Genève du 12 août 1949 et leurs protocoles additionnels et, ce faisant, causer à un combattant de la partie adverse des blessures ayant porté gravement atteinte à son intégrité physique (art. 461-29 CP).

– Les conflits armés non internationaux

– déplacement de la population civile (art. 461-30 CP) ;
– condamnations et exécution de peines sans un jugement préalable, rendu par un tribunal régulièrement constitué, assorti des garanties judiciaires prévues par le droit international humanitaire (art. 461-31 CP).

La responsabilité de **l'auteur** peut être recherchée par le fait de commettre ou faire commettre l'infraction ou celle du **complice** en facilitant la préparation ou la consommation par aide ou assistance, ou en provoquant par don, promesse, menace, ordre, abus d'autorité ou de pouvoir, ou en donnant des instructions (art. 121-7 CPP).

La responsabilité du supérieur hiérarchique (art. 213-4-1) peut également être recherchée par la complicité du chef militaire, ou la personne ayant fonction de chef militaire dont les subordonnés sous son autorité et contrôle effectifs ont commis les infractions ci-dessus (exception Tortures) s'il savait ou aurait dû savoir que ces subordonnés commettaient ou allaient commettre ce crime et s'il n'a pas pris toutes les mesures nécessaires et raisonnables qui étaient en son pouvoir pour empêcher ou en réprimer l'exécution ou pour en référer aux autorités compétentes aux fins d'enquêtes et de poursuites.

Annexe 3

Dossier Pascal Simbikangwa

Arrêté en octobre 2008 à Mayotte, la condamnation de Pascal Simbikangwa est devenue définitive le 25 mai 2018, la justice ayant définitivement rejeté son pourvoi en cassation. Son procès fut le quatrième en France pour complicité de crimes contre l'humanité, les précédents étant ceux de Klaus Barbie, Paul Touvier et Maurice Papon. Il est surtout le premier procès en France d'un Rwandais dans le cadre du génocide des Tutsi et celui du pôle « Crimes contre l'humanité », le pôle judiciaire spécialisé compétent pour les crimes contre l'humanité et les crimes de guerre, créé au sein du tribunal de grande instance de Paris.

L'enquête : Elle est donc confiée à la section de recherches de Paris, puis transférée à l'OCLCH à sa création. Elle débute en fait réellement à partir de janvier 2010. En effet, cette année est celle de la reprise des relations diplomatiques entre la France et le Rwanda. Les investigations ont donné lieu à la délivrance de plusieurs demandes d'entraide pénale internationale transmises au Rwanda. Entre les mois de janvier 2010 et janvier 2013, les enquêteurs et les juges d'instruction se déplacent donc plusieurs fois au Rwanda[1].

La personnalité du mis en cause : Qui est Pascal Simbikangwa, surnommé Capitaine, David, ou Le Tortionnaire ?

Pascal Simbikangwa est né le 17 décembre 1959 à Rambura, au nord-est du Rwanda. Il dispose de plusieurs *alias*, notamment Safari Sedinawara, ou Safari Senyamuhara David, ce qui lui permettra de franchir facilement les frontières. C'est d'ailleurs sous ce nom qu'il fut interpellé à Mayotte. Mais ses relations d'enfance le connaissent sous le nom de Pascal Simbikangwa. Il serait apparenté en ligne paternelle à l'ancien président Habyarimana.

Officier de l'armée, au grade de capitaine, il devient garde du corps du Président, chargé du protocole, et en dernier lieu, affecté à la Garde présidentielle (2e Cie) au camp de Kimihura.

En 1986, il fut victime d'un grave accident de la route, altérant ses facultés motrices et le condamnant à se déplacer en fauteuil roulant. D'ailleurs, son hospitalisation pendant un an en Belgique de 1986 et 1987 à la suite de cet accident de circulation démontre qu'il n'est pas qu'un simple capitaine de l'armée rwandaise mais une personnalité qui a bénéficié d'une prise en charge particulière, quel qu'en soit le coût.

Ce handicap ne mit pas fin à sa carrière car il fut muté au bureau G2, le service de renseignement de l'état-major de l'armée à Kigali, puis rattaché au Service central de renseignement (SCR), à compter des années 1990-1991. Nommé directeur à la section synthèse et données, section renseignement intérieur puis à la section presse écrite, ce service était directement subordonné à la présidence.

1. Patrick G. et Sandrine C. étaient les principaux enquêteurs en charge de ce dossier.

Des témoins ont expliqué le rôle important de Pascal Simbikangwa sur l'échiquier politique rwandais. Même s'il n'y exerçait officiellement aucune fonction, il était un fervent militant de la politique du président Habyarimana et du MRND en manifestant, par sa seule présence aux meetings, son soutien aux réunions de propagande pro-Hutu. Il était d'ailleurs clairement opposé aux accords d'Arusha qui prévoyaient le partage du pouvoir avec les Tutsi, ainsi que leur intégration dans l'armée rwandaise.

Il participait à la propagande du pouvoir en place par le financement de médias pro-Hutu et aurait contribué à la création et au financement de la radio-télévision des Mille Collines, ou d'organes de la presse écrite, comme Kangura ou Umurava, encourageant ainsi le développement de la haine raciale entre Hutu et Tutsi.

Il aurait contribué également au recrutement de jeunes au sein de la milice Interahamwe en octroyant des fonds, qui avaient été récoltés auprès d'organismes comme les Ponts et Chaussées, le ministère des Transports ou la société Electrogaz. Cette milice bénéficiait d'entraînements et de formations sur le maniement des armes organisés par des militaires de l'armée rwandaise, au sein même de camps militaires.

Les faits qui lui sont reprochés :

À l'issue de l'attentat du 6 avril 1994 perpétré contre l'avion du président Juvénal Habyarimana, l'implication de Pascal Simbikangwa dans le déroulement des faits liés au génocide relevait de deux principaux volets, liés à leurs situations géographiques respectives :

À Kigali :

Pascal Simbikangwa était mis en cause dans l'organisation et la gestion des barrières placées dans la ville de Kigali, et en particulier dans le quartier résidentiel de Kiyovu[1], où il demeurait. Un certain nombre de témoins ont mentionné l'avoir vu passer aux barrières et donner des instructions à ceux qui tenaient ces postes de contrôle. Croisant des journalistes de la RTLM sur une d'entre elles, il les a félicités dans leur traque contre l'ennemi tutsi, a manifesté sa colère devant la nouvelle de l'attentat et parlait alors clairement de « vengeance ».

De nombreux témoins, anciens miliciens, ont bien confirmé avoir reçu des armes et des munitions de sa part. Pascal Simbikangwa était considéré comme une personnalité importante, passant sans encombre les barrières à l'occasion de ses déplacements et en profitait pour motiver fermement les miliciens qui procédaient aux contrôles. Son leitmotiv : qu'aucun *Inyenzi*[2] ne parvienne à passer la barrière. Il ordonnait des fouilles généralisées du secteur dans ce but.

Selon certains témoignages recueillis, à la vue de cadavres jonchant le sol à proximité d'une barrière à Kigali, il est intervenu pour faire creuser une fosse à proximité de façon à camoufler les corps de la vue des personnels du CIC[3].

À la décharge de Pascal Simbikangwa, certains Tutsi ayant sollicité son aide et sa protection au sein même de sa propriété de Kiyovu obtiendront gain de cause. Certains parviendront même à quitter la ville de Kigali, avec son aide, notamment sur Gisenyi et à être hébergés quelque temps chez lui. Ce témoin précisait alors avoir vu un jour venir au domicile de Pascal Simbikangwa un groupe d'individus qu'il identifiait comme des miliciens Interahamwe,

1. Pascal Simbikangwa bénéficiait d'avantages qui le plaçaient à un niveau élevé au sein de l'État rwandais, ainsi la localisation de son logement au sein du quartier résidentiel Kiyovu, à Kigali, et la présence de gardes militaires.
2. Terme utilisé pour désigner le Tutsi, traduit par « cafard ».
3. CICR : Comité international de la Croix-Rouge.

lesquels manifestaient un certain respect à l'égard du maître des lieux.

À Gisenyi au nord-ouest du Rwanda :

Comme nous l'avons vu, Pascal Simbikangwa est originaire de cette partie du Rwanda. Il avait coutume de s'y rendre assez régulièrement, et ce, aussi pendant la période du génocide. Ses parents y étaient propriétaires d'un domaine à Karago, site sur lequel se seraient déroulés des entraînements de miliciens Interahamwe.

Dans cette région, il fut mis en cause pour son rôle dans les massacres de la colline de Kesho, commis le 8 avril 1994.

Cette colline est située, à proximité de Rubaya. Largement habitée par des agriculteurs et éleveurs tutsi, ils avaient pris l'habitude, en période de tensions par le passé, de se réfugier sur ce point haut, leur permettant d'avoir une vue plongeante sur d'éventuels attaquants.

À l'annonce de l'attentat sur l'avion du Président, les Tutsi de la région se sont précipités pour rejoindre la colline de Kesho, en vue d'organiser une résistance à une éventuelle attaque.

Le 8 avril, au matin, un premier groupe d'assaillants, composé de Hutu et de miliciens Interahamwe, armés exclusivement d'armes blanches, tentaient de s'emparer de la colline : mais ils furent confrontés à une telle résistance de la part des Tutsi qu'ils durent rebrousser chemin. Quelques heures plus tard, une nouvelle attaque était lancée contre la colline, le groupe des premiers assaillants bénéficiant alors du renfort de militaires et de gardes présidentiels dotés d'armes à feu.

1 697 victimes Tutsi ont été dénombrées, seuls quelques Tutsi parvinrent à s'échapper.

Parmi les personnes présentes sur les lieux de l'attaque, certains témoins, les attaquants et les rescapés ont confirmé avoir noté la présence d'individus qualifiés « d'autorités », comme Michel Bagaragaza, directeur de l'Office du thé, Protais Zigiranyirazo, préfet de Ruhengeri, et de Pascal Simbikangwa.

Toutefois, les témoignages recueillis divergeaient sur le déroulement des événements : certains rescapés ont parlé d'une réunion qui s'était tenue au bas de la colline avant l'attaque, voire la veille, et qu'à cette occasion Pascal Simbikangwa aurait montré la colline comme l'objectif de l'attaque. D'autres témoins éludèrent cette préparation et cette réunion, et exclurent la présence des autorités, ces massacres restant l'affaire des « petites gens ».

En mars 2013, Pascal Simbikangwa est renvoyé devant la cour d'assises de Paris pour « complicité de génocide et crime contre l'humanité ». Le procès se tient un an plus tard. L'accusation est menée par Bruno Sturlese (avocat général de la cour d'appel de Paris) et Aurélia Devos (vice-procureure du tribunal de grande instance de Paris et chargée du pôle « Crimes contre l'humanité »), et la défense par Alexandra Bourgeot et Fabrice Epstein.

Le jugement de la cour d'assises de Paris :

Au terme de six semaines de procès, le jugement rendu par la cour d'assises de Paris en première instance se décline de la sorte :

Dans son jugement, la cour rappelle que les événements tragiques survenus au Rwanda entre avril et juillet 1994 caractérisent bien le crime contre l'humanité et le génocide, à savoir l'existence d'atteintes volontaires à la vie ou atteintes graves à l'intégrité physique ou psychique en exécution d'un plan concerté tendant à la destruction totale ou partielle du groupe ethnique tutsi. Plusieurs chercheurs ont été convoqués en qualité de témoins pour rappeler les faits historiques.

Puis, la cour confirme sa compétence pour examiner les faits qui sont reprochés à Pascal Simbikangwa en vertu de la compétence universelle en application de la loi n° 96-432 du 22 mai 1996 portant adaptation de la législation française aux dispositions de la résolution 955 du Conseil de sécurité instituant le Tribunal pénal international pour le Rwanda.

S'agissant de sa personnalité :

La cour considère qu'il existait à l'évidence « une proximité intellectuelle et affective particulièrement forte entre Pascal Simbikangwa et le président Juvénal Habyarimana. Les propos qu'il tient dans son livre *L'Homme et sa croix* à l'égard du Président révèlent la fascination que le chef de l'État Rwandais exerçait sur l'accusé. Les experts psychologues l'ayant examiné ont confirmé que le président Habyarimana représentait le père symbolique idéal.

Sa position sociale illustre également pleinement son appartenance à un cercle de dignitaires particulièrement proches du pouvoir en place avant 1994.

Certains témoignages ont présenté un homme fanatique du Président, censurant la presse, utilisant des méthodes violentes, jouant sur l'ambiguïté de son statut exact d'ex-capitaine, recruteur pour le MRND, adhérant largement aux thèses anti-Tutsi développées plus largement depuis 1990 notamment à travers son engagement financier dans la radio de propagande RTLM.

S'agissant de son rôle dans les faits de crime contre l'humanité et crime de génocide, la cour examine plusieurs points :

Durant son procès, Pascal Simbikangwa a fait valoir à sa décharge le fait qu'il avait sauvé de nombreux Tutsi. Or, force est de constater que les Tutsi qui ont trouvé refuge à son domicile sont tous issus de couples mixtes, c'est-à-dire appartenant, tout comme lui, aux deux ethnies hutu et tutsi. La psychologue Sironi-Guilbaud explique à ce titre que « cette mixité ethnique n'était nullement incompatible sur le plan psychologique avec une participation au crime de génocide dès lors que le métissage pouvait ne pas avoir été intégré harmonieusement dans la structuration de la personnalité. »

Ironiquement, la cour précise « qu'il est pour le moins surprenant que les autres Tutsi, évalués selon l'accusé à plusieurs dizaines de personnes, ne se soient pas manifestés après le génocide pour le remercier ou pour lui apporter un soutien ».

Certains témoins sauvés par Pascal Simbikangwa ont été incapables d'exposer « les raisons profondes de son comportement, chacun conservant en réalité un souvenir particulièrement ambivalent et insécurisant du comportement de leur protecteur, l'absence d'affects chez Pascal Simbikangwa avec lequel ils ne parvenaient guère à échanger, les ayant au contraire marqués au point de les angoisser ».

Puis, la cour met en exergue plusieurs mensonges ou contradictions dans les déclarations de Pascal Simbikangwa. Elle constate que, sans doute conscient de l'incongruité de sa présence dans la capitale rwandaise au moment du génocide, alors qu'il pouvait aisément se réfugier à Rambura, il a commencé par mentir sur son emploi du temps, tant au cours de sa garde à vue qu'au cours des interrogatoires devant le juge en présence de son avocat. Ses explications confuses pour justifier de tels mensonges dissimulent difficilement sa volonté de taire la réalité de ses activités à Kiyovu lors de cette période.

Il n'est revenu sur cette présentation mensongère de son emploi du temps que lorsqu'il a eu connaissance des multiples témoignages (d'où leur importance) démontrant sa présence à Kigali au cours du génocide. De même, il a nettement évolué dans ses déclarations concernant ses activités quotidiennes entre avril et juillet 1994.

Après avoir soutenu vainement n'avoir quasiment pas quitté son domicile, il a finalement admis s'être déplacé à plusieurs reprises face aux témoignages des personnes qu'il hébergeait, précisant qu'elles le voyaient partir quotidiennement avec sa garde rapprochée comme s'il se rendait à son travail. La cour considère que cette volonté de tromper la justice sur ses activités réelles au cours de la période traduit son implication dans les faits qui lui sont reprochés.

De même, « l'ambiguïté longuement entretenue sur son statut, à tel point que certains de ses voisins pensaient qu'il était toujours capitaine de l'armée rwandaise, l'utilisation tardivement reconnue à l'audience d'une veste d'apparence militaire ajoutée à la présence de ses gardes du corps et à sa réputation d'ancien garde présidentiel, lui ont donné à l'évidence une autorité incontestable dans le quartier et lors des franchissements de barrières dans Kigali…

» Enfin, le fait que Pascal Simkangwa conteste avoir vu le moindre cadavre au cours de ces événements, en dépit de ses multiples déplacements et en dépit des témoignages de la quasi-totalité des personnes ayant vécu cette tragédie au Rwanda, participe manifestement de sa volonté de minimiser son rôle et de dissimuler la parfaite connaissance qu'il avait à l'époque du génocide qui se déroulait à proximité de sa résidence et sous ses yeux. Ses premières déclarations devant le juge d'instruction consistaient à soutenir par ailleurs qu'il n'y avait pas de barrières en ville à Kigali participent à l'évidence de la même stratégie ».

S'agissant de la neutralité des témoignages :

« S'agissant des témoignages et de leur éventuelle partialité à l'égard notamment de l'accusé, la cour a considéré également que les contradictions pouvant exister entre certains de ces témoignages sur tel ou tel aspect peuvent aisément s'expliquer par l'ancienneté des faits, par les difficultés de traduction ou par le fait que les témoins n'ont pas forcément vu exactement la même scène. »

En conclusion, la cour considère « qu'il ressort clairement des débats que Pascal Simbikangwa a apporté un concours actif au fonctionnement des barrières meurtrières de Kigali en fournissant des armes et en donnant directement des instructions pour que les Tutsi soient systématiquement exécutés sur-le-champ, en vue de la destruction totale de ce groupe ethnique supposé être responsable de la mort du président Habyarimana et représentant en conséquence à ses yeux l'ennemi par nature à exterminer, dans le cadre d'un plan concerté, notamment par l'organisation méticuleuse des barrières quadrillant la ville et par la fouille systématique des maisons pouvant abriter des Tutsi.

» Pascal Simbikangwa a donc bien fait commettre des atteintes volontaires à la vie et des atteintes graves à l'intégrité physique ou psychique, en exécution d'un plan concerté tendant à la destruction totale du groupe ethnique Tutsi, ce qui est constitutif au regard de l'incrimination de l'article 211-l du code pénal, du crime de génocide et de complicité de génocide. Il savait en outre parfaitement qu'à l'époque les Hutu de l'opposition étaient assimilés aux ennemis de l'intérieur et qu'ils subissaient le même sort que les Tutsi grâce aux armes qu'il a fournies et aux instructions données d'éliminer tous les *Inyenzi*[1]. »

En revanche, s'agissant des faits qui lui sont reprochés sur Gisenyi, la cour considère que « les charges pesant contre Pascal Simbikangwa d'avoir participé aux barrières mises en place dans la préfecture de Gisenyi entre avril et juillet 1994 sont trop fragiles pour emporter sa conviction ».

1. « Cafards », nom donné aux Tutsi.

Le 14 mars 2014, au terme de six semaines d'audience, Pascal Simbikangwa fut condamné à vingt-cinq ans de réclusion criminelle, pour crime de génocide et complicité de crime contre l'humanité pour des faits commis dans la préfecture de Kigali en 1994.

Suite à l'appel interjeté, son procès en appel se déroula du 25 octobre au 2 décembre 2016 devant la cour d'assises de Bobigny. Après six heures de délibération, le verdict tomba, confirmant la décision adoptée en première instance : vingt-cinq ans de réclusion criminelle pour crime de génocide et complicité de crime contre l'humanité.

Ainsi, celui qui a toujours nié sa participation au génocide rwandais, minimisant son rôle et son implication dans les massacres, affirmant même avoir traversé le génocide sans avoir vu un cadavre, purge dorénavant sa peine de vingt-cinq ans en France, au centre pénitentiaire de Fresnes.

Alain Jakubowicz, président de la LICRA, partie civile au procès, a conclu ce procès en mentionnant qu'il s'agit de « la mise en œuvre pratique de la compétence universelle pour les crimes les plus graves dont l'existence n'était jusqu'alors que théorique en droit français. » Il souligne « la nécessité renforcée d'un traitement spécifique des affaires de crimes contre l'humanité sous la direction d'un pôle de magistrats, d'enquêteurs, et d'experts spécialisés, doté de moyens spécifiques et conséquents » ; « la victoire ou plutôt une victoire sur l'impunité » et enfin « la nécessité d'un tel procès pour contribuer à la mémoire du génocide des Tutsi ».

Ses avocats ont dénoncé un « procès politique », mené uniquement sur la base de témoignages et ont invoqué, devant la cour de cassation, deux points de droit : le fait que la cour d'assises ne se soit pas transportée sur les lieux et le fait que le récit des audiences ait été relaté sur le site internet d'une association partie civile au procès, violant ainsi, selon eux, la présomption d'innocence.

Enfin, il est à noter que Simbikangwa a été condamné par un jury populaire, composé de six citoyens et de trois magistrats professionnels. En effet, aucune juridiction pénale internationale n'a recours à des citoyens pour juger des accusations de génocide ou de crime contre l'humanité.

Maître Baudoin représentant la FIDH et la LDH résume parfaitement la situation en ces termes : « Votre cour va rendre justice au nom du peuple français, au nom de l'humanité tout entière. Le verdict sera rendu au nom de l'humanité. Tous les êtres humains sont concernés par ce crime des crimes, chaque victime de ces crimes nous concerne. Pas de vengeance, mais la justice qui est la seule garante de la Paix. »

Repères bibliographiques

Richard Rechtman, *La Vie ordinaire des génocidaires*, CNRS Éditions, 2020.

Bosnie-Herzégovine

Élisabeth Claverie :

— « Démasquer la guerre. Chronique d'un nettoyage ethnique, Višegrad (Bosnie-Herzégovine) », *L'Homme. Revue française d'anthropologie*, avril-juin 1992, 203-204/2012.

— *La Violence, le procès et la Justification : Scènes d'audience au TPIY. Sens de la justice. Sens critique*, Actes du colloque de Cerisy, 2001.

— « Les techniques de la menace », *Terrain*, n° 43, septembre 2004, p. 15-30.

— « Réapparaître. Retrouver les corps des personnes disparues pendant la guerre en Bosnie », *Raisons politiques*, Presses de Science Po, 2011/1, n° 41, p. 13-31.

Rwanda

Jean Hatzfeld :

— *Dans le nu de la vie. Récits des marais rwandais*, Le Seuil, 2000.

— *Une saison de machettes*, Le Seuil, 2003.

— *La Stratégie des antilopes*, Le Seuil, 2007.

Damien Vandermeersch, *Comment devient-on génocidaire ? Et si nous étions tous capables de massacrer nos voisins* (en collaboration avec Marc Schmitz), éditions GRIP, 2013.
Hélène Dumas, *Le Génocide au village. Le massacre des Tutsi au Rwanda*, Le Seuil, coll. « L'univers historique », 2014.
Filip Reyntjens *Le Génocide des Tutsi au Rwanda*, PUF, coll. « Que sais-je ? », 2017.

Liberia
Thierry Paulais, *Le Liberia. Une singulière histoire.* Le Cavalier Bleu, 2018.

Syrie
Michel Seurat, *Syrie. L'État de barbarie*, Presses universitaires de France, 2012.
Xavier Baron, *Histoire de la Syrie de 1918 à nos jours*, Tallandier, 2014 (édition actualisée 2019).
Garance Le Caisne, *Opération César*, Stock, 2015.

Études criminologiques
Wolfgang Sofsky, *Traité de la violence*, Gallimard, « NRF Essai », 1998.
Jacques Sémelin. *Purifier et détruire. Usages politiques des massacres et génocides*. Le Seuil, coll. « La couleur des idées », 2005.
Pierre Thys, *Criminels de guerre. Étude criminologique*, L'Harmattan, coll. « Sciences criminelles », 2007.

Allemagne nazie
Robert Merle, *La mort est mon métier*, Gallimard, 1952.
Primo Levi, *Si c'est un homme*, Julliard, 1987 ; Pocket, 1988.
Christophe Browning, *Des hommes ordinaires, le 101e bataillon de réserve de la police allemande et la Solution finale en Pologne*, Les Belles Lettres, 2002.

Remerciements

Je souhaiterais en premier lieu remercier chaleureusement mon adjoint Nicolas L.-C. pour sa générosité, les chefs des divisions qui composent l'OCLCH, Laurent P. et Jean-Pierre C., ainsi que leurs adjoints, Christophe C. et David G., et tous les sous-officiers de gendarmerie et policiers pour la confiance qu'elles ou ils m'ont accordée tout au long de ces années, ainsi que les services d'observation et d'intervention qui nous ont soutenus dans nos investigations.

Mes remerciements vont également aux magistrats du Parquet national antiterroriste, pôle Crimes contre l'humanité, aux juges d'instruction, greffières, assistants spécialisés avec lesquels nous partageons tant d'expériences.

À Philippe Mathy et Patrick Gérold qui m'ont aidé à remonter aux sources de l'OCLCH, à savoir la section de recherches de Paris.

À Élisabeth Claverie, pour sa gentillesse et sa passion pour la Bosnie-Herzégovine.

À Cédric G., pour sa relecture assidue et son assistance pendant ces années en Bosnie-Herzégovine aux côtés de Nisveta.

À Christophe Dubois et Guy Benhamou pour leurs soutiens et leurs encouragements lors de l'écriture.

Aux membres des organisations internationales et des organisations non gouvernementales pour leur participation à nos côtés à la lutte contre l'impunité.

Aux Ninja qui se reconnaîtront et aux membres d'Open Facto pour leur soutien en matière d'OSINT.

Aux éditions Plon de m'avoir convaincu de prendre la plume pour témoigner de notre travail dans la lutte contre l'impunité.

Table